INQUEBRANTABLE,
ACLAMADO EN TODO EL MUNDO

"Después de leer *Inquebrantable* de Rania Habiby Anderson, tuve la sensación de no estar sola, de no estar 'loca', como algunas personas me decían, de no ser de otro planeta. Ahora sé, a partir de leer acerca de la investigación realizada por Rania, que las medidas que tomé para implementar Strate, la solución electrónica para transacciones de valores en Sudáfrica, estuvieron basadas en los hábitos que muchas mujeres exitosas han aplicado desde siempre en los mercados emergentes.

"En el mundo desarrollado, me preguntaban por qué quería correr antes de poder caminar. Yo decía: '¿Por qué no?'. Al implementar estos hábitos, pude probar que se puede encontrar la magia incluso en situaciones adversas. Hoy, los mercados financieros de Sudáfrica están categorizados entre los mercados financieros más importantes. Fue una actitud de aceleración lo que nos trajo éxito, junto con un enorme deseo de hacer la diferencia en Sudáfrica y poder crear un mejor futuro para todos.

"Este libro te inspirará para salir al mundo y marcar una diferencia sin que nadie te detenga, sin que nadie se interponga entre tú y tus sueños. Desearía haber leído este libro hace muchos años, así no me habría sentido como la tortuga que corre una carrera contra la liebre".

MONICA SINGER
Gerente general de Strate, Sudáfrica

"Este libro te abrirá tu mente y tu alma para que descubras las diversas maneras en las que puedes volverte más asertiva al momento de perseguir tus aspiraciones y sueños empresariales. Léelo, reflexiona e implementa consejos excelentes".

MAURO F. GUILLEN

Director del Instituto Lauder y de la escuela Wharton, autor de *Women Entrepreneurs: Inspiring Stories from Emerging Economies and Developing Countries (Mujeres empresarias: historias inspiradoras de economías emergentes y países en desarrollo)*

"¡Al fin un libro que analiza cómo pueden triunfar en sus puestos laborales las mujeres en África, Asia, Rusia, América Latina y el Medio Oriente! Las entrevistas de Rania Habiby Anderson a mujeres en varias etapas de sus carreras, en campos completamente diferentes, son inspiradoras. Los seis hábitos que describe son esenciales para el éxito y para ayudar a otras mujeres a 'prepararse', 'alistarse' y 'avanzar'. Disfruté leyendo este libro y creo que sirve como una visión positiva en un momento en que la victimización de la mujer se utiliza con distintos fines que no están relacionados con el empoderamiento. Este libro habla acerca del empoderamiento".

MUNA ABUSULAYMAN

Filántropa y personalidad mediática, Arabia Saudita

"Los distintos rasgos de personalidad, las cualidades de liderazgo y los hábitos de las mujeres en las economías emergentes que revela Rania Anderson en *Inquebrantable* resonarán entre todos los lectores. Este libro inspirador, respaldado por investigaciones sólidas, servirá como un faro para las mujeres profesionales y ambiciosas que estén dispuestas a hacer una introspección y descubrir su verdadero potencial en un ambiente dinámico".

ROMA BALWANI
Presidente de Comunicaciones grupales, sustentabilidad y relaciones sociales corporativas de Vendata Group, India

"La nueva generación de mujeres emprendedoras está liderando una ola de progreso audaz, motivada por la pasión, el talento y el deseo de crear soluciones para los desafíos de nuestra era. Su impacto se siente en todas partes, particularmente en los mercados con economías emergentes, donde las economías se están redefiniendo. *Inquebrantable* tiene historias estupendas que inspiran y brindan un plan de acción para alcanzar el éxito".

CHRISTOPHER M. SCHROEDER
Emprendedor de Internet, inversor de riesgo y autor de *Startup Rising: The Entrepreneurial Revolution Remaking the Middle East* (El surgimiento de las empresas emergentes: la revolución empresarial que reconstruye el Medio Oriente)

"La reconocida columnista consejera Abigail Van Buren una vez dijo: 'Si pudiésemos vender nuestras experiencias por lo que nos costaron, todos seríamos millonarios'. Pero como no podemos, al menos podemos hacer algo para asegurarnos de que nuestra propia experiencia y de la de otras mujeres profesionales nos beneficien. Lee el fantástico libro nuevo de Rania Anderson, Inquebrantable, en el que brinda un mapa que te guiará a través de lecciones prácticas impartidas por mujeres exitosas en las economías en expansión. Estas mujeres enfrentan muchos desafíos y, en lugar de enfocarse en los obstáculos, encuentran estrategias y soluciones para poder avanzar, tanto para ellas como para quienes las rodean.

"La señora Anderson ha hecho un trabajo admirable al entrevistar a cientos de mujeres exitosas en economías en expansión y capturar las actitudes y acciones que les permiten enfrentarse a sus desafíos. Ella ha convertido estos hallazgos en pasos pragmáticos que cualquier mujer puede seguir para alcanzar el éxito. ¡Este libro es una lectura obligatoria para todas las mujeres en las economías en expansión!".

K. SHELLY PORGES

Ex asesora sénior del Programa global de emprendimiento del Departamento de Estado de los EE. UU., emprendedora serial e inversora.

INQUEBRANTABLE

*Los Seis Hábitos de las Mujeres Exitosas en las
Economías Emergentes*

RANIA HABIBY ANDERSON

The Way Women Work Press

Agradezco especialmente el permiso otorgado para reproducir un extracto de un artículo de Conor Friedersdorf, "Why PepsiCo CEO Indra K. Nooyi Can't Have It All" (Por qué la directora ejecutiva de PepsiCo, Indra K. Nooyi, no puede tenerlo todo), publicado en The Atlantic.

Los libros de The Way Women Work Press están disponibles con descuentos especiales si se compran en conjunto en ventas exclusivas y promociones, así como para su uso para recolectar fondos o para fines educativos. Las ediciones especiales o los fragmentos de libros también pueden ser creados con especificaciones. Para obtener detalles, contactarse con orders@ thewaywomenwork.com.

The Way Women Work Press
www.thewaywomenwork.com
www.undeterredwomen.com

Diseño de la tapa: Carter Schwarberg
Diseño interno: Andrew Pautler, Pautler Design
Autora de la fotografía: Jenny Wheat, Wheat Photography

978-0-9964052-2-5 (tapa blanda)
978-0-9964052-3-2 (libro electrónico)

Número de control de la Biblioteca del Congreso: 2015941645

A la próxima generación de mujeres,
en quienes creo profundamente,
y a mi padre, quien me mostró el
poder de creer en alguien.

La traducción de *Inquebrantable: Los Seis Hábitos De Las Mujeres Exitosas En Las Economías Emergentes* de inglés a español fue posible gracias a la generosa financiación del Fondo Multilateral de Inversiones (FOMIN), miembro del Grupo Banco Interamericano de Desarrollo (BID). Las opiniones expresadas en este libro corresponden a la autora únicamente y no reflejan las opiniones del FOMIN ni del BID.

ÍNDICE

— PREPÁRATE —

— ALÍSTATE —

CONTENIDOS

— ¡AVANZA! —

PREFACIO

Susana García-Robles,

Oficial Principal de Inversiones, equipo de Financiación en Etapas Tempranas Fondo Multilateral de Inversiones (FOMIN)/ Banco Interamericano de Desarrollo (BID)

CUANDO RANIA ANDERSON ME PIDIÓ QUE escribiera el prefacio de este excelente trabajo, felizmente acepté en nombre del FOMIN, que ha ayudado a las mujeres a alcanzar su potencial económico durante muchos años. También estoy encantada por la oportunidad de destacar el excelente trabajo que hace Rania a través de su organización, The Way Women Work. Al igual que a ella, a mí también me apasiona ver que las mujeres alcanzan el éxito en sus lugares de trabajo. *Inquebrantable* ofrece consejos muy necesarios para mujeres en economías emergentes con estudios que intentan avanzar en sus carreras sin dejar de lado sus vidas personales.

No hay ningún obstáculo insuperable que impida que las mujeres en América Latina y en otras economías emergentes desarrollen sus propias empresas. De hecho, gracias a que grandes y medianas empresas suelen mostrarse reticentes a contratar mujeres calificadas por incontables motivos poco fundamentados, los negocios pequeños parecerían ser un punto de inicio natural para las más emprendedoras de nosotras. Entonces, ¿por qué no son más las mujeres que triunfan como emprendedoras o que tienen carreras en transición?

En algunos países, las mujeres que buscan comenzar sus propios negocios o trabajar en grandes empresas se enfrentan a obstáculos culturales muy arraigados, incluidos la percepción de que el rol de la mujer se limita *exclusivamente* al hogar y el prejuicio erróneo de que las mujeres no pueden negociar tan bien como los hombres o no pueden sobresalir en ciertos sectores porque nuestros cerebros no están preparados para carreras altamente analíticas.

Incluso en los países emergentes más avanzados, los hombres a veces no aceptan la forma en que las mujeres hacemos negocios. Sí, hacemos negocios de formas diferentes a las de los hombres, pero nuestras formas no son malas, solo son distintas. Los empresarios que no se adaptan a esas formas de las mujeres se arriesgan a perder ante la mitad de la población mundial. La proporción de mujeres que se está graduando de universidades es mayor que la de hombres y las empresas necesitan descubrir cómo incorporarlas al mundo laboral. El futuro de estas empresas y de la economía global depende de las mujeres con educación que tienen éxito en el trabajo.

Cuando el FOMIN comenzó a analizar las cuestiones de género en las actividades de los ecosistemas para emprendedores y de capital semilla y emprendedor, descubrimos que las mujeres en América Latina y el Caribe enfrentaban desafíos diferentes de los de sus pares hombres. En primer lugar, ellas no tenían modelos inspiradores realistas. En segundo lugar, sus redes tendían a consistir en familiares y amigos en lugar de colegas profesionales, lo que limitaba los aportes que recibían con respecto a cómo hacer crecer sus empresas, progresar en sus carreras y llevar vidas equilibradas. En tercer lugar, carecían de una lista de mentores calificados a quienes consultar cuando se enfrentaban con opciones profesionales y personales que afectaban sus negocios. En cuarto lugar, y como consecuencia de los desafíos antes mencionados, era más difícil para ellas obtener financiación para hacer crecer sus empresas a gran escala.

En *Inquebrantable*, Rania hace un trabajo exhaustivo para mostrar los muchos desafíos a los que se enfrentaron las mujeres a las que entrevistó durante los últimos cuatro años y para describir los obstáculos que ella misma ha tenido que enfrentar durante sus más de treinta años de experiencia. En lugar de detenerse en las dificultades, resalta la forma en que ella y otras mujeres superaron dichas dificultades con una actitud positiva inquebrantable. Ella te alienta a ti, lectora, a evitar una actitud fatalista y, en su lugar, a mirar hacia adelante para analizar y confrontar los desafíos uno por uno. Su libro, escrito en un estilo atrapante, presenta las historias de mujeres reales de distintos lugares y en distintas etapas de sus vidas y carreras, quienes son verdaderos ejemplos de enfoque, perseverancia y pasión.

Inquebrantable es un libro para estos tiempos. En todas las economías emergentes, se están formando ecosistemas para emprendedores. Hay una conciencia renovada con respecto a la importancia de la mujer en la sociedad y en la economía. En sus hogares y lugares de trabajo, las mujeres son consideradas contribuyentes esenciales. Mujeres jóvenes egresan de las escuelas secundarias y de las universidades ansiosas por comenzar sus empresas. Para ellas, el dilema "hogar o trabajo" es algo del pasado, un concepto anacrónico. Sin embargo, a pesar de que tienen muchas oportunidades, aún deben enfrentar muchos desafíos. Estoy especialmente impresionada por el análisis que realiza Rania con respecto a la brecha entre el conocimiento académico de las mujeres graduadas, que puede ser muy elevado, y las habilidades en su lugar de trabajo, que suelen ser escasas al comienzo. Las universidades necesitan mejorar.

De cualquier modo, las mujeres que se gradúan de la escuela o de la universidad están a punto de tomar decisiones que tendrán grandes repercusiones a largo plazo en sus vidas y en sus comunidades. Este libro ayudará a construir una sociedad mejor, donde todas las voces sean oídas y todas las respuestas a los problemas sean bienvenidas. Va a ser extremadamente útil e inspirador, un excelente compañero de viaje para las mujeres jóvenes que pretendan ser inquebrantables en su camino hacia la excelencia.

Estoy agradecida a Rania por su dedicación y trabajo arduo. Debo confesar que, al principio, me sentí un poco escéptica con respecto a si este libro sería simplemente otro manual práctico.

Comencé a leerlo durante un largo vuelo nocturno hacia América del Sur y ¡no pude dejarlo! Estaba tan inmersa en el libro que lo leí completo. Sentí que Rania me estaba desafiando a mí, personalmente. Sus palabras me han inspirado para ir más allá de mi zona de confort una vez más. Creo que este es el mejor cumplido que le puedo hacer a ella y a su libro, *Inquebrantable*.

INTRODUCCIÓN

"Ninguna economía alcanzará su máximo potencial sin la completa contribución de las mujeres."

Lael Brainard

Miembro de la Junta de Gobernadores del Sistema de Reserva Federal de los EE. UU.

¡NUNCA FUE MEJOR MOMENTO PARA SER tú misma! Como mujer ambiciosa, con educación y en edad productiva en una economía emergente, *esta* es la oportunidad para que conquistes tu lugar en la economía mundial en ascenso.

ORÍGENES DEL LIBRO

Mi lugar en la economía mundial me ha sido revelado lentamente. Durante la mayor parte de mi vida, me pregunté por qué tenía el privilegio de disfrutar de tantas oportunidades que otras mujeres en países en desarrollo no tenían. Al principio, cuando llegué a los Estados Unidos desde el Medio Oriente para ir a la universidad para hacer mi posgrado, no sabía la respuesta. Tampoco la supe cuando tuve la oportunidad de seleccionar pasantes administrativos y luego, de entrenar a líderes empresariales en Bank of America. Recibí las primeras pistas mientras trabajaba como guía de mujeres desempleadas durante mi primer compromiso voluntario exhaustivo para acceder a empleos lucrativos.

Las piezas se siguieron acomodando cuando me di cuenta de que me atraía cada vez más la idea de ayudar a las mujeres empresarias a desarrollarse y de actuar como mentora de mujeres jóvenes. ¡Obtuve tanta alegría y satisfacción de mi trabajo que ni siquiera parecía un trabajo! Entonces, a medida que me enfocaba más atentamente en la región del mundo en la que había crecido, la respuesta se fue haciendo más clara. Finalmente, sabía que las oportunidades educativas y de trabajo que había tenido habían sido para que pudiera compartirlas con ustedes y con otras mujeres. Hoy, ya sé exactamente para qué me estaba preparando.

Escribir este libro y ponerlo en tus manos ha sido mi foco principal durante los últimos cuatro años. Al crecer, mis padres me decían constantemente que leyera. Siempre he tenido la cabeza metida en algún libro, y aún lo hago. Adoro leer y aprender algo nuevo todos los días gracias a lo que leo. Por lo tanto, fue completamente natural descubrir que un libro sería una de las mejores formas de llegar a ustedes y el mejor vehículo para cumplir con lo que hoy reconozco como mi propósito profesional: acelerar el éxito profesional de las mujeres en las economías emergentes.

ESTE ES TU MOMENTO

A lo largo de la historia, ha habido períodos que fueron particularmente ventajosos para algunos grupos específicos de personas. Si tú eres una mujer en edad productiva en una economía en expansión, entonces ¡este es tu momento! Estás en el lugar correcto y en el momento correcto para sacar provecho de oportunidades sin precedentes para las mujeres. Tienes la educación, el talento y el deseo de efectuar cambios para ti, tu familia, tu comunidad y el mundo entero, y vives en un país donde ahora es posible hacerlo.

Te encuentras en esta posición única porque los países en desarrollo y en expansión aún están construyendo sus infraestructuras económicas y ecosistemas empresariales. Los mercados y negocios de estos países se están expandiendo rápidamente, con lo cual surgen nuevos empleos. Es necesario contratar a las personas más talentosas y brindarles capacitación en conocimientos específicos y habilidades para ocupar los nuevos puestos. En este libro, me refiero a esos mercados emergentes y en desarrollo como *economías en expansión*. Como mujer en una economía en expansión, hoy puedes tener oportunidades profesionales y empresariales que las mujeres de tu país nunca antes tuvieron.

La cantidad de oportunidades para las mujeres con educación en economías en expansión pronto igualará las oportunidades disponibles para los hombres. De hecho, muy pronto las mujeres con títulos universitarios y ciertos tipos de experiencias no tendrán ninguna necesidad de competir con los hombres por los empleos. Como asegura José Ángel Gurría, secretario general de la Organización de Cooperación y Desarrollo Económico, "las mujeres son el recurso menos utilizado en la economía mundial".[1] Este también es el momento para que las mujeres en economías en expansión se destaquen, porque sus países se están dando cuenta del valor de sus habilidades e ideas, y de la necesidad de lograr la igualdad de género.

Hay cuatro fuerzas que confluyen para que este momento sea extraordinario y sin precedentes para ti.

1. *Tienes educación.* Si eres graduada universitaria, tienes un nivel de educación superior al que muchas mujeres de tu país jamás han podido acceder.
2. *Te necesitan.* Las empresas, los mercados, tu país y hasta la economía mundial necesitan de mujeres emprendedoras con educación, habilidades, talentos y motivación.
3. *Tienes nuevas oportunidades.* El crecimiento, la tecnología y la innovación están alterando los modelos de negocios tradicionales y las personas de todo el mundo comienzan a rechazar el statu quo. Estas alteraciones están creando muchas oportunidades que tú puedes aprovechar.
4. *Crees en ti misma.* La fuerza más poderosa de todas es que creas en tus propias capacidades. Las mujeres de hoy pueden participar en cualquier nivel de negocios.

También sabemos que podemos tener carreras profesionales y vidas hogareñas plenas si así lo deseamos. Podemos diseñar nuestras carreras y nuestros estilos de vida de formas que nos hagan sentir más satisfechas.

Como mujer que ha crecido en una economía en expansión y como empresaria que ha sabido identificar y aprovechar oportunidades únicas del mercado, deseo que las mujeres de las economías en expansión reconozcan que este es el momento ideal para ponerse de pie y marchar en busca de nuevas áreas de negocios. Mientras investigaba y escribía este libro, busqué en mi interior cómo podía prepararlas para que se destaquen como las nuevas líderes empresariales de sus economías.

ESCRIBÍ *INQUEBRANTABLE* PARA USTEDES

Las mujeres en economías en expansión me dicen con frecuencia que se sienten frustradas porque la mayor parte del asesoramiento profesional disponible para ellas está escrito por occidentales y para occidentales. Ellas dicen que, para poder obtener la ayuda que necesitan con sus carreras o negocios, deben encontrarse personalmente con mentores o asistir a conferencias y programas de entrenamiento. Si bien estas actividades pueden ser extremadamente valiosas, también requieren de tiempo y recursos. A partir de mis experiencias, pasiones, creencias y conocimientos profesionales, brindo a mujeres empresarias en economías en expansión una alternativa significativa: un libro profesional culturalmente relevante sobre "cómo tener éxito", que ellas puedan leer y consultar cuando lo necesiten.

No sé tú, pero yo, personalmente, ya me cansé de la charla sobre las dificultades y los obstáculos en el camino hacia el progreso de las mujeres. Quiero cambiar el enfoque desde lo que está mal para las mujeres hacia lo que está bien, desde lo que obstaculiza su camino hacia cómo ellas se levantan con nuevas soluciones propias, desde los obstáculos que enfrentan hacia los caminos que han encontrado, y desde por qué no ha habido más progreso aún para ellas hacia el análisis del progreso que ellas mismas han alcanzado. Es mucho más valioso si yo comparto contigo la forma en que las mujeres en economías en expansión ya están teniendo éxito y cuáles son las mejores prácticas que han utilizado para lograrlo, junto con mi propia experiencia, para que puedas alcanzar tu propio éxito.

MI HISTORIA

Soy una ciudadana del mundo. Mi familia cristiano-arábiga de recursos modestos huyó de Haifa hacia el Líbano en 1947 y yo nací en Jordania en 1960. Mi padre trabajaba en la industria de la aviación. Debido a su trabajo, mi familia y yo vivimos en Londres, en Medio Oriente y Asia, y viajamos por todo el mundo. Mi primera educación incluyó estudios en escuelas británicas y estadounidenses, estudios del arábigo y la exposición a una rica diversidad cultural. En casa, mis padres, mi hermano, mi hermana y yo hablábamos arábigo, inglés e incluso, un poco de francés.

Como a la mayoría de nosotros, algunos momentos cruciales de mi vida han influenciado tanto mi identidad como la dirección que ha tomado mi carrera. Hubo un momento durante mi adolescencia que marcó el camino de mi trabajo futuro. Cuando éramos chicas, a mi hermana no le gustaba hacer las tareas domésticas como cocinar, limpiar, ordenar, etc. Solía hacer bromas acerca de querer casarse con el gerente general de un hotel de lujo para poder vivir allí y no tener que hacer las tareas de la casa. Nuestros familiares y amigos se reían y decían que era una buena idea. Pero yo siempre me pregunté por qué nunca nadie le dijo: "¿Por qué no te conviertes tú en la gerente general de un hotel?".

Curiosamente, mi hermana estudió y tiene una carrera exitosa en la administración universitaria. Ahora trabaja en Doha, Qatar, y está casada con un hombre maravilloso que es, en realidad, mucho mejor en las tareas de la casa que ella.

Mi propia experiencia personal comenzó en el sector financiero con Bank of America y sus antecesores. Pasé dieciséis años maravillosos en ese banco, durante los cuales me dediqué, principalmente, a entrenar a gerentes y a líderes. Luego de alcanzar un cargo sénior, dejé el mundo corporativo en 1997 y me dediqué a la práctica de consultoría y guía de negocios ejecutivos. Desde entonces, he sido guía de líderes empresariales, especialmente de mujeres, en todo el mundo.

A lo largo de mi carrera, me he sentido perturbada por las siguientes desigualdades:

- ¿Por qué algunas mujeres tienen la oportunidad de obtener títulos universitarios cuando otras ni siquiera pueden asistir a la escuela primaria?
- ¿Por qué a algunas mujeres se las alienta para que persigan sus ambiciones profesionales mientras que a otras se las desalienta para seguir una carrera?
- ¿Por qué algunas mujeres tienen buena suerte con sus carreras mientras que otras, en todo el mundo, enfrentan obstáculos para alcanzar sus objetivos profesionales?
- ¿Por qué algunas mujeres tienen la posibilidad de liderar industrias alimenticias en las mismas regiones en las que otras mujeres mueren de hambre?
- ¿Cómo es posible que algunas mujeres puedan convertirse en directoras ejecutivas en los mismos países en los que también existe la mutilación genital femenina?
- ¿Cómo es posible que algunas mujeres trabajen en los niveles más altos del comercio internacional en los mismos países donde se trafican mujeres para ser explotadas sexualmente?
- ¿Cómo es posible que algunas mujeres tengan puestos séniores en empresas de servicios públicos mientras que otras mujeres no tienen acceso al agua potable y a la sanidad?

Cuatro años atrás, entendí que debía compartir mi conocimiento acerca del avance profesional con las mujeres de todo el mundo. En 2010, fundé una plataforma de asesoramiento profesional, TheWayWomenWork.com, para abordar de manera específica las necesidades de las mujeres en las economías en expansión. Asumí el desafío de descubrir e informar acerca de la forma en que las mujeres de estas regiones alcanzaban el éxito, y aprovechar esas experiencias para ayudar a otras mujeres a hacer lo mismo.

Sé que lograr que las mujeres tomemos los lugares que nos corresponden por derecho en la economía mundial requiere que cada una de nosotras administre una carrera y un negocio propio. Los gobiernos y las empresas deberán hacer cambios sistemáticos y estructurales, y se encuentran en las mejores posiciones para hacerlo. Sin embargo, la mejor forma, y la más rápida, de marcar una diferencia por nosotras mismas suele ser comenzar por cambiar nuestros propios pensamientos y acciones. Cuando cambiamos la forma de ver los obstáculos y de actuar y pensar en el trabajo, aceleraremos nuestro propio éxito.

MI INVESTIGACIÓN

La experiencia me ha enseñado que la mejor forma de administrar tareas, objetivos o ambientes desafiantes es con la observación, el estudio y la emulación de aquellos que ya han tenido éxito. Yo prefiero enfocarme en las personas que están progresando, no en quienes se han estancado. Esto no significa que ignore los problemas ni que tú debas hacerlo. Quiero que sepas que no menosprecio la profundidad y gravedad de los desafíos que las mujeres enfrentan. Aquí, en *Inquebrantable*, he elegido conscientemente enfocarme en lo que las mujeres hacen para alcanzar el éxito y no en los obstáculos que encuentran en el camino.

Para poder escribir este libro, mantuve entrevistas, conversaciones y cartas con más de 250 mujeres de todo el mundo, tanto de manera individual como grupal. Recolecté, analicé y aproveché todas las investigaciones, información, estadísticas y artículos existentes acerca de las mujeres empresarias del mundo en desarrollo. Quería encontrar respuestas a dos preguntas: ¿cómo es que algunas mujeres tienen éxito en países donde el ambiente de trabajo no siempre es acogedor o cómodo para las mujeres? ¿Por qué algunas mujeres logran sobreponerse a los problemas que otras ven como insuperables?

Mi enfoque con respecto al tema fue doble: decidí que iría más allá de las ilusorias mujeres súper exitosas y del tipo "una en un millón" de las que habla la mayoría de los periodistas, escritores e investigadores; aquellas que aparecen en las listas de "las mujeres más exitosas" o "las mujeres más poderosas". Tampoco quería basar este libro en el éxito de mujeres occidentales porque ya hay suficiente bibliografía con ese enfoque.

Quería que tuvieras un libro que representase a mujeres de todas las edades, cada una exitosa de una manera exclusiva, en distintas etapas de sus carreras y con trabajos en diversas industrias. La variedad de mujeres representadas, en general, tipifica a los distintos niveles de aspiraciones profesionales que ellas tienen. Sabía que tenía que hablar con mujeres con quienes pudieras identificarte, que te hicieran sentir inspirada y en quienes pudieras verte reflejada.

NO PUEDES SER LO QUE NO PUEDES VER

Cuando informan acerca de mujeres en economías en expansión, los medios eligen enfocarse principalmente en las mujeres como víctimas o que viven en condiciones de pobreza. Lo que esas coberturas no muestran es la gran cantidad de historias sobre mujeres exitosas en economías en expansión, como las que podrás leer en este libro. La escasez de este tipo de información se volvió más evidente cuando busqué en Google cuántas mujeres empresarias hay en las economías emergentes.

Los resultados de la búsqueda me dieron esta respuesta: "Quizás quisiste decir: cuántos *empresarios* hay en las economías emergentes".

¡No, no quise decir eso!

Inquebrantable contiene historias de mujeres muy parecidas a ti; mujeres de barrios como el tuyo y con familias como la tuya, que trabajan en todos los niveles de grandes empresas, dirigen negocios y trabajan de forma independiente como consultoras y autónomas. Me conecté con mujeres desde Abuya hasta Amán, desde Bangalore hasta Beijing, desde Beirut hasta Buenos Aires, desde El Cairo hasta Croacia, desde Johannesburgo hasta Yakarta, desde Moscú hasta Bombay, desde Nairobi hasta Nueva Deli, desde San Petersburgo hasta Sofía y desde Shanghái hasta San Pablo. Hablé con mujeres de diferentes edades entre los veinticinco y los sesenta y cinco años: emprendedoras, arquitectas, abogadas, ejecutivas de grandes empresas, periodistas, científicas, médicas, dueñas de pequeñas empresas y tecnólogas.

Las entrevistadas, ochenta y seis de las cuales aparecen en este libro, se abrieron conmigo de formas inesperadas. Nos reímos y a veces lloramos. Casi siempre nos abrazábamos al final de nuestro encuentro, ya que habíamos formado un lazo gracias a nuestras experiencias compartidas. Descubrí que el tiempo nunca fue suficiente para escuchar toda la riqueza de cada una de las historias de vida de estas mujeres y que podría haber pasado días enteros con ellas. Sus historias eran reales, profundas y poderosas. Cada mujer me contó su historia a su manera y me llevó a recorrer su camino profesional y de vida, y me reveló las lecciones que aprendió en el trayecto. Estas lecciones iban más allá de la gestión y el asesoramiento tradicional de sus carreras, y se referían a profundas conexiones entre la familia, la vida, la cultura, el trabajo, las relaciones y la espiritualidad.

No tengo duda de que, si estás buscando el éxito profesional, los consejos que brinda este grupo diverso de mujeres te resultarán relevantes, poderosos e instructivos.

MIS HALLAZGOS

Sé que no existe una única fórmula para el éxito, pero gracias a mi investigación he identificado seis poderosos hábitos que comparten las mujeres que trabajan exitosamente en economías en expansión. Estos hábitos del éxito les dan poder para atravesar los obstáculos que encuentran, para crear nuevos caminos cuando no hay salidas y, consecuentemente, para ver el sendero y no los baches.

> Mi investigación reveló que las mujeres profesionales y empresarias que trabajan exitosamente en economías en expansión tienen seis hábitos en común.

Descubrí que, si quieres trabajar en tus propios términos, si quieres una carrera, y no simplemente un trabajo, o si quieres comenzar tu propio negocio, puedes hacerlo. Si quieres tener éxito, incluso cuando no sepas exactamente por dónde comenzar o qué hacer a continuación, puedes lograrlo. Si te muestras inquebrantable ante los obstáculos inevitables, si estás dispuesta a intentar a pesar del miedo, si estás dispuesta a seguir incluso después de fallar (y debes estar preparada para fallar muchas veces en el camino), puedes prosperar.

Tal vez seas escéptica con respecto a cómo un solo libro puede abarcar a todas las mujeres de las economías en expansión cuando todos los países del mundo, inclusive los países limítrofes, son distintos. Particularmente, es posible que sientas curiosidad acerca de cómo podría yo dar cuenta de las diferencias entre mujeres de regiones ubicadas en puntos opuestos del planeta.

Por supuesto que hay diferencias culturales, políticas, sociales y económicas entre las mujeres empresarias de las distintas economías en expansión. Sin embargo, en mi trabajo, mi investigación y mis viajes, descubrí que hay verdades universales y condiciones especiales que se aplican a todas las mujeres en economías en expansión.

En mi negocio como guía empresarial, practico un método llamado *guía enfocada en soluciones*. Esto significa que les pido a mis clientes que se enfoquen en acciones prácticas y específicas para obtener lo que desean. No pierdo mi tiempo, ni el de ellos, escarbando profundamente en los orígenes y en cada una de las razones por las que no tienen éxito. El hecho de comprender por qué existe un problemas no significa que puedas resolverlo. Si dedicas tu tiempo a estudiar los problemas, solo te convertirás en una adepta a la identificación de problemas.

Muchas veces, los tipos de problemas que encuentran mis clientes y las mujeres en economías en expansión no pueden ser "resueltos" por ellos. Por eso, mi método y el de otros guías enfocados en soluciones consiste en identificar y ayudar a los clientes a implementar acciones que los ayudarán a lidiar y a superar esos obstáculos.

Utilicé ese mismo enfoque al hablar con las mujeres de economías en expansión. Creo que los problemas más complejos e intricados se solucionan mejor mediante la repetición de acciones simples. Por eso, me desafié a mí misma a encontrar las acciones que funcionan mejor para las mujeres y que también funcionarán para *ti*.

ESTE LIBRO ES PARA TI

Si tienes preguntas y dudas sobre ti misma, no estás sola. Si no estás segura acerca de si puedes o si debes tener una carrera además de todos los otros aspectos de la vida, no estás sola.

- ¿Sientes que no has cumplido tus sueños profesionales?
- ¿Estás lista para recibir un ascenso, te lo mereces, y sin embargo no has obtenido ninguno?
- ¿Las probabilidades de éxito profesional o de negocios están en tu contra?
- ¿Sientes que tus obstáculos son insuperables?
- ¿Tus familiares y amigos te alientan a quedarte en casa, casarte y criar hijos en lugar de trabajar?
- ¿Tu marido piensa que tu trabajo afecta su imagen?
- ¿Crees que solo las mujeres occidentales tienen acceso a las mejores oportunidades?

Si respondiste que sí a cualquiera de las preguntas anteriores, entonces este libro es para ti. Yo te ayudaré a encontrar una forma de contestar estas preguntas en el contexto de tu vida. Espero que te consuele saber que hay cientos de millones de mujeres en todo el mundo como tú, que se preguntan las mismas cosas. Millones de mujeres han encontrado soluciones y han podido resolver estas preguntas por ellas mismas de distintas maneras. Quiero que sepas que este momento es el adecuado para que sigas cualquier camino profesional que desees.

Ya eres exitosa. Has sido muy bendecida. Solo con tu educación, ya estás bien encaminada. Si estás trabajando, entonces ya estás más adelantada que muchas otras mujeres. A partir de ahora, el éxito continuo para ti es solo una cuestión de implementar estos pocos hábitos clave del éxito de manera consistente y mantener este curso hasta que alcances tus objetivos finales.

IMPLEMENTA LO QUE LEES

CÓMO SACAR EL MÁXIMO PROVECHO DE ESTE LIBRO

NQUEBRANTABLE ESTÁ DIVIDIDO EN TRES PARTES "Prepárate", "Alístate" y "¡Avanza!". En cada parte, encontrarás capítulos dedicados a dos de los seis hábitos de las mujeres inquebrantables. Como todos los hábitos, estos consisten en acciones específicas que las mujeres exitosas realizan de manera consistente y repetitiva año tras año. Estos hábitos están conectados e interrelacionados. A medida que leas, descubrirás que muchos de los comportamientos subyacentes de cada uno de estos hábitos también forman parte de los demás.

Para implementar estos hábitos del éxito, no debes limitarte a leer el libro y luego dejarlo de lado. Leer acerca de la mentalidad y los comportamientos de mujeres exitosas que trabajan en economías en expansión no hará ninguna diferencia para ti si no conviertes esas ideas en acciones. Para beneficiarte de los ejemplos y consejos de estas mujeres y de mi experiencia como empresaria, guía ejecutiva e investigadora originaria del mundo en desarrollo, también debes *aplicar* lo que aprendes.

Además, para adquirir estos hábitos y los comportamientos y habilidades subyacentes, debes hacer lo que estas mujeres hacen una y otra vez. Planifica leer este libro más de una vez.

Inquebrantable es una guía de referencia que te resultará valiosa durante muchos años. Vuelve a leer fragmentos del libro, o el libro completo, a medida que tus deseos, necesidades, oportunidades y posiciones cambien. Cada vez que lo hagas, recordarás algo que habías olvidado, algo que necesitas aprender y seguramente encontrarás algo nuevo.

FORMAS DE LEER INQUEBRANTABLE

Las mejores formas de leer *Inquebrantable* son las siguientes:

Leer para identificar cómo implementar acciones. Mientras lees, señala comportamientos específicos que puedas cambiar o adoptar, y practica constantemente los comportamientos que creas que puedan ser especialmente útiles para ti.

Leer con una amiga o colega, o con un grupo de amigas y colegas. Mientras lees con amigas, exploren ideas, hablen sobre los desafíos de su país y piensen posibles soluciones juntas. Mientras lean, alienta a cada mujer a comprometerse con las acciones y los hábitos que deseen adoptar. Esto aumentará las posibilidades de que cada una logre lo que se ha propuesto.

Leer sin prejuicios. Si lees algo que no crees que vaya a funcionar para ti o en tu país, mantén la mente abierta durante un poco más de tiempo y piénsalo mejor. Si lees algo que ya habías escuchado o que ya sabías, no pases esa idea por alto rápidamente. Detente, piensa y pregúntate: "¿estoy implementando esa idea? ¿Lo estoy haciendo bien, de manera completa, repetida y consistente? ¿Es un hábito? Si adopto alguna de las sugerencias que leí, ¿eso mejoraría lo que ya estoy haciendo?".

Tomar notas. Escribe en los márgenes, marca las páginas y toma notas en el libro o en el libro de trabajo anexo (consulta la sección "Si deseas más información" al final del libro). La investigación muestra que marcar pasajes importantes acelera el aprendizaje. Anota aquellas cosas que te llamen la atención para que puedas incorporarlas a tus propios hábitos.

Leer para ser mentora. Piensa en una amiga, alguien del trabajo, una colega o una joven de tu comunidad o lugar de trabajo a quien esta información podría serle útil. Tenla en cuenta. Toma notas para ella. Piensa en cómo compartirás las partes relevantes (o el libro entero) con ella. Luego realiza un último paso: organiza una reunión con ella para compartir lo que has aprendido de manera tal que pueda adoptar estos comportamientos y hábitos para su vida.

La mejor forma de leer *Inquebrantable* y de aprender de este libro es aplicar regularmente lo que encuentres relevante para ti. A medida que hagas eso, te impulsarás a ti misma hacia el éxito.

En este libro, leerás historias de mujeres como tú. Son como tú porque comparten tus mismos sueños, ambiciones y miedos.

Si ellas (mujeres como tú) tienen éxito, entonces tú también puedes tenerlo. Pero, al igual que tú, ellas también han tenido que aprender a superar los obstáculos, incluso cuando nadie les enseñó cómo hacerlo.

A medida que leas este libro, imagínate a ti misma. Encuentra a las mujeres con las que más te identifiques. Aférrate a estas mujeres y a las ideas que te lleguen y te inspiren. Haz tu mejor esfuerzo para imaginarte a ti misma siguiendo pasos similares, siendo ingeniosa a tu propia manera. Y lo más importante, adopta las acciones específicas que decidas que serán las que, más probablemente, te lleven hacia donde quieres llegar.

Mi mayor deseo es que, entre estas páginas, encuentres la inspiración y las directrices prácticas que necesitas para completar tu propia historia profesional. Puedes tener éxito incluso cuando no estás segura de cómo trabajar exactamente para alcanzarlo. Si te permites ser inquebrantable ante los obstáculos, las oportunidades se abrirán paso hacia ti. ¡Tú eres la mujer que el mundo estaba esperando!

No te quedes simplemente al margen. No te quedes mirando. No te quedes solo con la lectura. ¡Únete! Te estamos esperando.

Te veré en la línea de salida.

INQUEBRANTABLE

PRE

PÁRATE

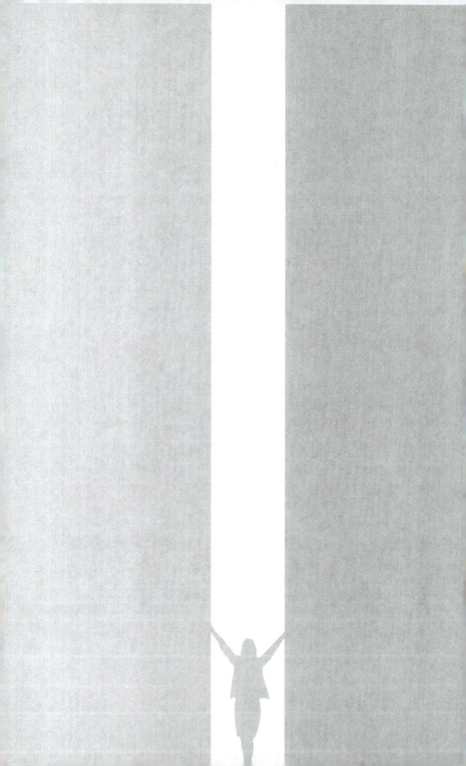

— HÁBITO 1 —

Ser inquebrantable

"Cree en ti misma y en todo lo que eres. Debes saber que hay algo dentro de ti que es más grande que cualquier obstáculo".
Christian D. Larson

L AS MUJERES QUE PROSPERAN PROFESIONALMENTE en las economías en expansión tienen algo en común: ellas son *inquebrantables*. Las mujeres inquebrantables no van simplemente a trabajar y sobreviven; ellas aprenden a prosperar y se destacan en sus roles. No se resignan ante los problemas que enfrentan; ellas los superan y prosperan. Las mujeres inquebrantables florecen donde muchas mujeres en las mismas circunstancias no logran cumplir sus promesas profesionales.

Las mujeres inquebrantables no permiten que los desafíos impidan que sigan sus carreras u objetivos empresariales. Ellas despejan, reducen o superan cada obstáculo que se les presenta. Ser inquebrantable significa perseverar a pesar de los impedimentos y contratiempos, y tener determinación con respecto a lo que quieres. Por supuesto que las mujeres que trabajan exitosamente en las economías en expansión a veces se sienten desanimadas, lo que es algo natural. Pero ellas no ceden y no se rinden. Los desafíos de trabajar en un país económicamente en desarrollo y de lidiar con los prejuicios de género pueden detenerlas temporalmente, pero no impiden que las mujeres sigan sus caminos profesionales.

A las mujeres de todo el mundo se les dice que los obstáculos de los lugares de trabajo son insuperables. Se les hace creer que los prejuicios culturales y de género no permiten el éxito en el trabajo y en el hogar. En lugar de desafiar estos supuestos, algunas mujeres deciden no formar parte del mundo laboral. Otras comienzan a trabajar, pero se sienten desanimadas cuando encuentran obstáculos. Entonces quedan estancadas o abandonan.

Las mujeres inquebrantables saben que los obstáculos son una parte constante de la vida; apenas superan una dificultad, aparece otra. Lo que distingue a estas mujeres y las hace merecedoras de nuestra atención es que comparten mentalidades y han desarrollado hábitos que las dirigen hacia el éxito.

¿ERES INQUEBRANTABLE?

DESPEJA
LOS
OBSTÁCULOS

CAPÍTULO 1

DESPEJAR

"No veo nada como un obstáculo o una barrera.
Solo veo la oportunidad".

Shahira Fahmy

Arquitecta egipcia y dueña de empresa

S ER INQUEBRANTABLE SIGNIFICA SER VALIENTE, no tener miedo al momento de perseguir tus objetivos, y no dejar que nada ni nadie te impida hacerlo. Significa buscar caminos, no baches. Durante cuatro años de investigación, escuché la misma respuesta una y otra vez en mis conversaciones con mujeres inquebrantables. Cuando profundizaba acerca de los desafíos que enfrentaban, siempre había algo de frustración, incluso exasperación, ya que cada mujer me hacía la misma pregunta de algún modo diferente. "¿Por qué me preguntas acerca de los obstáculos?".

A partir de ahí, la conversación seguía más o menos así.

Yo: "Porque sé que tú y otras mujeres en tu país encuentran muchos obstáculos".

Ella: "Sí, ¿y qué? ¿No les pasa a todas las mujeres occidentales y a ti también?".

Yo: "Sí, por supuesto".

Ella: "Entonces, ¿por qué es tan importante? Sí, enfrentamos obstáculos. Sí, nos encontramos con discriminación y perjuicios tanto explícitos como encubiertos. Sí, trabajamos con algunas personas que no creen que las mujeres puedan o deban tener éxito. Pero no pienso en eso ni insisto en analizar ninguna de estas cosas. Busco formas de superar los obstáculos que encuentro en mi camino. Las dificultades no me desvían. Simplemente sigo hacia adelante. Siempre pienso en cómo puedo sacar el mejor provecho de cualquier situación y obtener lo que deseo. Sé que puedo encontrar una forma de tener éxito a pesar de los desafíos".

Mientras más mujeres me decían esto, más segura estaba de que los hábitos del éxito están arraigados en actitudes y acciones poderosas. Para actuar de una manera que nos lleve al éxito, necesitamos creer que somos capaces de alcanzarlo. Debemos enfocarnos en las maneras de hacer las cosas. Las mujeres inquebrantables de mis entrevistas me impresionaron con su confianza firme de que podían encontrar o inventar soluciones para sus problemas. Esto resulta especialmente destacable si consideramos la cantidad y los tipos de obstáculos que enfrentan diariamente las mujeres de economías en expansión.

Los desafíos que enfrentan las mujeres de economías en expansión varían desde la discriminación de género legal y normativa hasta los prejuicios conscientes e inconscientes acerca del género. Muchas mujeres también enfrentan la falta de apoyo social o familiar. Reconozco que los tipos de desafíos que enfrentan las mujeres con educación son distintos de los desafíos que enfrentan nuestras hermanas más pobres y poco instruidas. Es cierto que la discriminación en el lugar de trabajo no puede compararse con la imposibilidad de acceder a la atención médica básica, agua, sanidad y comida; a la mortalidad infantil; la guerra o el tráfico sexual (para nombrar solo algunos de los impactantes problemas que enfrentan millones de mujeres). Sin embargo, también existen verdaderos desafíos para las mujeres con educación y carreras.

PREJUICIOS DE GÉNERO CONTRA LAS MUJERES

Desafortunadamente, los prejuicios de género, ya sean intencionales o inconscientes, aún existen en todo el mundo, tanto en países con economías avanzadas como en países con economías en expansión. Te sorprenderías si te contara historias acerca de algunas experiencias degradantes y frustrantes que han tenido algunas de mis colegas y clientes mujeres en los Estados Unidos. Probablemente hayas tenido tus propias experiencias o conozcas a mujeres que hayan tenido experiencias negativas por prejuicios de género.

Desde 2013, 128 de 143 países que fueron sondeados tienen al menos una ley que discrimina entre hombres y mujeres. La discriminación legal persistente en contra de las mujeres se extiende a actividades como acceder a una institución, ser propietaria o utilizar una propiedad, construir crédito, conseguir un trabajo y comenzar una empresa.[1] Incluso en países donde las leyes del Derecho Consuetudinario o del Derecho Civil han cambiado para ser más igualitarias, los conceptos tradicionales (prácticas sociales tradicionales) persisten en la discriminación contra las mujeres. Un ejemplo es la práctica persistente que existe en Arabia Saudita de que las mujeres necesitan un tutor legal para establecer una empresa, incluso cuando la ley fue modificada en abril de 2004.[2]

Las diferencias salariales por género existen en todas partes. Alrededor del mundo, las mujeres ganan menos que los hombres por hacer trabajos similares. Además, algunos países tienen edades de jubilación diferentes para hombre y mujeres. Por ejemplo, en China, la edad obligatoria de jubilación para las mujeres con trabajos en la administración pública es de cincuenta años, mientras que los hombres se jubilan a los sesenta.[3] Ser forzadas a abandonar el mundo laboral antes hace a las mujeres chinas financieramente vulnerables.

Viajar desde y hacia el trabajo implica problemas de seguridad y financieros para muchas mujeres. Les pregunté a varias mujeres de Brasil y la India acerca de las inquietudes sobre su seguridad personal durante sus viajes al trabajo. En Brasil, las mujeres se encogieron de hombros, como diciendo "sí, es una realidad en Brasil", pero también aseguraron que no iban a permitir que la idea de ser asaltadas o acosadas las detuviera. Me comentaron que deben ser cuidadosas y prudentes. También supe que algunas de las mujeres con mayor poder adquisitivo tenían automóviles a prueba de balas. Las mujeres de la India hablaron conmovidas acerca de sus propias experiencias y las de otras mujeres que recibieron maltratos o lo que localmente se conoce como "juguetear con Eva", que es una forma de acoso verbal y físico, y destacaron la necesidad de ser especialmente cuidadosas en los transportes públicos. Las mujeres han ideado varias tácticas para mantenerse a salvo y confían en ellas. Las mujeres de Arabia Saudita se enfrentan a un desafío diferente en cuanto al transporte. Debido a que no se les permite conducir automóviles, deben destinar el 30 % de sus salarios, aproximadamente, para contratar a un chofer que las lleve hasta sus trabajos.[4]

Los obstáculos tienen mucho peso al momento de decidir si trabajarán fuera del hogar o no, adónde trabajarán, cómo llegarán hasta allí y qué cantidad de horas trabajarán.

En América Latina, la mayor cantidad de mujeres elegidas para ocupar cargos en los gobiernos, ha dado esperanzas a las mujeres acerca del nivel de éxito que pueden alcanzar. Sin embargo, prevalece un concepto muy arraigado de que las mujeres son las responsables de las tareas domésticas, particularmente, del cuidado de los hijos, lo cual continúa siendo una limitación para las mujeres que aspiran a cargos séniores en las empresas.

En todo el mundo, especialmente en las economías en expansión, se espera que las mujeres prioricen a sus familias, por ejemplo, en el cuidado de los hijos o de los adultos mayores. Los horarios flexibles son comunes en el mundo occidental, pero no ocurre lo mismo en las economías en expansión. Estos programas les brindan a las mujeres la libertad de ir a trabajar en los horarios que les resultan beneficiosos, lo que hace más fácil que las madres puedan cuidar a sus hijos y que las hijas puedan cuidar a sus padres.

Aún cuando las mujeres logran alcanzar la cima de las empresas más grandes del mundo, las expectativas sobre el rol de la mujer prevalecen, tal como se puede ver en el emblemático caso de Indra Nooyi, la gerente general de PepsiCo. Un artículo de *The Atlantic* nos cuenta esta historia: "Recibí una llamada cerca de las 9.30 p. m. del presidente y gerente general de ese momento. Me dijo: 'Indra, vamos anunciar que tú serás la presidente y formarás parte de la Junta Directiva'. Estaba abrumada, porque al mirar mi pasado y de dónde vengo, convertirme en la presidente de una empresa estadounidense icónica y formar parte de la Junta Directiva me pareció algo extraordinario.

"Entonces, en vez de quedarme a trabajar hasta la medianoche, algo que hubiese hecho normalmente porque tenía mucho trabajo que hacer, decidí irme a casa y compartir las buenas noticias con mi familia. Llegué a casa cerca de las 10.00 p. m., entré al garaje y mi madre me estaba esperando al final de la escalera. Entonces le dije: 'Mamá, ¡tengo una noticia excelente para contarte!'. Ella dijo: 'Que las noticias esperen. ¿Puedes ir a comprar leche?'. Miré el garaje y parecía que mi marido ya estaba en casa. Le dije: '¿A qué hora llegó?'. Ella dijo: 'A las 8'. Yo dije: '¿Por qué no le pediste a él que comprara la leche?'. 'Está cansado'. Bueno. Tenemos algunos empleados en casa, '¿Por qué no les pediste a ellos que compraran la leche?'. Ella dijo: 'Me olvidé'. Luego dijo: 'Solo ve a comprar la leche. La necesitamos para mañana a la mañana'. Entonces, como una buena hija, salí, compré la leche y regresé.

"La arrojé con fuerza sobre la encimera y dije: 'Tenía una noticia excelente para contarte. Acaban de decirme que voy a ser presidente de la Junta Directiva. Y lo único que quieres que haga es que salga a buscar leche, ¿qué clase de madre eres?'. Y ella contestó: 'Deja que te explique algo. Tú puedes ser presidente de PepsiCo. Puedes estar en la Junta Directiva. Pero cuando entras en esta casa, eres esposa, hija, nuera y madre. Eres todo eso y nadie más puede tomar ese lugar. Así que deja esa maldita corona en el garaje. No la traigas dentro de la casa. Sabes que yo nunca le prestado atención a esa corona'".[5]

Los desafíos no están reservados para mujeres en ambientes empresariales únicamente. Las mujeres que tienen sus propias empresas enfrentan una gran variedad de problemas propios relacionados con el género. Cerca del 80 % de los emprendimientos que son propiedad de mujeres en la India pertenecen al sector de servicios, pero la mayoría de los préstamos bancarios se enfocan en el sector manufacturero. Esto pone a las mujeres en desventaja. Mientras que los emprendedores hombres obtienen hasta el 70% de financiamiento de prestamistas formales, el caso no es igual para sus contrapartes femeninas.[6] Los préstamos bancarios generalmente están asegurados por una garantía; sin embargo, las mujeres en la India, como en muchas otras naciones, generalmente no poseen garantías debido a restricciones sociales, legales y culturales que prevalecen sobre las mujeres con respecto a la herencia y a la propiedad de tierras en los lugares donde viven. Uno de los desafíos más grandes que deben enfrentar las mujeres emprendedoras de todo el mundo es obtener financiamiento de agentes de préstamos y participación accionaria de inversores.

Tebogo Mashego, la sudafricana que es dueña de su propia empresa, habló cándidamente conmigo acerca del favoritismo que tiene su gobierno para conceder los contratos a empresas que son propiedad de hombres. Ella dirige una empresa que construye portones y cercas de acero y aluminio. Además de los prejuicios de género, Tebogo ha tenido que enfrentar diversas dificultades como, por ejemplo, el momento en que la policía cerró su empresa, luego de que los vecinos se quejasen por los ruidos y olores que provenían de su planta. También ha tenido que enfrentar desafíos planteados por el otro dueño de la empresa, su marido, de quien se supo que retiró dinero de las cuentas de la empresa en algunas ocasiones para cubrir sus gastos personales.

ESTEREOTIPOS DE GÉNERO

La combinación de ser joven y ser mujer puede convertirse en un desafío único. En muchas economías en expansión, los gerentes y los encargados de seleccionar personal, generalmente, se niegan a contratar a mujeres jóvenes porque les preocupa cuánto tiempo permanecerán en el trabajo, o si se casarán y tendrán hijos. Michelle Wang, directora de mercadeo de China, me explicó lo siguiente: "Muchas empresas de mi país se muestran reticentes a la hora de contratar mujeres recién casadas porque creen que lo más probable es que se tomen licencia por maternidad en cualquier momento y, por lo tanto, generen un gasto extra para la empresa". Ella se refería a los gastos de contratar trabajadores de reemplazo, además de los gastos de la licencia con goce de sueldo.

Polina Gushcha, de veintitantos años, gerente general de Coface, una empresa de seguros de crédito de Rusia, me dijo que el obstáculo más grande que había encontrado en su carrera había sido la actitud de los hombres con respecto a su edad. "Francamente, los empresarios hombres, especialmente los más grandes, consideran que no soy lo suficientemente profesional debido a mi edad. Mi tarea es asegurarme de que, en nuestra primera reunión, la persona con la que estoy hablando comprenda que mis habilidades profesionales no dependen de mi edad ni de mi sexo. Cualquier confusión relacionada con la edad desaparece después de las primeras conversaciones de trabajo".

Tantaswa Fubu es una mujer empresaria sudafricana que ejerce como directora de Recursos Humanos de KPMG, una de las empresas de servicios profesionales (impuestos, auditorías y asesoramiento) más grandes del mundo. Ella afirma que un estereotipo relacionado con el género que aún persiste para las madres que trabajan es que "en lugar de preguntarte cuáles son tus preferencias, las personas suponen que no puedes hacerte cargo de ciertos programas de desarrollo ejecutivo porque no quieres separarte de tus hijos".

Unmana Datta, una mujer de la India y ex emprendedora que se encuentra nuevamente cumpliendo una función ejecutiva, me comentó acerca de la soledad que suelen enfrentar las mujeres emprendedoras en su país. "Puede ser muy solitario, especialmente si estás dirigiendo una empresa emergente de tecnología. Hay muy pocas mujeres emprendedoras en el mundo de la tecnología. Cuando miras a tu alrededor en un evento de empresas emergentes, casi no encuentras a ninguna. Luego están el sexismo y la 'sabiondez de los hombres' que, por supuesto, existen en todas partes, según lo que he leído (y es probable que no sea ni mejor ni peor en la India que en cualquier otro lugar). Había un hombre que siempre me explicaba que estábamos construyendo nuestro producto con la tecnología equivocada. Mi reacción era pensar, *No, hermano... conozco un poco de tecnología*. Sabía que los argumentos de estos tipos merecían una carcajada. Había otro hombre que bromeaba acerca de quién llevaba los pantalones en nuestra casa", agregó. "Podría haber ignorado la broma si no fuese tan consabida".

ACOSO SEXUAL

Además de estos tipos de desafíos, las mujeres me contaron acerca de las dificultades de trabajar en culturas donde los hombres tienen más poder y estatus. En estos países, las reuniones de negocios suelen extenderse hasta la noche y se toma alcohol en lugares en donde es inaceptable que una mujer participe. Algunas conversaciones entre hombres pueden hacer que las mujeres se sientan incómodas. Es posible que los hombres que dependen de una jefa mujer o que trabajan con una colega mujer por primera vez se sientan intimidados por su compañera.

Los desequilibrios de poder pueden llevar al acoso. En un estudio llevado a cabo en Sudáfrica, el 40 % de las mujeres encuestadas informó que el acoso por parte de los hombres era un problema recurrente.[7] Cuando desequilibrios culturales como este se ven reflejados en el lugar de trabajo, resulta aún más difícil para las mujeres lidiar con los incidentes de acoso sexual por parte de sus compañeros. La gran mayoría de las mujeres con quienes hablé solo analizó las incidencias de acoso sexual en términos generales. Sin embargo, una ejecutiva en rápido ascenso de Brasil tuvo la valentía de contarme que el acoso que recibía por parte su gerente la obligó a abandonar un trabajo que amaba y en el que se destacaba. Después de más de quince años de arduo trabajo y compromiso con su empresa, que incluyeron mudarse a una ciudad diferente para realizar una tarea importante y numerosos asensos, al fin alcanzó el cargo por el que tanto se había esforzado. Trágicamente, su gerente de entonces comenzó a hacerle insinuaciones sexuales no deseadas. A pesar de haberlo rechazado de diferentes maneras, él no se detenía y amenazaba con utilizar el poder que le confería su cargo en contra de ella. Desde su perspectiva, no había ninguna manera posible de que ella pudiese levantar cargos en su contra ni de que pudiese denunciar la situación. Sintió que no le quedaba otra alternativa que marcharse.

Si bien es cierto que los prejuicios de género son, en su mayoría, negativos y llevan a la discriminación, también hay casos de mujeres que viven experiencias positivas gracias a su género. A veces, ser mujer no es un problema, y en algunos ambientes, puede ser una ventaja.

A VECES, SER MUJER TIENE SUS BENEFICIOS

Muchas de las mujeres con las que hablé me dijeron que los clientes, proveedores, financiadores y líderes hombres, a veces, sentían curiosidad acerca de cómo eran ellas y cómo lograban obtener reuniones y oportunidades, y cerrar acuerdos que sus colegas hombres no lograban cerrar. Algunas mujeres también me dijeron que habían obtenido algunos beneficios debido a la atención que les prestaban últimamente gracias a una cantidad en aumento de programas de mentores y de entrenamiento y eventos para mujeres empresarias y emprendedoras.

Neveen El Tahri, la primera mujer en obtener un cargo en la bolsa de valores de Egipto, a veces sintió que su género era una ventaja más que una desventaja. Ella me dijo que los hombres más grandes y con más experiencia la trataban como a una hija y le enseñaban cómo ser parte de la bolsa.

La emprendedora india Unmana Datta coincidió con ella. "Para ser clara, los hombres tontos eran la excepción. La mayor parte del tiempo, me trataban con respeto y amabilidad, y me hicieron sentir bienvenida. Algunos emprendedores y mentores experimentados me brindaron su tiempo y sus consejos, por lo que estoy agradecida. La contracara de ser virtualmente la única mujer emprendedora, especialmente en el mundo de la tecnología, es que te prestan más atención. Algunas veces, las personas son más amables contigo y están más dispuestas a ayudarte, a diferencia de lo que ocurriría si fueses otro hombre emprendedor. Las organizaciones como Women's Web en la India realizan talleres de mercadeo solo para mujeres. ¡Son inmensamente divertidos! Otra parte positiva es que conocí a algunas otras mujeres emprendedoras, lo que es genial".

Durante una entrevista con Denise Abulafia, una profesora argentina de bioquímica que se convirtió en emprendedora, contó con los ojos muy abiertos y una sonrisa mientras comía su almuerzo: "Realicé mi primera ronda de inversiones mientras estaba embarazada de mi tercer hijo. Fue difícil. Mi barriga era enorme y me preocupaba que los financiadores pensaran que no iba a poder realizar un negocio a gran escala porque abandonaría el trabajo cuando mi hijo naciera. Sin embargo, eso no pasó. De hecho, la única preocupada era yo". En este caso, Denise tenía prejuicios inconscientes en contra de sí misma.

Denise y yo nos encontramos en medio de un día de trabajo en una sala de conferencias, mitad de vidrio, mitad de ladrillo, desde donde se podía ver el espacio de trabajo en que sus empleados interactuaban. Generosa, compartió conmigo un postre local favorito y continuó: "Fue emocionante descubrir que los inversores no compartían mis preocupaciones. Ni siquiera me preguntaron qué pasaría después de que diera a luz. Recolecté toda mi primera ronda de financiamiento en Argentina. Volví a trabajar siete días después de que nació mi bebé. Fue fácil, puesto que los bebés solo necesitan comer y dormir".

LOS DESAFÍOS DE HACER NEGOCIOS EN ECONOMÍAS EN EXPANSIÓN

Generalmente, los desafíos con los que se encuentran las mujeres en sus lugares de trabajo están más relacionados con la forma en la que se realizan los negocios en sus países que con su género. Cualquier persona que estuviese haciendo negocios allí encontraría las mismas dificultades. Tanto los hombres como las mujeres de países en desarrollo suelen enfrentar ambientes complejos e impredecibles, regulaciones onerosas y erráticas, inflación y monedas inestables, corrupción y clientelismo. También hay otros tipos de desafíos diarios, como el tráfico pesado, que hace que los viajes al trabajo sean largos e impredecibles en ciudades como San Pablo, Moscú y Beijing. En El Cairo, Shahira Fahmy, fundadora de su propia empresa de arquitectos, Shahira H. Fahmy Associates, que al momento de la entrevista tenía más de treinta arquitectos empleados de ambos sexos, me dijo: "Creo que la mayoría de nuestros problemas de negocios ocurren porque esto es Egipto, no porque yo soy mujer".

Yoanna Gouchtchina es una joven emprendedora en tecnología móvil y fundadora de ZeeRabbit, una plataforma social interactiva donde las marcas se comunican e interactúan con los consumidores. Ella cree que Rusia es bastante tolerante con las mujeres que trabajan. Sin embargo, sostiene que hacer negocios en Rusia es bastante desafiante, especialmente cuando se trata de trabajar con las regulaciones y las autoridades locales. Comentó que, en un cargo empresarial anterior, ella y su equipo perdieron un contrato para realizar un proyecto en el que habían estado trabajando arduamente, durante mucho tiempo, simplemente porque se negaron a ofrecer un soborno.

De manera similar, el jefe de la periodista china Zhen Trudy Wang le pidió que participara en la recepción de un "sobre rojo" (*hongbao* en chino), una propina que se les da extraoficialmente a los periodistas.

En Argentina, me reuní con María Luisa Fulgueira, quien tiene más de cuarenta años de experiencia empresarial y es actualmente la gerente general de Daltosur, una proveedora de materia prima y químicos para la industria de los cosméticos. María Luisa me invitó a almorzar, generosamente, a uno de sus restaurantes favoritos, un lugar elegante donde todos la conocían y la saludaban con afecto. Durante el almuerzo, con su gran sentido del humor y absoluta sinceridad, compartió conmigo algunas de las complicaciones que ha enfrentado al dirigir su negocio. Por ejemplo, existen restricciones a la cantidad de dólares de importaciones diarias que puede realizar al pedir los suministros que necesita para realizar sus negocios. Daltosur opera en seis países de América Latina, con ventas anuales de 85 millones de dólares estadounidenses. Estas regulaciones podrían haber arruinado su negocio si ella no se hubiese enfocado en la solución del problema y si no hubiese tenido la determinación de una mujer inquebrantable.

DESAFÍOS PERSONALES

Naturalmente, las mujeres de todo el mundo se enfrentan con desafíos personales. En Badr Adduja, su tienda de arte y muebles exclusivos, May Khoury, la dueña de un pequeño negocio en Jordania, me dijo que su crianza había sido modesta. Cuando era joven, ganó una beca para estudiar en la American University of Beirut, pero no pudo costear el viaje ni la vida en el Líbano.

Se casó a los diecinueve años y tuvo tres hijos. A los cuarenta y tres años, trágicamente, quedó viuda. Además, la prolongada enfermedad de su marido acabó con sus activos financieros. Debido a la necesidad, la inquebrantable May descubrió cómo convertir su pasión por el arte y las manualidades de su patrimonio cultural en un negocio de diseño exclusivo.

Alena Vladimirskaya hablaba apasionadamente y gesticulaba con las manos mientras me contaba que, a los veintipico años, le tocó vivir el momento más difícil de su vida. Estaba viviendo su sueño, trabajaba como pasante en la revista *Elle* de Rusia, y soñaba con convertirse en editora algún día. Pero entonces, cuando tenía ocho meses de embarazo, su marido la abandonó. No sabía qué hacer ni adónde ir, pero tenía la certeza de que necesitaba todo el apoyo posible para lograr convertirse en una madre soltera y trabajadora exitosa, por lo que Alena regresó a su pequeño pueblo natal y dio a luz a su hija. Para volver a comenzar su carrera, decidió establecer estaciones de radio locales.

La estación de radio más grande del pueblo, que era propiedad de una empresa de medios muy conocida, se interesó por el trabajo de Alena. La contrataron para establecer una división de Internet en San Petersburgo. Allí conoció a su segundo marido, con quien lleva más de veintidós años de casada. Su carrera tuvo algunos giros más. Ella lanzó su propia empresa de búsqueda de talentos y hoy es una emprendedora en tecnología. Al reflexionar acerca de las dificultadas que enfrentó, Alena dijo: "Incluso cuando la vida nos golpea, las mujeres no debemos perder la perspectiva. Debemos avanzar siempre hacia adelante".

LAS MUJERES INQUEBRANTABLES DESPEJAN OBSTÁCULOS

Cuando participo en paneles de expertos o doy discursos, generalmente me preguntan cómo son las mujeres empresarias o las mujeres emprendedoras exitosas en las economías en expansión. Las personas suelen suponer que las mujeres inquebrantables provienen de determinados tipos de entornos, que tienen algún tipo específico de personalidad, talentos o niveles de inteligencia diferentes y que han tenido que desafiar dramáticamente al sistema en el que trabajan o al statu quo de sus culturas para poder salir adelante. El hecho, sin embargo, es que estas percepciones simplemente no son reales. La característica en común que comparten las mujeres que prosperan en sus carreras en las economías en expansión es un conjunto de hábitos integrales de la forma en que trabajan. El más indispensable de estos hábitos es la voluntad de recorrer el camino más largo y de hacer lo que sea necesario para encontrar soluciones para la gran cantidad de desafíos y obstáculos que enfrentarán.

La arquitecta Egipcia Shahira Fahmy, cuyo ejemplo nos demuestra la forma en que las mujeres buscan soluciones, afirmó: "Yo no veo nada como un obstáculo o una barrera. Solo veo la oportunidad. No recuerdo los momento malos, pienso en los posibles momentos bueno que vendrán".

Esto es lo que hicieron las mujeres sobre las que has estado leyendo, y algunas otras también, cuando se enfrentaron a sus desafíos. Después de perder un potencial cliente por negarse a ofrecer un soborno, Yoanna Gouchtchina dejó su trajo en una gran empresa y formó su propio negocio.

Para no ver comprometida su integridad periodística, Zhen Trudy Wang se fue a trabajar para una revista que no aceptaba propinas de "sobre rojo".

Cuando las regulaciones de transporte le impidieron a María Luisa Fulgueira importar la cantidad de materia prima que necesitaba, ella le dijo al departamento de Compras que hiciera pedidos todos los días por la cantidad máxima permitida.

En Sudáfrica, la propietaria de una empresa manufacturera, Tebogo Mashego, implementó nuevos controles financieros y abrió una oficina diferente para poder separarse ella (durante las horas de trabajo) y los fondos de la empresa de su marido.

Después de dejar a regañadientes su trabajo por el acoso sexual que sufrió, la mujer brasileña de la que hablé, con valentía y determinación, comenzó su propia empresa de consultoría.

Las mujeres inquebrantables no permiten, ni siquiera, que las amenazas de acoso o violación impidan que lleguen a sus trabajos. De hecho, algunas mujeres, como la planificadora urbana Nithya Raman, están determinadas a resolver estos tipos de problemas para todas las mujeres. Nithya ha creado un plan para cambiar la disposición de las calles de la ciudad en la que vive y trabaja. Tal como lo explicó: "Creo que hay dos prejuicios importantes entre los planificadores y los gerentes urbanos que, en realidad, no dejan que las ciudades sean más seguras para las mujeres: en primer lugar, las calles de la ciudad han sido planificadas y construidas para los automóviles y no para las personas. En segundo lugar, existe un prejuicio real contra los vendedores ambulantes, quienes atraen a los peatones. Estos dos prejuicios suelen llevar a la creación de calles más anchas, pero sin peatones, lo que puede ser muy peligroso para las mujeres".[8]

A veces, son los maridos de las mujeres quienes encuentran formas creativas de ayudar a sus esposas a superar el desafío único que enfrentan las madres trabajadoras de todo el mundo. El emprendedor de Indonesia, Fikri Nauval, es dueño de una empresa de envíos de documentos y cargas. Él se inspiró en su propia esposa para añadir un servicio de mensajería en motocicleta que se encarga de recolectar biberones con leche materna del lugar de trabajo de la mujer y de entregarla en el hogar donde el niño recibe cuidados.[9]

En Jordania, Afnan Ali tuvo que superar muchos obstáculos para poder desarrollar TEPLO, un dispositivo móvil de calefacción individual. El primer problema estuvo relacionado con el tipo de tecnología de hardware que necesitaba, puesto que no existía en Jordania. Viajó a Alemania y finalmente a China para tercerizar la producción. El siguiente obstáculo que enfrentó fue encontrar inversiones para el hardware. Tuvo que solicitar precios e inscribirse en competencias para obtener los fondos para comenzar la investigación y el desarrollo.

Sin disculparse, y expresando su firme determinación, Afnan dijo: "Cometí muchos errores y perdí tiempo y dinero, porque intenté crear mi producto de la forma equivocada".

El proyecto empresarial infructuoso de Unmana Datta en la India la ayudó a descubrir mucho acerca de ella misma. "En un trabajo, te especializas en hacer bien una sola cosa, o, a lo sumo, un par de cosas. Como emprendedora, debes hacer mucho más que eso. Este fracaso me ayudó a descubrir en qué soy buena y en qué no, y cuando comencé a buscar un trabajo, lo hice pensando en algo que se adaptara no solo a mis habilidades, sino también a mi personalidad. Me siento mejor si tengo una estructura, por lo que es probable que no sea buena para los emprendimientos".

Wendy Luhabe es una sudafricana, cofundadora de la primera empresa propiedad de mujeres en aparecer en la lista de la bolsa de valores de Johannesburgo, Women Investment Portfolio Holdings. Ha liderado grandes empresas, brindado liderazgo en juntas directivas, se ha convertido en una emprendedora social y en autora, y ha recibido reconocimiento mundial por sus resultados y sus logros. Ella asegura que "el camino hacia el éxito para las mujeres está basado simplemente en su habilidad de tomar el camino menos transitado y asumir riesgos a lo largo del trayecto. No importa si lo que hace una mujer funciona o no. Por su naturaleza, el mismo acto de tomar una nueva dirección ya es una contribución al avance de otras mujeres. Las mujeres tienen la responsabilidad de modelar una nueva forma de ser para otras mujeres. Solo con su ejemplo, las pioneras dan permiso a otras mujeres para aventurarse e iluminar otro camino nuevo".

Las mujeres inquebrantables hacen descubrimientos al mismo tiempo que inventan soluciones para sus problemas. En 2008, y debido al impacto que tuvo la recesión global en la India, Ritika Bajaj perdió su trabajo empresarial. "No sabía hacia dónde ir. Nunca antes había tenido que luchar por trabajos y empleos".

Como ya había empezado a trabajar paralelamente, ayudando a una autora con su libro, decidió que podía formar una empresa relacionada con la escritura. "La experiencia de estos últimos tres o cuatro años como emprendedora y escritora ha sido, sin dudas, muy desafiante, ya que nada ha sido seguro. También ha sido muy satisfactoria, dado que he tenido que salir de mi zona de confort y, a veces, he descubierto aspectos de mi personalidad que no conocía. También descubrí que no necesitaba la seguridad de una gran empresa. Lo que quería construir, en realidad, podía construirlo individualmente".

La malasia Wee Yen Lim, quien enfrentó diferentes tipos de obstáculos en su vida, es un verdadero ejemplo de mujer inquebrantable. Su experiencia sirve para estudiar la capacidad de adaptación. Durante la entrevista, esta emprendedora y determinada joven habló sobre cómo creó el modelo empresarial de Conspiración Moda, una empresa en línea de alquiler de accesorios y ropa de diseño. Wee Yen se mudó de Malasia a México y dejó atrás el mundo corporativo para convertirse en emprendedora. No sabía español, por lo que comenzó a estudiarlo por su cuenta durante el vuelo. Con sus fuertes raíces asiáticas, esta mujer humilde y de bajo perfil, comenzó a escribir su idea de negocio y a compartirla con diferentes personas de la industria de la moda. En su trabajo anterior, trabajaba principalmente con su computadora, pero pronto aprendió que, para triunfar como dueña de un negocio en México, tenía que adoptar un enfoque diferente y modificar su estilo laboral.

Se obligó a salir y a hablar con mujeres emprendedoras experimentadas. Conoció a muchas de ellas, incluida Celeste

North, fundadora de NuFlick, una plataforma de películas a la carta y festivales de cine independiente dirigida al mercado mexicano y latinoamericano. Celeste se convirtió en mentora de Wee Yen. Como les sucede a todas las mujeres emprendedoras, muchas de las personas que contactó no la volvieron a llamar. Sin embargo, eso no la detuvo y contactó a otras personas.

La idea de negocio original de Wee Yen era hacer un trueque de vestimenta, pero eso no funcionó en la cultura mexicana. A las mujeres de este país no les gustaba la idea de intercambiar su ropa con otras personas. Como resultado, modificó su idea original y creó un negocio de alquiler de ropa de diseño. Cuando le pregunté si tuvo alguna desilusión, me dijo: "No puedes morir por un árbol cuando hay un bosque entero allí afuera". La sociedad de Conspiración Moda no funcionó. Entonces, Wee Yen desarrolló una segunda empresa con la ayuda de Wayra, un fondo de capital semilla y aceleradora de empresas emergentes. Esta vez desarrolló una aplicación móvil de compras para la industria minorista de la moda mexicana y sus consumidores.

¿Cómo lograron estas mujeres ser inquebrantables? ¿Por qué creyeron que podían despejar los obstáculos o encontrar las soluciones que necesitaban? Se pusieron en acción. Comenzaron a tomar decisiones bien informadas. Eligieron este tipo de decisiones de manera deliberada una y otra vez hasta que sus acciones se convirtieron en conductas automáticas. Adquirieron los hábitos del éxito.

Las mujeres que triunfan profesionalmente en las economías en expansión no son conscientes de que son inquebrantables.

Desarrollan hábitos arraigados que les permiten descubrir las maneras en que pueden lograr lo que desean. Su éxito no es una cuestión de azar, sino el resultado de creencias, deseos y acciones repetidas y constantes que se entrecruzan con las oportunidades.

Las mujeres inquebrantables aprecian los esfuerzos que se realizan para despejar los obstáculos relacionados con cuestiones de género, como regulaciones injustas o discriminación contra la mujer, contribuyen a este fin y sacan provecho de los progresos logrados, pero no se mantienen al margen, esperando que eso ocurra.

DESARROLLAR UNA MENTALIDAD INQUEBRANTABLE

¿Cómo son tu mentalidad y tus hábitos laborales actuales? ¿Ya eres una mujer inquebrantable como la que describí aquí? ¿O dejas que las normas sociales, el ambiente laboral, la presión social y las percepciones de las personas te dominen? ¿Dejas que las dificultades con las que te enfrentas te desanimen o determinen las elecciones de tu vida?

Si estás convencida de que los desafíos no pueden detenerte, sino solo demorarte un poco más, entonces ¡estás en el camino correcto! ¡Fantástico! Puedes saltear esta parte y leer los cinco hábitos de las mujeres inquebrantables.

Si todavía no tienes un enfoque inquebrantable, deberás adquirirlo.

Si bien el cerebro no es un músculo, también puedes ejercitarlo regularmente. La rutina para ejercitar el cerebro está compuesta por nuestros pensamientos, las respuestas a las situaciones que enfrentamos y las acciones que realizamos diariamente. Si damos pasos pequeños, en la dirección correcta y de manera repetida, podemos realizar grandes cambios en nuestras perspectivas, reacciones y entornos. Si enfrentas los obstáculos de manera diferente de la habitual en el pasado (es decir, si actúas diferente) comenzarás a ver las situaciones de manera distinta y a confiar más en ti. En lugar de ver los problemas como obstáculos insuperables, encontrarás alternativas y soluciones. Con el tiempo, esos mismos problemas no serán obstáculos, sino solo estorbos que encontrarás en el curso de tus negocios. Cuando descubras el camino que te lleve hacia adelante, ¡síguelo!

Comienza por la acción, no por el pensamiento. Todavía no es el momento de preocuparte por lo que piensas o sientes, ni por cuán difíciles serán las circunstancias. Las acciones notables y concretas que implementes modificarán tus creencias, sentimientos y actitudes. Los cambios externos comenzarán a reflejarse en tu interior. Nos convertimos en aquello que hacemos regularmente.

Para ser inquebrantables, no debemos agonizar ante los problemas. Despeja los obstáculos. Busca soluciones. Observa a otras mujeres que ya hayan encontrado las soluciones y aprende de ellas. Esto no significa que debas ignorar los problemas o los desafíos que se presentan en la vida o en los negocios, sino que te estoy alentando para que implementes acciones que cambien tu punto de vista con respecto a dichos problemas. A medida que cambies la perspectiva, cambiará tu entorno.

AHORA ES TU TURNO

Luego de leer las historias anteriores de mujeres inquebrantables de todo el mundo, ha llegado el momento de que desarrolles tu propia forma de despejar los obstáculos. A continuación, te explico cómo hacerlo.

En los ejercicios siguientes, desarrollé una serie de preguntas y de conductas específicas para que adoptes. A medida que avances en el libro, verás que cada capítulo tiene una sección de acción y reflexión similar. Resuelve estos ejercicios sola o con una amiga, un mentor o un grupo de mujeres que también estén enfocadas en sus carreras profesionales. Toma notas directamente en el libro o en otro lugar, ya sea un cuaderno, un diario o en tu computadora. También puedes ingresar en TheWayWomenWork.com y adquirir el libro de actividades que acompaña a este libro.

PARA REFLEXIONAR:
¿CÓMO PUEDES SER INQUEBRANTABLE?

Hay dos claves para lograrlo:

- Tener una mentalidad inquebrantable.
- Despejar los obstáculos.

El desarrollo de una mentalidad inquebrantable depende de la manera en que percibes los obstáculos y lo que piensas de ellos. Para evaluar tu percepción de los obstáculos, debes hacerte las siguientes preguntas:

- ¿Cuál es mi objetivo empresarial o profesional inmediato?
  Ejemplos: obtener un trabajo, un ascenso, un aumento o una licencia comercial. Comenzar o desarrollar un negocio. Ganar más dinero.

- ¿Cuál es el obstáculo que se interpone actualmente en mi camino?
  Ejemplos: una persona, una regulación, un prejuicio particular, una necesidad financiera o la falta de conocimiento o confianza.

- ¿Cómo reacciono generalmente cuando me enfrento a este tipo de obstáculos?
  Ejemplos: con enojo, frustración, inmovilización, culpa, resignación o afrontamiento.

- En aquellas ocasiones en las que me enfrento a este desafío, ¿qué podría hacer de modo diferente?
  Ejemplos: Buscar alternativas. Trabajar con más creatividad. Trabajar con otra persona.

- Si observo a otras personas que hayan superado el problema, ¿qué es lo que veo?
  Ejemplos: Buscan alternativas. No les molestan los desafíos. Buscan la manera de convertir el obstáculo en una oportunidad que los favorezca. Buscan asesoramiento de personas experimentadas..

Con las respuestas a estas preguntas, decide qué acciones podrían serte útiles. A continuación, encontrarás algunas ideas.

 ## ACCIONES PARA DESPEJAR OBSTÁCULOS

Enfócate en continuar la marcha cada vez que te enfrentas a un obstáculo. Si no te detienes, encontrarás o inventarás soluciones para alcanzar tus objetivos. Las preguntas clave que debes hacerte son las siguientes:

- ¿Qué puedo hacer para esquivar, superar o despejar los obstáculos que identifiqué?
- ¿Qué puedo cambiar?

A medida que respondes estas preguntas, descubrirás que hay cinco maneras principales de superar obstáculos.

Eliminar el obstáculo. A partir de lo que ya sabes o de lo que te han contado otras personas, ¿crees que haya alguna manera de despejar el obstáculo o de convencer a los demás de cambiar el sistema, la política o el procedimiento que te afecta a ti? (Recuerda a Wee Yen Lim de Malasia).

Busca una alternativa. ¿Qué procesos o alternativas puedes usar para superar el obstáculo? (Recuerda a María Luisa Fulgueira de Argentina).

Negocia una excepción. Pregunta si es posible no cumplir con esa regla o ese requisito que se interpone en tu camino. Asegúrate de brindar una razón válida cuando negocies la excepción y explica el beneficio de seguir por ese camino.

Abandona. ¿Podrías trabajar en otro lugar para evitar o minimizar este obstáculo? (Recuerda a Zhen Wang de China).

Haz lo contrario. Alguna vez escuché que "la locura es hacer lo mismo una y otra vez esperando obtener resultados diferentes".

Si algo no funciona, no podemos esperar un resultado diferente haciendo lo mismo de siempre. Necesitamos cambiar algo. La mentalidad inquebrantable se adquiere mediante una técnica que yo denomino *hacer lo contrario*, por la cual se aplica un enfoque diferente intencionalmente a fin de obtener mejores resultados. En el siguiente cuadro, encontrarás algunas acciones "contrarias" que te motivarán.

SI GENERALMENTE...	HAZ LO CONTRARIO:
Supones que es imposible superar el obstáculo	Imagínate que alcanzas lo que deseas. *Pregúntate o pregúntale a una persona de confianza si hay alguna manera de lograr que sea más fácil enfrentar ese obstáculo, aún cuando no puedas despejarlo.*
No hablas sobre el obstáculo.	Habla con alguien que pueda enfrentarlo. *Dependiendo de tu situación, es posible que sea conveniente hablar con la persona que ha creado ese desafío o con tu gerente, un miembro del equipo de Recursos Humanos de tu empresa, un agente del gobierno o una organización que se especializa en el tema.*

Hablas sin parar del obstáculo y expresas tu gran frustración	Expresa tu frustración en silencio. *Este enfoque puede ser útil durante reuniones o en entornos corporativos, porque es probable que tu silencio haga sentir incomoda a la persona que actúa con prejuicios.*
No conoces bien el problema u obstáculo al que te enfrentas.	Obtén más información al respecto. *Investiga para saber de dónde proviene, cómo comenzó y a qué le temen o de qué se protegen quienes crearon el obstáculo.*
Te detienes cuando te encuentras con un obstáculo en particular.	Avanza un paso más allá de lo habitual. *Si generalmente intentas una sola vez, entonces intenta dos. Si te detienes cuando te dicen que no, pregunta una vez más.*
Evitas la confrontación	Aborda el tema sin rodeos. *Si generalmente aceptas las injusticias en el entorno laboral, por ejemplo, expresa tu frustración de manera verbal o por escrito.*

Aceptas los juicios de los demás	Expresa claramente tu opinión. *Di: "Yo veo la situación de esta manera" o "Tengo otra manera de pensar al respecto". O pregunta: "¿Has pensado este tema desde esta otra perspectiva?".*
Culpas a los demás o al sistema	Evalúa lo que puedes hacer de manera diferente por ti misma. *Analiza tu conducta y piensa en otra manera de hacer las cosas para lograr tus objetivos.*
Piensas constantemente en tus problemas	Piensa en una solución posible. *Reflexiona sobre las maneras de minimizar el desafío o esfuérzate por encontrar una alternativa.*

PARA SER INQUEBRANTABLE, DEBES DESARROLLAR UNA SERIE DE HÁBITOS

Hasta ahora, has leído acerca de la mentalidad y las acciones que conforman el hábito clave del éxito para ser una mujer inquebrantable. A medida que avances en la lectura, te encontrarás con cinco hábitos más que te permitirán triunfar profesionalmente en tus propios términos.

Los hábitos son conductas que se repiten constantemente, de manera casi automática, hasta que se convierten en una rutina. La constancia de nuestros buenos hábitos genera los resultados positivos que estamos buscando. Como guía empresarial, sé que es necesario implementar una serie de hábitos para lograr resultados significativos. Esto se aplica a las mujeres inquebrantables que conocí y que prosperan en las economías en expansión. Para alcanzar el éxito profesional, ellas confían en los seis hábitos descritos en este libro.

Sé que, para tener buena salud y un peso adecuado, es necesario adoptar una serie de conductas apropiadas. Estas conductas varían desde pequeños hábitos, como cepillarse los dientes o lavarse las manos, hasta grandes hábitos, como dormir bien, evitar el estrés, comer sano y hacer ejercicios regularmente. Habitualmente, yo implemento todos estos hábitos, excepto el último. De hecho, soy muy inconstante con el ejercicio físico.

A veces hago ejercicios cuatro o cinco veces en una semana, a veces, solo una o dos veces, y cuando estoy muy ocupada, no hago ejercicios durante mucho tiempo. Todos los días, encuentro miles de razones para no hacer ejercicios. ¿Cuál es el resultado? En general, tengo buena salud, pero siempre tengo cuatro o cinco kilos (diez libras) de más. Suelo decir que voy a perder esos kilos de más y en verdad, lo "deseo". Pero decir y desear no me han hecho adelgazar. Tengo un aspecto saludable, pero no me veo como me gustaría.

Si empiezo a hacer ejercicios después de un periodo largo de inactividad, me doy cuenta de que estoy fuera de estado. Me cuesta más hacer lo que hacía antes, me canso más fácilmente y al día siguiente estoy dolorida. Por eso es que, al día siguiente, ya no quiero ejercitar y esa es la decisión incorrecta. Para mí, hacer ejercicios nunca formó parte de la rutina que sigo instintivamente y sin pensar, como cepillarme los dientes, y es por eso que no me veo como me gustaría.

Piensa en esta analogía a medida que leas más sobre las conductas inherentes a las mujeres inquebrantables en las economías en expansión. Pregúntate con sinceridad: ¿adoptas estos mismos hábitos de manera constante y repetitiva? ¿O sabes cuáles son? ¿Entiendes que debes implementarlos, pero solo lo haces de manera esporádica e irregular como mi rutina de ejercicios físicos? ¿Estás "fuera de estado" con tus esfuerzos para lograr tus objetivos profesionales?

Es necesario implementar los seis hábitos del éxito, no uno ni dos ni tres. Para llegar adonde quieres, tienes que implementar los seis hábitos de manera constante y regular.

RESUMEN

Una mentalidad inquebrantable es la base del éxito para las mujeres en las economías en expansión. Para triunfar, no tienes que despejar todos los obstáculos ni hacer todo bien. Intenta cambiar tu perspectiva sobre los obstáculos e implementar acciones que te hagan avanzar, ya sea superando o esquivando los problemas. Buscar las soluciones todos los días te hará sentir que tienes el poder para transformar lo que quieras.

Millones de mujeres como tú están descubriendo que pueden superar o esquivar obstáculos. ¡No caben dudas de que tú también puedes hacerlo! Si has permitido que los obstáculos te impidieran avanzar, ha llegado el momento de implementar acciones para adoptar los hábitos del éxito y desarrollar una mentalidad inquebrantable.

Los pensamientos y las acciones que implementas regularmente influyen en tu cerebro. Con el paso del tiempo, las nuevas respuestas y rutinas te permitirán superar viejos patrones que obstaculizaron tu camino en el pasado. Si crees que puedes despejar esos obstáculos, tu actitud ante ellos cambiará y evitará que te detengas.

Las dos preguntas más importantes para hacerte son las siguientes:

- ¿Cuál es la actitud típica ante los desafíos y obstáculos que quiero cambiar?
- ¿Qué acciones o respuestas específicas comenzaré a adoptar a partir de ahora para despejar los obstáculos que enfrento?

NOTAS

— HÁBITO 2 —

Preparar

La preparación brinda confianza,
coraje y capacidades.

UNA DE LAS PRIMERAS COSAS QUE DESTACAN LAS mujeres en las economías en expansión es la que la falta de preparación nunca estuvo en duda. Una mujer que aspira a una carrera o a un negocio en una economía en expansión no tendrá éxito si *no está preparada*.

Un informe de la Organización Internacional del Trabajo, una agencia de las Naciones Unidas que analiza la fuerza laboral a nivel mundial, reveló dos razones principales por las que las mujeres no trabajan. No tienen preparación o no tienen los recursos ni la infraestructura que necesitan para ingresar al mundo laboral.[1] Las mujeres que prosperan en sus trabajos y triunfan en los negocios han superado estos obstáculos mediante la implementación constante de una serie de hábitos importantes.

OPORTUNIDAD + PREPARACIÓN = LOGROS

La base del éxito es la preparación. El resto de los hábitos se construye sobre el hábito de la preparación continua. Si no te preparas para los éxitos y fracasos que son una parte inevitable de los negocios, no habrá manera de alcanzar los objetivos que te propones.

La buena noticia es que ya estás acostumbrada a prepararte. Te has preparado para otros aspectos de tu vida, como asistir a la universidad o tener diferentes trabajos, lo que te ha ayudado a llegar hasta aquí. Si logras que la preparación se vuelva un hábito, entonces generarás confianza, coraje y capacidades. Es por esto que las mujeres inquebrantables asumen una actitud de aprendizaje permanente.

Piensa en el hábito de la preparación como si fuera una capacitación o un ensayo previo a un evento. Antes de cualquier competencia o presentación, los participantes practican sus habilidades y se entrenan o ensayan regularmente. Los negocios son la única excepción. Si bien el mundo de los negocios es muy competitivo, muchas personas piensan que pueden obtener ventajas sin prepararse ni practicar exhaustivamente sus capacidades. Sin embargo, múltiples estudios han determinado que, para dominar las habilidades y la experiencia, se necesitan *10 000 horas* de práctica.[2]

Las mujeres inquebrantables en las economías en expansión saben que, para competir y triunfar profesionalmente, deben estar preparadas. Trabajan arduamente para lograr la máxima preparación posible, y desarrollan la mentalidad, el conocimiento, las habilidades, el deseo y los contactos que necesitan para triunfar. Se preparan para las circunstancias difíciles que saben que enfrentarán, así como para crear o buscar oportunidades. Reconocen que, para ellas y para todas las mujeres, el camino hacia el éxito no puede dejarse al azar. Este camino es arduo, repleto de obstáculos y baches, y abarrotado de personas que preferirían que las mujeres no triunfen.

En el hábito de la preparación hay dos claves. Primero, debes prepararte en tu interior. Y luego, asegurarte de tener las habilidades necesarias para alcanzar el éxito. Estas dos claves son fundamentales para desarrollar confianza, coraje y capacidades.

CREE
EN
TI MISMA

CAPÍTULO 2

CONFIANZA

"Al final, el éxito depende tanto de la confianza en uno mismo como de las capacidades".

Katty Kay and Claire Shipman

The Atlantic

ASÍ COMO LA PREPARACIÓN ES LA BASE DEL ÉXITO, la confianza es la base de la preparación. Sin confianza, tus hábitos serán tan inestables como una casa sin cimientos. Sin confianza, todo lo que hagas te resultará complicado y necesitarás validación externa constante en lugar de sentirte firme, centrada e independiente por ti misma.

¿De dónde proviene la confianza? De la acción. Más específicamente, de permitirte implementar acciones y de confiar en que eres capaz de hacerlo. Proviene de dejar de lado los juicios negativos, de ignorar las palabras y opiniones desalentadoras de los demás y de evitar caer en el pensamiento autodestructivo. También te sentirás más segura de ti misma si estás preparada. Por lo tanto, la preparación y la práctica son esenciales. También ganas confianza cuando te atreves a asumir riesgos y a experimentar.

Desarrolla la confianza de a un paso por vez. Si te alejas de las situaciones en las que te sientes cómoda y te diriges hacia entornos en donde te sientes menos cómoda, o incluso completamente incómoda, ganarás más confianza. Ganas confianza cuando confías en ti misma y crees en que eres capaz. Si cometes errores o fracasas, puedes cultivar tu confianza siendo amable contigo misma. La confianza aumentará a medida que expandas tus límites.

Durante mi investigación, las mujeres destacaron la importancia de la confianza en sí mismas por encima de cualquier otro rasgo de la personalidad. Comentaban que las mujeres en sus países no se sentían seguras de ellas mismas. *"Confía en ti misma"* es el consejo más frecuente cuando les preguntaba qué recomendación podrían darles a otras empresarias mujeres. A continuación, encontrarás algunos testimonios:

- Michelle Wang, directora de mercadeo de China: "Hoy es común escuchar historias de mujeres que triunfan en China. Varios factores sociológicos han contribuido a este fenómeno: el crecimiento rápido de China durante las últimas décadas generó una fuerte demanda laboral. La política de hijo único permitió a las familias reunir recursos suficientes para que los niños accedieran a educación de calidad. Y una política imparcial de contratación laboral ayudó a las mujeres. Si hay algo que las mujeres profesionales de China pueden hacer para ayudarse a ellas mismas a triunfar, eso sería tener más confianza y ser lo suficientemente valientes para experimentar cosas nuevas".

- Manar Al-Moneef, directora de Operaciones de General Electric en Arabia Saudita, doctora en medicina: "Los mayores obstáculos que enfrentan las mujeres en el camino hacia el éxito se encuentran en su interior. La clave del éxito es la confianza en una misma".

- Estefany Marte, gerente general de A.M. Frutas y Vegetales SRL, empresa de frutas y vegetales de República Dominicana: "Las mujeres en mi país comparten un problema común: no creen en ellas mismas. La cultura latinoamericana está regida por los hombres, pero creo que las cosas están cambiando. En la actualidad, tenemos muchas presidentes mujeres en la región. Nuestra vicepresidente es mujer también. Sin embargo, el éxito llega cuando las mujeres alcanzan la fortaleza desde su interior. Deben entender que pueden lograrlo. No importa si les das dinero, herramientas y formación. Si no creen en ellas mismas, no lograrán nada con lo que les has entregado. Yo intento trabajar con las mujeres de mi comunidad. Tienen capacidades sorprendentes, pero en general, no piensan que pueden tener sus propios negocios. Estoy tratando de que entiendan que es posible y que pueden hacerlo. Mi padre comenzó vendiendo piñas con su camioneta.

Ahora trabajo con él y hemos desarrollado nuestro propio negocio. Amamos nuestro trabajo y estoy orgullosa de lo que conseguimos. Si yo puedo, todas pueden hacerlo. Si piensas: '*Tiene mucho dinero, y por eso puede hacerlo*', o pones otras excusas para explicar por qué no puedes triunfar, estás equivocada. No es cuestión de dinero. ¡Puedes lograrlo si verdaderamente lo deseas! Todo es posible si trabajas para lograrlo".

- May Khoury, dueña de un pequeño negocio y ganadora del premio a la mejor artista jordana: "Tu éxito dependerá de lo siguiente: 1) los riesgos que asumes, 2) las oportunidades que buscas, 3) los desafíos a los que te enfrentas, y 4) tu nivel de confianza. El éxito requiere de disciplina, pasión, inspiración y mucha autoestima".

- Violeta Noya, realista y determinada, gerente general de Otima, una empresa concesionaria de mobiliario urbano en San Pablo: "Siempre creí que podía hacer cualquier cosa. Siempre quise ser exitosa. Confío en mí misma".

La confianza se gana a partir de lo que sientes y piensas con respecto a tus capacidades. Entre todos los retos que debemos enfrentar las mujeres de todo el mundo, la confianza en una misma parece ser uno de los desafíos más difíciles. Sin embargo, hay muchas mujeres en todo el mundo que son seguras de sí mismas. Quizás tú eres una de ellas. Probablemente, conozcas a algunas de ellas en este libro. ¿Cómo lograron ser así? No nacieron así. Desarrollaron la autoestima y la confianza.

No nacemos con confianza en nuestras capacidades ni con el potencial para prosperar, sino que es algo que surge de nuestro interior y de las acciones que realizamos repetidamente. Debemos encontrar la semilla en algún lugar y cultivarla para luego cosecharla en nuestras vidas.

PRIMERAS INFLUENCIAS

Podemos atribuir el origen de nuestra confianza a los mensajes que recibimos de quienes nos rodeaban durante nuestra infancia y a partir de lo que nuestros familiares (especialmente nuestros padres), amigos y otras personas influyentes pensaban del éxito y el fracaso. Si recibimos mensajes positivos sobre nuestras habilidades y deseos de participar en los negocios, entonces nos brindaron cierta determinación para actuar. Pudimos comenzar a familiarizarnos con el trabajo profesional, lo que potenció nuestra confianza. Pero si, por el contrario, las personas a nuestro alrededor dudaron de nuestras habilidades, probablemente hemos internalizado la idea de que no éramos capaces o de que no teníamos derecho a elegir una carrera. La negatividad y nuestra voz interior se convirtieron en una barrera para nuestros logros.

En la mayoría de los casos, las mujeres que entrevisté fueron muy afortunadas por tener familiares con aspiraciones más altas que las tradicionales. Muchas mujeres atribuyen el origen de la seguridad al apoyo o influencia de sus padres.

Un padre influye en sus hijas de diferentes maneras. Cuando conversé con Neveen El Tahri en su oficina del segundo piso en una calle concurrida de El Cairo, Egipto, dijo que su padre había criado a ella y a sus hermanas como si fueran niños. Su padre tuvo con ellas las mismas expectativas que hubiese tenido con hijos varones. Como resultado, Neveen siempre creyó que ella podía hacer las mismas cosas que hacían los hombres. Neveen fue la primera mujer dentro de la junta de directores del mercado de acciones de Egipto, puesto que mantuvo desde 1997 hasta 2003. También forma parte de numerosas juntas de grandes empresas públicas y privadas. Es muy poco común que las mujeres de cualquier lugar del mundo puedan acceder a este tipo de puestos.

Para otra egipciana, Fatma Lofty, la historia fue un poco diferente. Sentada detrás de un escritorio grande e imponente, Fatma recuerda su infancia. La familia de Fatma está compuesta por cuatro hijas. Su padre era banquero y financista, y deseaba tener un hijo. Este deseo del padre hizo que Fatma y sus hermanas se sintieran frustradas y decidieron probarle que ellas eran mejor que los varones. Fatma y dos de sus hermanas eligieron carreras bancarias. Su hermana es gerente general de un banco islámico y Fatma es vicepresidente y directora gerente de Bank Audi, un banco con más de tres mil millones de dólares estadounidenses en activos.[1]

Al igual que estas dos mujeres del Medio Oriente, si yo tuviera que darle crédito a una persona que haya influido en mi nivel de confianza, ese sería mi padre. La percepción que predomina de los padres del Medio Oriente en el resto del mundo es que son controladores y que es poco probable que alienten a sus hijas a conseguir el éxito profesional. A pesar de que esa es la situación de muchas jóvenes en el Medio Oriente, no fue mi caso.

Cuando era niña y vivía en Medio Oriente, mi padre trabajaba seis días por semana de 7.30 a. m. a 1.30 p. m. o 2.00 p. m. Volvía a casa, almorzaba con mi madre y ambos nos esperaban a mí y a mis hermanas cuando llegábamos de la escuela. Fue una forma ideal de crecer, y a menudo reflexiono sobre los beneficios de que mis padres hayan tenido tiempo a solas, como pareja, a mitad del día, antes de que alguno de los dos estuviera demasiado cansado, así como el regalo inigualable de tener a ambos padres conmigo cuando llegaba de la escuela.

Como muchas familias, la mía tenía una rutina establecida. Cuando mi hermana y yo llegábamos de la escuela, comíamos algo, les contábamos lo que nos había sucedido durante el día y luego hacíamos la tarea. Muchas veces me enfrentaba con problemas que no podía resolver. Entonces tomaba mi libro, buscaba a mi padre y le pedía que me ayudara. Muchos años después, ya adulta, me percaté de que mi padre en realidad nunca me daba respuestas. Él hacía preguntas como "¿de dónde sacaste esa información? ¿Qué otras fuentes de información tienes sobre este tema? ¿Quién más sabe de esto? ¿Cómo lo explicó la maestra en clase? ¿Qué dijo que era importante? ¿En qué parte te has quedado? ¿Cuál es la información que sabes? ¿Cuál es la información que no sabes?". Muchos años después, descubrí que estas eran las preguntas que solía hacerme en la universidad, todos los días en mi trabajo, y que le hago a mi equipo cuando surge algún problema.

Estas preguntas de mi padre fomentaron en mí la creencia de que podría encontrar las respuestas y de que tenía la capacidad de resolver problemas. Gracias a él entendí que no existían problemas que no pudiera resolver. Esa convicción que mi padre depositó en mí y en mis capacidades me dio la confianza para trabajar arduamente para encontrar las soluciones y para tener coraje, y nunca desalentarme ante los desafíos futuros.

Una de las emprendedoras más experimentadas con las que hablé durante mi investigación para este libro fue Marta Harff, fundadora de una empresa de fragancias con franquicias en toda la Argentina. Las experiencias de su infancia le enseñaron que tenía que confiar en ella misma. Durante el tiempo que compartimos en su elegante tienda en una bulliciosa esquina de Buenos Aires, ella dijo: "Sabía que no iba a obtener ayuda de afuera. Mi padre era alemán y mi madre polaca, ambos inmigrantes. Mi padre era panadero. Ellos sacrificaron mucho por mí. Sabían que la educación era muy importante y querían que tuviera las mejores oportunidades educativas.

Mi madre se enfermó cuando yo tenía diez años y mis padres me enviaron a vivir con mi abuela, mi *oma*, que era inmigrante alemana. Oma tenía educación secundaria, que era raro para una mujer de su época. Era una mujer moderna. Leía y jugaba al bridge. No era muy cariñosa, pero era intelectual y muy diferente de las mujeres de su época. Su padre, mi bisabuelo, tenía una fábrica de telas. Me contó que, en la tienda de su padre, tenían la costumbre de mover regularmente las telas de un lado a otro de la tienda. Cuando le pregunté a Oma por qué hacían eso, ella me contesto: 'Porque el movimiento genera movimiento'".

El consejo de Marta para otras empresarias es el siguiente: *"Muévanse porque el movimiento genera movimiento. El miedo puede paralizarte y después, no hay más movimiento"*.

"¿Sabes qué significa la palabra *estúpido* en Latín?". Me preguntó Marta con una amplia sonrisa y una ligera expresión de picardía. Le dije que no y respondió: "Estar paralizado". "La energía del movimiento te da la dirección. Mi motivación era estar preparada para moverme. Estudiaba en la universidad y trabajaba al mismo tiempo. Era buena estudiante. Decidí qué tipo de carrera quería e hice las cosas que podía hacer. Cuando comencé, el éxito fue llegando poco a poco, mientras hacía cosas para sobrevivir. Soy una gran sobreviviente, en todos los sentidos, física, emocional y laboralmente. Para mí, lo inmediato no era importante. Me estaba preparando para el largo plazo".

MODELOS A SEGUIR

Durante la adultez, la confianza surge de nuestras creencias, de las palabras que usamos para describir nuestras capacidades e inteligencia, de las acciones personales que implementamos y de observar a quienes triunfan. Las personas en todo el mundo, incluso las más poderosas y exitosas, algunas veces se cuestionan y dudan de sus capacidades para triunfar, igual que nosotras. Sería muy raro que alguna persona no lo hiciera. Pero, ¿qué importancia tienen las dudas entre las mujeres?

El informe sobre las mujeres del Monitoreo de emprendimiento global de 2012 incluyó a 67 países desarrollados y en vías de desarrollo. Este informe reveló que, en los 67 países, las mujeres se sienten menos seguras con respecto a sus capacidades empresariales que los hombres. Además, hombres y mujeres creen que las mujeres no son tan capaces como los hombres en los negocios.[2] Pero en realidad, cuando las mujeres asumen riesgos empresariales, triunfan o fracasan casi la misma cantidad de veces que los hombres.[3]

¿Sabes de dónde son las mujeres que más confianza tienen en sí mismas?

Si piensas en algún país desarrollado u occidental, entonces estás equivocada. Según el informe, las mujeres que más confían en sus capacidades para hacer negocios viven en África subsahariana, donde el 67 % de las mujeres confían en sus capacidades.[4] Aquí también se encuentran las mujeres con menos miedo al fracaso.[5]

La diferencia entre África subsahariana y el resto del mundo es que tiene un alto porcentaje de mujeres que ya dirigen negocios. Esto significa que las jóvenes ven a sus madres, abuelas, tías, hermanas y vecinas dirigiendo negocios y lo consideran normal. Significa que tienen a alguien que les enseñe cómo trabajar. Si las mujeres más jóvenes observan a otras mujeres que trabajan y triunfan, entonces tienen modelos a seguir y comienzan a creer que ellas también pueden tener éxito. Resulta interesante que las mujeres con más miedo al fracaso analizadas por el informe se encontraban en los países más ricos y desarrollados, y no en las economías en expansión.[6] Si tomamos en cuenta solamente el lugar donde vives, es posible que ya estés en mejor posición para lanzarte como emprendedora.

Ganar confianza siempre se relaciona con implementar acciones. Puedes ganar más confianza hoy mismo, con solo avanzar un paso más en tu camino. Cuando las mujeres trabajan y tienen éxito, ganan confianza. Se prueban a ellas mismas que pueden lograr cualquier cosa que se propongan.

Lo contrario a la seguridad, es la duda y solo puede limitarnos en la medida en que lo permitimos. Yeshasvini Ramaswamy, una emprendedora india que fundó la empresa de auditorías de liderazgo e2e People Practices, nos reveló su fórmula para controlar las voces que generan dudas dentro de nuestras cabezas. "Como mujeres, podemos ser muy críticas, incluso con nosotras mismas. Nos autocriticamos y tendemos a sobrecargarnos de responsabilidades. Olvídate de las voces en tu cabeza que te limitan y que te dicen que esto es *lo único que puedes hacer*. Dile a tu mente que se calle".

BARRERAS PARA LA CONFIANZA

Acciones que debilitan nuestra confianza:

- Culpar a los demás cuando las cosas no salen como nosotras queremos, en lugar de aceptar nuestra responsabilidad y evaluar lo que podemos hacer diferente o mejor la próxima vez. Esperar que todo fluya fácilmente y sin obstáculos.
- Subestimar la cantidad de tiempo, dinero y trabajo arduo que llevará alcanzar nuestros objetivos, como obtener un trabajo, un ascenso, comenzar o desarrollar un negocio.
- Ignorar o no recordar nuestros triunfos anteriores (de vez en cuando, trata de leer tu currículum vítae o de revisar lo que las personas dijeron sobre ti).
- Tratar de afrontar proyectos u objetivos enormes en lugar de dividirlos por partes o por tareas que podamos manejar mejor.
- Permitir que el miedo nos paralice.
- Fracasar en el intento de implementar acciones a pesar de nuestras dudas.

UN SENTIDO EQUILIBRADO DE CONFIANZA

Las mujeres inquebrantables tienen un sentido de confianza *equilibrado* e inherente. En mi experiencia, esto es especialmente importante para las mujeres en las economías en expansión, donde las normas culturales, a menudo, dictan cómo deben comportarse. Las mujeres inquebrantables no son arrogantes ni presumidas. Tampoco son excesivamente modestas ni autodenigrantes. Están dispuestas a atribuirse el mérito de sus contribuciones. Su confianza se basa en la realidad y en sus capacidades. Saben cuál es el nivel de conocimiento que tienen y trabajan para mejorarlo mediante la preparación.

Algunas personas parecen tener una confianza natural en sí mismas, mientras que otras (incluso personas muy exitosas) parecen no confiar en ellas. Una mujer puede sentirse segura en algunos aspectos de su vida y en otros, no tanto. Por ejemplo, puede sentirse segura en sus relaciones y en su vida personal, pero no tanto en el trabajo, o viceversa. Muy pocas veces, o nunca, una persona se siente segura en todo momento y en todos los aspectos de su vida. Las mujeres inquebrantables usan la preparación para ganar confianza y para atravesar el miedo al fracaso.

A pesar de que Funmilayo (Funmi) Victor-Okigbo, gerente general de No Surprises Events, una empresa de producción y gestión de eventos de Nigeria, no tenía suficiente experiencia previa, convenció a una empresa multinacional de contratar los servicios de su empresa para un gran evento. Funmi confesó que fue uno de los mejores eventos que habían organizado y que fue el resultado de una preparación exhaustiva. "El miedo al fracaso me dio el impulso que necesitaba para hacer un trabajo que superó las expectativas del cliente". Su confianza mejoró una vez que se percató de que podía lograr lo que quería a través del trabajo arduo.

Mary Anne de Amorim Ribeiroes una mujer de enorme confianza y bajo perfil de San Pablo, Brasil, tiene 40 años y es la fundadora y gerente general de Pupa, una empresa que fomenta la educación temprana. Además es madre de cuatro hijos. Anteriormente, dirigió la segunda empresa naviera más grande de Brasil. "Siempre supe que podía hacer cualquier cosa", afirma Mary Anne con certeza. Con tan solo cinco años, ya sabía que quería ser una mujer trabajadora. "Vi la diferencia entre los ricos y los pobres y no me gustó". Su padre era sacerdote y su madre costurera. Ambos padres impulsaron sus talentos, lo que contribuyó a que ella pudiera generar una imagen positiva de sí misma. Mary Anne cuenta: "Aprendí a leer en casa desde muy pequeña y era buena para las matemáticas".

Mary Anne comenzó a trabajar los dieciséis años, lo que la ayudó a ganar mayor confianza en sus capacidades y a desestimar los mensajes negativos provenientes de la sociedad. "No permití que el hecho de ser mujer limitara mis posibilidades", dijo con firmeza. Mary Anne rápidamente adquirió lo que ella describe como "la fuerza de jugar para ganar", y desarrolló una perspectiva para su futuro trabajo con madres y sus pequeños hijos.

¿Eres como Mary Anne y Funmi? ¿Tienes confianza en ti misma por naturaleza o tienes muchas dudas?

Cualquiera sea tu respuesta, ¿por qué crees que eres así?

FORMAS DE GANAR CONFIANZA

Algunas personas creen que la autoestima es innata, una parte inherente de la personalidad o constitución de la persona. Pero eso no es lo común. La confianza puede ganarse. La mejor manera de ganar confianza es pensar con confianza, hablar con confianza y actuar con confianza.

No esperes hasta sentirte segura de ti misma para comenzar a actuar con confianza. No debilites tu nivel de confianza con tus pensamientos ni con la manera en que te comunicas. Cuando actúas con confianza, comenzarás a confiar en ti misma.

PREPÁRATE PARA CONFIAR EN TI MISMA

Como dice la frase: "El éxito atrae al éxito". Y yo agregaría que la confianza atrae al éxito. No es necesario alcanzar "éxito" para confiar en ti misma. En realidad, es a la inversa. Puedes implementar medidas para superar el miedo, incluso antes de ser exitosa. Comenzarás a experimentar el éxito cuando decidas confiar en tu capacidad para hacerlo.

No puedo culpar experiencias de mi primera infancia por las dudas que tuve que enfrentar en mi vida. Mis padres eran alentadores. A pesar de que tenía sobrepeso, usaba anteojos y siempre tenía mi cabeza metida en algún libro, hice amigos y me fue bien en la escuela. Las cosas fueron fáciles durante mi carrera en grandes empresas y nuevamente, cuando lancé y desarrollé mi negocio como guía empresarial. Pero cuando comencé a escribir este libro, estaba haciendo algo nuevo, y surgieron muchas dudas y crisis de confianza. La voz dentro de mí cuestionaba mis habilidades de escritura: *¿Quién te crees que eres, Rania? ¡No eres escritora! ¿Por qué piensas que puedes hacerlo? ¿Qué sabes de escribir libros?* La verdad es que sabía muy poco de escribir libros, así que mis primeros intentos no fueron muy exitosos. Tuve muchos avances y retrocesos. En varias ocasiones, incluso tuve que comenzar todo de nuevo.

Con el tiempo, y luego de muchas frustraciones y reproches, me di cuenta de que la fuente principal de mis dudas era mi falta de preparación. No había investigado lo suficiente sobre cómo es el proceso de escritura para la mayoría de los escritores. No conocía los pasos reales que siguen los escritores para redactar un libro. Además, había subestimado por completo cuánto tiempo lleva hacerlo. Supuse que, debido a que tenía experiencia y sabía escribir documentos empresariales, ya tenía todo lo que necesitaba para escribir un libro. Pero, ¡qué equivocada estaba! Incluso subestimé la dificultad que representaba establecer contactos con mujeres empresarias en lugares del mundo en donde no tenía contactos.

Luego de muchas pruebas y errores, y de quedarme atascada durante largos periodos, me di cuenta de que podía cambiar esa falta de preparación. Contacté a Ishita Gupta, una guía especializada en escritura y negocios, y comencé a trabajar con ella. Me explicó el proceso, me recomendó libros y recursos para escribir y habló conmigo sobre mi confianza. Me pidió que comenzara a escribir pequeñas partes, lo que me llevó a experimentar pequeños éxitos. Cada una de estas acciones potenciaba mi confianza en mi capacidad de hacer realidad este libro.

Al implementar las estrategias que había aprendido, fui tomando impulso. Comencé desde donde había quedado y continué escribiendo. Pronto pude ver que *era posible* que lo hiciera. Luego comencé a *creer* en que lo lograría. Dejé de culpar a otros por mis propias barreras. A medida que mis objetivos se volvían claros, perfeccioné mi mensaje y me comuniqué con más personas que entendían mi perspectiva y compartían mi objetivo de ayudar a las mujeres en las economías en expansión a alcanzar sus propias definiciones de éxito profesional.

Si reflexiono acerca de todas mis experiencias educativas y profesionales como parte de una gran empresa y como emprendedora, puedo reconocer que siempre me preparé para el éxito. A través de experiencias, libros, conversaciones con personas y capacitaciones, aprendí lo que necesitaba aprender. Esa preparación ha sido esencial para mi nivel de confianza y éxito.

AHORA ES TU TURNO

Para prepararte para el éxito debes ganar confianza en ti misma y enfrentar tus miedos. Sin confianza ni coraje, puedes paralizarte y atascarse en un lugar del que piensas que no podrás salir. Las mujeres inquebrantables que desarrollaron confianza y coraje siguen avanzando hacia adelante, incluso ante las dudas. Una vez que hayas adquirido un sentido equilibrado y realista de la confianza en ti misma, podrás implementar las otras acciones de preparación que construirán la base de tu éxito. A continuación, te explico cómo hacerlo.

 ## PARA REFLEXIONAR: ¿ESTÁS DEBILITANDO TU CONFIANZA?

Para comenzar, examina tus pensamientos y conducta. Pregúntate:

- ¿Confío en mí misma o estoy constantemente dudando de cualquier paso que quiero dar?

- ¿Subestimo de manera consciente o inconsciente mis capacidades?

- ¿Me culpo por mis errores?

- ¿Me juzgo negativamente y a menudo me encuentro hablando conmigo misma de manera negativa?

- ¿Qué dice la voz dentro de mi cabeza?
  - ¿Es crítica o brinda apoyo?
  - ¿Es muy fuerte?
  - ¿Qué importancia le doy?

- ¿Quién o qué me ayuda a silenciar o disminuir esos mensajes negativos?

- ¿Pienso que las personas tienen una confianza natural en sí mismas o no? ¿Ya he decidido que no tengo suficiente confianza en mí misma como para lograr lo que quiero?

- ¿Culpo a otros, a la sociedad, a la cultura, a mis padres o a los hombres por no lograr mis objetivos?

Si respondiste afirmativamente a algunas de estas preguntas, entonces estás debilitando tu confianza de alguna manera.

ACCIONES
QUE GENERAN CONFIANZA

Para generar confianza, comienza a pensar, a hablar y a actuar con confianza. A continuación, te presento una lista de ideas, consejos y técnicas. Elige las acciones que más se ajusten a ti y comprométete a implementarlas de manera constante.

Piensa son confianza. Identifica tus fortalezas y recuérdalas cuando hables con otras personas.

- Pregúntate: ¿Cuáles son mis fortalezas?
  Por ejemplo: trabajar con otras personas, realizar análisis cuantitativos, pensar nuevas ideas, llevar las ideas a la práctica, gestionar proyectos, escribir, trabajar en tecnología, ciencias o ventas.

- Pregúntate: ¿Cuáles son mis mejores características o cualidades?
  Ejemplos: Soy inteligente, amable, trabajadora, interesante, atenta, positiva, carismática, creativa, etc.

- Controla lo que piensas de ti misma. Con práctica, puedes aprender a controlar la manera en que piensas de ti misma.
  - Utiliza palabras positivas, amables y alentadoras cuando te hables a ti misma.

- No pienses en los errores que cometiste en el pasado. En cambio, identifica lo que harías diferente en el futuro.

- Repite frases o afirmaciones positivas sobre ti misma. Empieza esas afirmaciones con frases como "yo puedo", "yo estoy", o "yo quiero".
  Ejemplos: "Yo puedo conseguir otro trabajo". "Yo puedo obtener un ascenso". "Yo puedo obtener financiación para mi negocio". "Yo puedo alcanzar este objetivo". "Yo estoy preparada para el éxito". "Yo puedo ver el camino a seguir". "Yo estoy agradecida por lo que soy y por lo que puedo lograr". "Yo puedo cambiar esto". "Yo puedo superar este obstáculo".

- Prepárate mentalmente. Descubre cuáles son las acciones específicas que necesitas implementar para cumplir una tarea y practícalas.

- Imagínate que triunfas en cierta tarea o que logras el objetivo que te propusiste.

- Debes saber que es imposible triunfar en todo y que algunas cosas irán mal. Recuerda que los errores y fracasos son normales, y que aprenderás de las dificultades que encuentres y que eres capaz de encontrar nuevas soluciones.

- Piensa positivamente: recuerda que las mujeres inquebrantables son resistentes frente a los obstáculos y son capaces de encontrar las soluciones.

Habla con confianza. Incluso cuando no confíes plenamente en ti, es importante hablar sobre tus fortalezas, cualidades y de lo que puedes lograr, en lugar de hablar de lo que no puedes hacer. Usa frases como las siguientes: *"Yo puedo"*, *"yo soy capaz de"*, *"estoy convencida de que puedo"*, *"creo firmemente que"*, *"sé que"*.

- Comparte la manera en que llevarás a cabo cierta tarea, en lugar de compartir tus dudas.

- Párate o siéntate de manera que te sientas segura cuando estés hablando.

- No agregues una pregunta al final de una frase ni pidas perdón cuando compartas tus perspectivas.

- Di tus afirmaciones en voz alta para ti misma.

Actúa con confianza. Implementa una rutina diaria que te ayude a ganar confianza. Ya se ha demostrado que estas rutinas dan buenos resultados. Selecciona e implementa las que creas que sean más útiles para ti.

- Lee citas motivacionales.

- Lee libros que aporten ideas, esperanzas e inspiración.

- Haz ejercicios.

- Vístete de la manera en que te sientas más segura.

- Escribe tus afirmaciones y colócalas en un lugar visible de tu casa u oficina.

- Establece un momento para meditar durante el cual te concentres en tus afirmaciones, seguridad y objetivos, y en darte las gracias por ser capaz y haber logrado lo que has logrado hasta el momento.

- Desarrolla tus conocimientos y habilidades. Encontrarás más información sobre cómo desarrollar tus capacidades en el Capítulo 4.

- Practica lo que planeas decir o hacer. A menudo, practico frente al espejo para poder verme mientras hablo y poder practicar mi tono de voz y lenguaje corporal.

- Observa a las personas que crees que confían en sí mismas. ¿Cómo se comportan? Adopta o adapta conductas similares que potencien tu nivel de confianza.

- Ten una cita con alguien seguro de sí mismo que admires. Pregúntale cómo genera su confianza.

- Desafíate a realizar acciones profesionales con las que no te sientas cómoda.

- Prueba. Incluso cuando no estés segura de que puedes triunfar o cuando tienes dudas o incertidumbres. Siempre que estés preparada, avanza un paso más.

- Acepta la responsabilidad por tus fracasos y aprende de tus errores y no te culpes ni dudes de tu capacidad de triunfar en el futuro.

- Esfuérzate y ve un paso más allá de lo que normalmente irías luego de cumplir un objetivo con el que te sientes cómoda. Pregúntate: ¿Qué más haría si confiara más en mí?

Mantente atenta porque, en los próximos capítulos, volveremos a hablar acerca de la confianza.

RESUMEN

Tienes la capacidad de desarrollar la confianza en ti misma. Para comenzar a confiar en tus capacidades, deberás reprogramar tu cerebro para reducir los pensamientos y emociones negativas y para asumir el riesgo de avanzar un paso más hacia tus objetivos todos los días. Luego podrás comenzar a perseguir tus objetivos, incluso cuando aún tengas algunas dudas. Cada uno de tus logros, no importa si son pequeños, generarán la confianza que necesitas para afrontar desafíos más grandes y difíciles.

La confianza se construye paso por paso, con nuestros pensamientos, palabras y actitudes. Para practicar cómo pensar con confianza, calla a esa voz interior que te juzga. Para practicar cómo hablar con confianza, usa frases alentadoras con una postura firme y abierta. Para practicar cómo actuar con confianza, aprende nuevas habilidades y prueba cosas nuevas. Mientras más pienses, hables y actúes con confianza, más segura te sentirás.

ATRAVESAR EL MIEDO

CAPÍTULO 3

CORAJE

Continúa tu marcha. El coraje te espera
al otro lado de tus miedos.

¿QUÉ DERECHO TENGO YO O CUALQUIER persona a enseñarte lo que es el coraje a ti, que eres tan valiente? Vives en un lugar del mundo que está creciendo y transformándose muy rápido. Puede ser que vivas en un lugar donde hay descontentos civiles y políticos. Es probable que vivas en un lugar donde los hombres tienen más poder y las mujeres todavía enfrentan varias formas de desigualdad de género, algunas visibles y otras ocultas. Si estoy en lo correcto, entonces tú has demostrado que tienes coraje porque obtuviste educación, una carrera, te has sabido defender y tienes grandes aspiraciones.

Yo honro, admiro, valoro y respeto tu coraje. Sin embargo, me gustaría decirte cómo puedes llevar tu coraje a otro nivel. Quiero ayudarte a que te des cuenta de que puedes aprovechar el coraje que ya tienes para enfrentar nuevos obstáculos y desafíos que te puedes encontrar en el camino de tus objetivos profesionales y empresariales.

El coraje incluso está presente cuando tienes miedo. Si tienes coraje, persistes cuando otras personas en tu misma situación se rendirían. La valentía permite a las mujeres inquebrantables encontrar la solución para superar los obstáculos. El coraje surge de la preparación, la confianza y la motivación, como también, de las personas con quienes compartes el tiempo.

El informe "Liberar el poder de las mujeres empresarias", realizado por la empresa multinacional de servicios profesionales EY, concluye: "Incluso cuando no existen barreras legales para comenzar un negocio, aún se necesita coraje". Como ha informado el Monitoreo de emprendimiento global (GEM): "Los factores perceptivos que reflejan el optimismo, la confianza en una misma y el miedo reducido al fracaso son importantes indicadores del espíritu emprendedor de las mujeres".[1] Desde este punto de vista, las mujeres no se diferencian de los hombres. Los hombres y las mujeres que comienzan sus negocios tienden a ser optimistas y a tener gran tolerancia al riesgo. Sin embargo, entre los emprendedores, existe una diferencia entre los géneros con relación a la confianza. En general, las mujeres tienen más miedo al fracaso.[2] El GEM ha identificado los factores más importantes que alientan a las mujeres a dejar de lado los miedos y a desarrollar un negocio. Resulta interesante que el ingreso familiar y el nivel de educación no son tan importantes como estos dos factores:

- Tener trabajo.
- Tener una red de contactos que incluya otros emprendedores.[3]

MIEDO

A menudo, nuestra falta de decisión para animarnos a buscar lo que deseamos viene del miedo. He observado mis propias actitudes y he concluido de mis conversaciones con otras mujeres alrededor del mundo que la mayoría de nosotras evitamos involucrarnos en el mundo empresarial no por la falta capacidad o de confianza, sino por nuestros miedos. ¿A qué le tenemos miedo? Le tenemos miedo al fracaso. Le tenemos miedo a que probablemente no seamos lo suficientemente inteligentes o buenas, a que no tengamos buenos contactos, a que no le gustemos a nadie, o a *cualquier otra cosa* (inserta tu pensamiento aquí) que evitaría que triunfemos.

Según el informe sobre mujeres GEM de 2012, en todas partes del mundo, las mujeres sienten más miedo al fracaso, en promedio, que sus contrapartes masculinas.[4] Algunas de las regiones más desarrolladas tiene el nivel más alto de miedo al fracaso, esto incluye regiones desarrolladas de Asia, Israel y Europa.[5] El miedo al fracaso se relaciona directamente con las cifras más bajas de mujeres emprendedoras.[6]

La mayoría de las personas son bastante buenas para ocultar o negar sus miedos. Generalmente identificamos al miedo con la falta de algo, como puede ser falta de tiempo, de oportunidades, de conocimiento o de apoyo. (Cada una lo identifica con algo en particular). A menudo, solo nos enfocamos o hablamos de los obstáculos que se presentan en el camino en lugar del problema central que impide que superemos esos obstáculos, que es el miedo.

Aceptémoslo: cuantas más oportunidades deseamos y más grandes son nuestros sueños, más probable es que nos sintamos incómodas.

Sin embargo, Celeste North, una emprendedora del sector tecnológico en América Latina, en cierta ocasión no tenía más dinero y perdió a su socio comercial al mismo tiempo. Hasta el día de hoy, para ella, el miedo es su mayor obstáculo. Celeste dijo: "A fin de cuentas, siempre habrá una solución para todos los problemas, incluso cuando es difícil de encontrarla. Si dejas que la incertidumbre y el miedo te venzan, entonces no hay salida. Recuperarse del miedo es más difícil que superar las situaciones difíciles".

En casos como el de May Khoury de Jordania, cuyo esposo falleció cuando sus hijos eran pequeños, y el de Alena Vladimirskaya de Rusia, cuyo esposo la abandonó cuando estaba embarazada de ocho meses, es inevitable que las mujeres teman por sus futuros. Pero ninguna de las dos dejó que el miedo las paralizara.

DIFERENTES TIPOS DE MIEDO

El miedo es una reacción natural. La respuesta ante el miedo es un instinto fundamental para la autopreservación. Los miedos racionales nos permiten responder a las amenazas. Los miedos irracionales, por el contrario, evitan que llevemos a cabo las grandes acciones o que tomemos riesgos calculados que podrían terminar en resultados positivos. En el ámbito profesional, nuestros miedos tienden a ser mayores cuando consideramos que el resultado tendrá mayor impacto sobre nosotras o cuando verdaderamente nos importa lo que podrá suceder. A veces el miedo profesional se justifica, pero a menudo, es irracional e injustificado. Los tres principales miedos que veo en las mujeres son el miedo al rechazo, el miedo a equivocarse y el miedo al fracaso. También existe un cuarto miedo, que generalmente pasa desapercibido: el miedo al éxito.

Miedo al rechazo. Si sientes miedo al rechazo, es casi imposible que seas emprendedora. Como todas las emprendedoras, Wee Yen Lim asumió un gran riesgo. ¿Te acuerdas de ella? Abandonó su trabajo como consultora empresarial en Malasia y se mudó a México. Luego, a pesar de que no hablaba español, decidió comenzar un negocio. ¡Eso es coraje! Como puedes imaginarte, al principio enfrentó muchos rechazos. Pero la inquebrantable Wee Yen cree que "el rechazo no te matará. Si alguien no responde, entonces significa que todavía no ha llegado el momento de trabajar con él".

Miedo a equivocarse. Constantemente trabajo con mujeres que no actúan, o que no se animan a asumir riesgos en sus carreras o negocios, porque erróneamente pretenden alcanzar la perfección o porque temen a las posibles consecuencias de equivocarse. Afortunadamente, superé el miedo a equivocarme al principio de mi carrera.

Comencé mi carrera en la institución financiera que hoy es Bank of America. No tengo más que buenos recuerdos del apoyo recibido del personal del banco, de las oportunidades de desarrollo que me brindaron y del reconocimiento a mi trabajo. La cultura comprensiva me permitió realizar muchas cosas de las que, hasta el día de hoy, estoy muy orgullosa. Le atribuyo mis logros a la cultura del banco, que valoraba el esfuerzo sincero y bien razonado, incluso cuando los empleados a veces cometíamos errores.

La primera vez que escuché acerca de este valor, no pude creerlo. Había cometido un error en el trabajo. Después de contarle a mi gerente, con un poco de miedo, lo que había pasado, él me dijo: *"¡Genial, estás cometiendo todos los errores correctos!"*.

Totalmente desconcertada, pregunté: "¿Qué? ¿Y eso qué significa?".

Mi jefe entonces me explicó que, a pesar de haber investigado acerca del tema y de haber analizado muy bien lo que sabía, cuando até cabos e implementé la acción, aún había un par de cosas que no sabía y no tenía forma de saberlas. Por eso, las acciones que implementé no funcionaron. Mi jefe estaba celebrando mi error porque sabía que estaba desafiándome a mí misma para salir de mi zona de confort. Dijo que sabía que había adquirido conocimientos valiosos gracias a ese error y que no podría haber aprendido esa información nueva si no me hubiese presionado a mí misma para intentarlo.

Durante mi carrera en el banco, cometí muchos errores más y tuve muchos otros jefes que me dijeron lo mismo. Siempre les estaré agradecida a ellos y al banco por haberme inculcado este valor. Diecisiete años después, aún sigo cometiendo errores. Siempre tengo la esperanza de que sean los "correctos".

Comprender que está bien cometer errores me da el coraje para implementar acciones a pesar de mis miedos. Las experiencias que viví en el banco me dieron el coraje para implementar acciones audaces a lo largo de mi carrera y para recordarme que debía ser valiente en el futuro.

La emprendedora argentina Marta Harff habla acerca de superar el miedo a cometer errores de esta forma: "Todo el mundo comete errores. El mayor enemigo es el miedo a equivocarnos. Si puedes aprender de los errores que cometes, entonces puedes sobrevivir. Es una lástima que haya tantas personas que no se permitan cometerlos".

La sudafricana Tantaswa Fubu, líder de una gran empresa, tiene una visión parecida acerca de los errores. Ella dice: "No tengo miedo a equivocarme. Yo aprendo de los errores y también comparto las lecciones aprendidas con los demás para que, tanto la empresa como los individuos, puedan beneficiarse de mis experiencias. No creo que mis errores me definan. Tampoco tengo miedo de decir, 'no sé, enséñame'".

Miedo al fracaso. Unmana Datta, la mujer india que conociste en el Capítulo 1, no dejó que el miedo la detuviera. Tanto ella como su esposo renunciaron a sus trabajos para crear Markitty, una herramienta de mercadeo en línea para pequeñas empresas que recolectaba datos estadísticos de Facebook, Twitter y Google, y sugería qué acciones implementar. Desafortunadamente, la empresa fracasó. En su blog, Unmana compartió: "Queríamos crear un producto que ayudara a las pequeñas empresas a hacer un mejor estudio de mercado, construir una pequeña empresa muy sólida y ayudar a las personas a sacar más provecho de su mercadeo. Fracasamos. Hace tiempo que no vemos una forma de avanzar. La decisión de renunciar fue difícil, pero decidimos elegir nuestro momento para hacerlo en lugar de esperar hasta que no tuviésemos otra salida y tuviésemos que detenernos de todos modos.

"Desde entonces, mi esposo y yo nos mudamos a Bombay y conseguimos nuevos empleos. Aún hacemos cosas que nos interesan (gestión de proyectos y mercadeo, respectivamente). Nuestro año de emprendimiento nos enseñó mucho. Estamos felices de haber tomado la iniciativa, de haber dejado todo lo que teníamos para dar en algo en lo que creíamos y así, haber puesto a prueba nuestros límites. Durante ese año, conocimos a personas maravillosas y aprendimos más acerca de nosotros mismos".

Hoy, Unmana trabaja en el equipo de mercadeo de una de las empresas de informática más grande del mundo, Tata Consultancy Services.

En China, Yvonne Chow, quien trabaja para Polymer Group, Inc., una gran empresa multinacional que diseña telas no tejidas que se utilizan para varios fines higiénicos, médicos e industriales, me dijo que, después de algunos meses de convertirse en directora sénior de ventas, decidió renunciar a su trabajo en el área de ventas. Ella reflexionó: "Aceptar que no estoy lo suficientemente capacitada no es tan difícil como tomar la decisión de abandonar.

Entiendo que enfrentar el fracaso también es parte de la vida. Cuanto más se postergue esa decisión, menos oportunidades tenemos de que nuestro equipo comercial tenga éxito".

Miedo al éxito. Según Marianne Williamson, "nuestro mayor miedo no es no estar lo suficientemente preparados para un puesto. Nuestro mayor miedo es convertirnos en personas inconmensurablemente poderosas. Lo que nos asusta es nuestra luz, no nuestra oscuridad".[7] A veces, nuestros miedos se relacionan con lo que sucederá y lo que dirán los demás cuando tengamos éxito, si es que lo logramos. Podemos sentir la presión de no querer perder lo que tenemos, de sentirnos observados de cerca o de ser un modelo para otras mujeres o para nuestros hijos. Nos preocupa tomar la decisión equivocada y perder lo que ya hemos ganado.

Para contrarrestar este miedo, la emprendedora india Yeshasvini Ramaswamy dice: "Debemos olvidar nuestras limitaciones y la idea de que 'esto es todo lo que puedo hacer'. Tenemos demasiado miedo. Lo tenemos todo (talento, voluntad) pero a veces nos volvemos perezosos y utilizamos el miedo como excusa".

ATRAVESAR EL MIEDO

Existe una percepción equivocada de que las personas exitosas no experimentan miedos. Esto, simplemente, no es verdad. Todos, incluso las personas más exitosas, tenemos miedos. Una de las diferencias entre las personas más y menos exitosas es que aquellos que tienen éxito no permiten que el miedo les impida tomar riesgos calculados para cumplir sus objetivos. El miedo no se supera. En cambio, la idea es dominar el miedo; debemos identificar a qué le tememos, hacer lo que sea posible para mitigar los resultados negativos y avanzar hacia adelante.

Tomemos como ejemplo la historia que me contó Aisha Alfardan, una mujer alta, elegante y sofisticada, en la inauguración del Qatar International Business Women Forum (Foro internacional de mujeres empresarias de Qatar), una conferencia a la que asistieron 450 mujeres profesionales de todo Medio Oriente. Aisha empezó su carrera en el Commercial Bank of Qatar. Más tarde, se unió a Alfardan Automobiles para ayudar a su padre y a sus hermanos en la empresa familiar. Aisha manejaba un automóvil antes de que las mujeres pudiesen obtener sus licencias en Qatar (como ocurre hoy con algunas mujeres en Arabia Saudita). Cuando las leyes cambiaron, su experiencia como conductora y sus conocimientos de los gustos femeninos, la llevaron a preguntar si en Alfardan Automobiles estaban dispuestos a encargar algunos colores y modelos de automóviles específicos que serían atractivos para las mujeres conductoras que habían obtenido sus licencias recientemente. La gerencia puramente masculina del concesionario no estaba de acuerdo con sus recomendaciones y no quiso encargar los automóviles. A pesar de su miedo al fracaso, ella tuvo el coraje para aferrarse a sus convicciones. Ya que no pudo convencerlos de ninguna otra forma, Aisha tomó un gran riesgo y se comprometió a comprar cualquier automóvil que no se vendiese. Tenía la fortuna de contar con los medios económicos para hacerlo. Los automóviles se encargaron y sus colegas hombres comenzaron a apostar por cuántos automóviles quedarían sin vender.

Podrás adivinar cómo termina esta historia... ¡todos los automóviles se vendieron, por supuesto! Aisha incrementó las ventas de Alfardan Automobiles y luego se convirtió en directora de Desarrollo Empresarial.

Muchas personas piensan que esperar un tiempo antes de actuar te ayuda a sentir menos miedo, pero ese no suele ser el caso. Lo mejor que puedes hacer es seguir hacia adelante a pesar del miedo, aunque eso signifique dar pasos muy pequeños. Debes decidir si lo que quieres es más importante que el miedo que sientes.

Eso es lo que hizo Regina Agyare cuando dejó un buen trabajo en el área de informática de un banco de Ghana para iniciar su propia empresa. Solo oía comentarios negativos como "seguramente volverás. Deberías esperar hasta ser más grande, hasta que tengas más capital…". Estaba nerviosa, pero a pesar de todo, avanzó. Irónicamente, su primer cliente fue el banco para el que solía trabajar.

FORMAS DE CULTIVAR EL CORAJE

¿De dónde proviene el coraje? Las tres mejores formas de cultivar el coraje son las siguientes: tener motivaciones claras para implementar tus acciones, rodearse de otras personas que, como tú, deseen ser valientes, y tener rutinas que te ayuden a atravesar los miedos. Para demostrar coraje, debes estar preparada para actuar. Construimos nuestro coraje cuando nos motivamos a nosotras mismas, confiamos en nuestras capacidades y nos rodeamos de otras personas valientes.

EL CORAJE PROVIENE DE LA MOTIVACIÓN

Otra diferencia entre las personas que, aparentemente, siempre cumplen sus objetivos y aquellas que nunca lo hacen es la intensidad de sus impulsos internos. Piensa en algunas de las personas exitosas que conoces. Si son como las que conozco yo, entonces trabajan muchas horas, todos los días. Leen de forma voraz y hablan constantemente acerca de los temas que les interesan. No necesitan que nadie ande detrás de ellas exigiéndoles nada, porque ellas mismas se exigen lo suficiente. Normalmente, la diferencia entre las personas que tienen éxito y las que no es la ejecución. Las mujeres exitosas tienen una habilidad para perseverar y hacer todo lo que sea necesario. Ellas creen en sí mismas y en sus objetivos, y poseen un fuerte deseo de tener éxito.

La automotivación es lo que te mantiene firme para cumplir con los objetivos que son particularmente satisfactorios para ti, incluso cuando nadie te está observando. Es una fuerza interna que te empuja para seguir adelante, para alcanzar tus objetivos y para seguir avanzando sin importar lo que ocurra. La clave para estar tan motivada, para implementar tus propias acciones sin el aliento ni la motivación de nadie, es conocer el *por qué* de lo que quieres y no solo el *qué*.

Crystal Yi Wang, directora adjunta en Deloitte Financial Advisory Service, nació en China a principios de 1981. Ella describió el origen de sus motivaciones de esta manera: "Pertenecemos a la primera generación que nació y creció después de la reforma económica de China y la primera generación de la política de un solo bebé por familia. Las vidas de mis padres se vieron afectadas por los cambios económicos y políticos de China. Ellos no tuvieron la oportunidad de tener una buena educación, una carrera ni sueños propios. Yo observé las vidas de mis padres y un día me di cuenta de que no quería volverme como ellos. ¡Nunca! Muchas de mis primas mujeres eran hijas únicas en sus familias, por lo que nunca las trataron de forma diferente que a los hijos varones. Ellas fueron criadas con los mismos estándares que los hombres. Mis padres nunca me trataron de forma diferente por ser mujer, nunca me dijeron: 'Como eres mujer, lo único que necesitas es una vida fácil'. Mi primera motivación para el éxito llegó cuando tenía veinte años y me di cuenta de que quería tener mis propios sueños, vivir por mí misma, no por los demás, y quería ser exitosa".

Las mujeres inquebrantables saben por qué hacen lo que hacen y tienen el impulso para demostrarlo. Su impulso proviene de tener pensamientos y aspiraciones positivos acerca de un futuro mejor para ellas mismas, sus familias y sus comunidades, y en el caso de algunas mujeres, para el mundo entero.

La emprendedora india Yeshasvini Ramaswamy me explicó esta última motivación en particular de la siguiente manera. "Es mejor cuando una mujer puede ser un modelo a seguir para su hijo. Eso cambia la vida de una persona para siempre. Aún tenemos un largo camino por recorrer hacia el empoderamiento de las mujeres en la India, pero esto creará toda una generación nueva de ciudadanos con pensamientos más inclusivos. Por eso, para mí es muy importante que cada vez cambiemos más y más vidas en nuestro camino".

Reem Asaad, una asesora financiera de Arabia Saudita, me resumió sus motivaciones de la siguiente manera: "Siempre tengo en cuenta que la forma en que vivo mi vida hoy dejará una marca duradera en las vidas de mis hijas y de hombres y mujeres de generaciones futuras".

Para otras, como la arquitecta Shahira Fahmy, la motivación proviene del deseo de dejar un legado. En el caso de Shahira, el legado es una "pieza visual. Más que un edificio, es algo que marca una diferencia, un edificio que es parte de la futura herencia cultural de El Cairo".

La emprendedora tecnológica ghanesa Regina Agyare desea dejar un tipo de legado diferente. Con la voz llena de esperanza, me dijo: "Aunque tuve acceso a buenas escuelas y demás, aún hay muchas personas en Ghana que no tienen las cosas que necesitan. Es necesario un cambio y nosotras podemos hacerlo. Algo que me motiva es que tenemos mucho potencial aquí que no se aprovecha. Cada mañana, cuando me despierto, necesito hacer algo más. Esa es mi vocación: tengo que dejar un legado".

Para otras mujeres, como la emprendedora argentina Marta Harff, la motivación es su deseo sin arrepentimientos de ganar dinero y sobrevivir.

Los factores externos también pueden ser motivadores: los plazos, la necesidad de pagar las cuentas, las promesas que les hayas hecho a algún cliente o a tu jefe. Hay muchas razones reales que nos llevan a actuar. Cuando estás muy segura de cuáles son las razones que te motivan para actuar, no necesitas que nadie te diga qué hacer. No necesitas que nadie te pida que trabajes mucho. Tú quieres hacerlo, no puedes evitarlo y simplemente, sigues adelante. Estás automotivada.

Tú y las mujeres como tú son mi motivación. Cuando trabajo muchas horas y durante los fines de semana, lo hago pensando en ti, en lo que quiero transmitirte y en cuál es la mejor forma de compartir lo que tengo para decir. No lo siento como un trabajo. Mientras escribo esta oración, soy consciente de que hoy ya he intentado dejar de escribir unas cuatro veces. Incluso he apagado mi computadora portátil y he salido a caminar. Pero cada vez que lo hice, he regresado y la he vuelto a prender porque se me ha ocurrido algo más que quería decirte.

No puedo abarcar todas las razones por las que las mujeres eligen trabajar. Algunas incluyen necesidad, compensaciones económicas, oportunidades de contribuir o el deseo de ser reconocidas y marcar una diferencia. Otra motivación que pesa bastante sobre muchas de las mujeres con las que hablé es el deseo de ser un modelo a seguir positivo para otras mujeres y para sus hijos. La clave está en ser consciente de tus motivaciones y adueñarte de ellas. Recuérdalas con frecuencia. Pueden ayudarte a que trabajes diferente y mejor.

EL CORAJE PROVIENE DEL APOYO

Las mujeres inquebrantables tienen redes de contactos de apoyo que las alientan a ser valientes y a no perder la motivación mientras persiguen sus objetivos. Ellas destacan la necesidad de pasar tiempo con personas que creen en ellas y fomentan su desarrollo profesional.

Algunas mujeres tienen la suerte de tener el respaldo sólido de sus familias. La semilla del coraje de la sudafricana Wendy Luhabe provino de su madre. La madre de Wendy dejó a su marido a mediados de la década de los sesenta, en un momento en el que la separación y el divorcio no eran muy comunes. Wendy se dio cuenta de que se necesitaba mucho coraje para tomar la decisión que tomó su madre y para soportar ser juzgada por la comunidad. Gracias a las acciones de su madre, Wendy aprendió que no debes permanecer en una relación si no funciona.

Cuando Wendy era una niña, su madre se mudó a otro pueblo, lejos de sus amigos y familiares, y comenzó a trabajar como partera y enfermera calificada. Wendy no solo fue testigo del coraje de su madre, sino que también pudo ver que su madre contaba con habilidades que se valoraban en el mercado y que podía confiar en ellas. La madre de Wendy perteneció a la primera generación de mujeres de Sudáfrica en contratar una póliza de seguro. Ella introdujo a Wendy y a sus hermanos en la gestión financiera desde muy jóvenes.

Durante la entrevista, Wendy, muy calmada, me dijo: "En mis años de formación, observé la resistencia de mi madre. Fui testigo de cómo cumplió con sus aspiraciones en un momento en que se esperaba que las mujeres 'ocuparan su lugar'. Mi madre rechazó el estereotipo de la mujer y lo desafió, por lo que, para mí, se volvió algo natural convertirme en una mujer independiente y asumir que podía lograr cualquier cosa que quisiera. Eso es algo que siempre supe". Tal vez recuerdes que Wendy se convirtió en cofundadora de la primera empresa propiedad de mujeres en aparecer en la lista de la Bolsa de valores de Johannesburgo.

En República Dominicana, Estefany Marte se unió a su padre en su negocio de frutas y verduras, y lo ayudó a expandirlo. Estefany habla con mucho cariño acerca de la forma en que su padre la alentaba para que hiciera las cosas a su manera y que, si bien cometió algunos errores, él siempre la apoyó en sus decisiones. "Recuerdo el apoyo que me brindó mi padre hace un par de años, después de que yo contratara a un grupo de mujeres para pelar fruta", confesó Estefany. "No hice una investigación sobre la tarifa promedio que se pagaba para este tipo de trabajo y terminé pagándoles a esas mujeres más del triple de lo que debía. Eso representó una pérdida para la empresa y trajo más problemas aún cuando quisimos ajustar la tarifa, porque claro, ellas querían seguir ganando lo que les pagaba originalmente. Me disculpé con mi padre y le dije que yo me haría cargo de pagar la diferencia en la tarifa. Él dijo que esta era una parte muy importante del proceso de aprendizaje, que apreciaba mi honestidad y que estaba seguro de que nunca haría algo así de nuevo. Nunca lo hice".

Luego agregó: "En otra ocasión, cometí algunos errores de comunicación mientras negociaba con un proveedor. No puse por escrito las condiciones que habíamos hablado y el proveedor nos negó algunos de los beneficios que había ofrecido. Mi padre me dijo que siempre escribiera las cosas, aunque sea en mi teléfono celular. Desde entonces, utilizo Post-Its®, pedazos de papel y hasta mi iPhone... cualquier cosa para asegurarme de llevar un registro de las condiciones que acordamos con los proveedores".

Algunas empresarias exitosas en economías emergentes (y en muchos otros países de todo el mundo) también suelen hablar del apoyo que les brindan sus maridos. Medio en broma, pero con una verdad subyacente muy real, muchas mujeres dicen que un marido que te apoye es el factor más importante para el éxito profesional de una mujer. Cuando profundizo en el tema y les pregunto qué tipo de comportamiento de apoyo valoran más en sus maridos, lo primero que mencionan en sus listas no suele ser ni la cantidad de tiempo que dedican a sus hijos ni que hagan las tareas de la casa, sino el apoyo emocional que les proporcionan sus parejas. Recibir apoyo emocional de sus maridos y de otras personas que las rodean les da a las mujeres el coraje de perseguir objetivos y sueño profesionales audaces.

Si bien muchas mujeres tienen familias que las apoyan, no todas están en la misma situación. Para muchas mujeres en economías en expansión, existen mensajes predominantes de las personas que las rodean para que se casen, sean buenas esposas, tengan hijos y se dediquen a cuidar a toda la familia. Tal vez tú también hayas escuchado este tipo de consejos. Algunos padres y otros miembros de la familia urgen con tenacidad a sus hijas a "encontrar algo más fácil". Una mujer emprendedora de Medio Oriente que conocí en una conferencia lo resumió de esta manera: "Mi madre siempre se queja de que trabajo demasiado. '¿Por qué te haces esto? ¿Por qué no te casas?', me pregunta".

Además de las familias que no apoyan por completo los intereses profesionales de sus hijas, esposas o hermanas, también he visto el devastador efecto que las amigas de una mujer pueden tener en sus objetivos profesionales y en su coraje. Cuando una mujer está rodeada principalmente de familiares mujeres y amigas que no trabajan o que no están de acuerdo con sus aspiraciones profesionales, puede recibir mucha presión por parte de ellas para que no trabaje o no trabaje "demasiado". En ese caso, ella puede sentirse desanimada y empezar a cuestionar su habilidad para el éxito. Incluso puede llegar a sentir que será muy difícil llevar adelante su carrera junto con todas las demás expectativas que la sociedad le impone por ser mujer. He visto y he escuchado a mujeres que se cuestionan a sí mismas y se preguntan *¿quién soy yo para creer que puedo hacer esto cuando mis amigas/familiares no pueden?*

Cuando nuestros objetivos son distintos o más grandes que los de muchas de las personas que nos rodean, podemos llegar a sentir que no tenemos ningún derecho a querer lo que queremos. Podemos comenzar a sentirnos culpables por tener ambiciones.

Wendy Luhabe compartió conmigo este sensato consejo, extraído de sus experiencias: "No esperes tener mucho apoyo al principio de tu proyecto. Al comienzo, estarás sola. Necesitarás apoyarte en tu pasión, en tu sentido de aventura y en tu compromiso hasta que alcances el éxito o hagas un gran avance. Las dificultades y las decepciones suelen provenir de aquellos que desean desanimar a los individuos que no tienen experiencia. No dejes que te quiebren".

Principalmente, debes buscar la fuerza que necesitas dentro de ti para alcanzar el éxito cuando las probabilidades parezcan estar en tu contra. Cuando tu entorno, la sociedad, la cultura o las personas que te rodean interfieren en tu camino hacia tu éxito, necesitas encontrar tus motivaciones, decidir continuar tu marcha y avanzar un paso más. Necesitarás automotivarte para encontrar la solución o el camino para alcanzar lo que quieres. También puede ser necesario que trabajes para superar los obstáculos que aparezcan en tu camino. Encontrar formas de automotivarte es tu propia responsabilidad.

Ninguna de nosotras puede, ni debe, esperar el apoyo de los familiares y amigos, ni tampoco podemos depender solo de eso. Sin embargo, además de la automotivación, cuando nos rodeamos y pasamos tiempo con personas que nos comprenden, nos apoyan y nos alientan, nos sentimos motivadas para implementar acciones más valientes.

EL CORAJE PROVIENE DE RITUALES Y RUTINAS

Probablemente hayas visto que los atletas, actores o músicos realizan una serie de rituales o rutinas antes de actuar o de competir en un evento. Al igual que ellos, quienes estamos en el mundo de los negocios, necesitamos tener nuestros propios procesos para controlar los nervios y para superar las cosas que nos dan miedo. Una de mis prácticas es investigar mucho antes de abordar cosas que son nuevas, desafiantes o importantes para mí. Leo todo el material que puedo conseguir. La información funciona como una especie de armadura de fuerza que me ayuda a enfrentar mi miedo.

Otras personas enfrentan sus miedos hablando con personas en quienes confían, rezando, meditando o implementando una rutina específica que hayan ideado. Las rutinas que elaboran las personas con el propósito de calmar sus miedos, en general, siguen pasos específicos, incluidos beber o comer ciertas comidas y bebidas (o ayunar), leer ciertos pasajes de un libro, recitar un poema que memorizaron, escuchar algo en particular, decir afirmaciones o usar ropa especial. Estos tipos de acciones pueden ayudarte a sentirte más valiente.

AHORA ES TU TURNO

En este capítulo, hemos cubierto tres estrategias muy importantes para prepararse para el éxito: avanzar hacia adelante a pesar del miedo, identificar tus motivaciones y tener un sistema de apoyo sólido. Los siguientes ejercicios fueron diseñados para ayudarte a llevar tu coraje a otro nivel.

PARA REFLEXIONAR: ¿CÓMO EXPRESAR TUS MIEDOS?

Si puedes identificar tus miedos con precisión y determinar por qué existen, entonces puedes enfrentarlos y tomar decisiones empresariales más racionales. No importa si le temes al rechazo, al fracaso o a otra cosa. Expresar tus miedos es el primer paso. Saber es mejor que no saber.

Estas son algunas preguntas que debes hacerte.

- ¿A qué le tengo más miedo?
  Ejemplos: al rechazo, a la inestabilidad financiera o a no ser capaz de encontrar otro trabajo.

- ¿Qué me preocupa?
  Ejemplos: lo que las personas puedan decir de mí, mi reputación, que el fracaso no es comprensible ni aceptable en mi país.

- ¿Qué es lo peor que podría pasar si llevo adelante mi objetivo?
  Ejemplos: podría perder mi empleo o quedarme sin dinero.

- ¿Por qué temo que no podré tener éxito?
  *Ejemplos: no creo tener todas las habilidades, la
  información o los contactos que necesito.*

- ¿Qué temo que pueda pasar si me vuelvo muy exitosa?
  *Ejemplos: las personas creerán que me importa más mi
  carrera que mi familia.*

- ¿Qué aspecto de mi casa temo no poder manejar si
  tengo éxito?
  *Ejemplos: no tengo un marido ni una familia que
  me apoyen.*

 **ACCIONES
PARA CONSTRUIR EL CORAJE**

Una vez que hayas respondido estas preguntas de autorreflexión,
haz lo siguiente:

- Identifica qué te hace sentir fuerte.
  *Ejemplos: tener conocimientos e información, hacer
  un tiempo en mi agenda para investigar y recolectar
  información.*

- Arma rituales, prácticas o procesos que te ayuden a dominar tus miedos.
  Ejemplos: investiga, habla con personas en las que confíes, reza o medita.

 ## PARA REFLEXIONAR: ¿QUÉ TE MOTIVA?

Recién cuando descubras por qué quieres lo que quieres, desarrollarás tu habilidad para llevar a cabo acciones valerosas. Piensa en lo que te motiva. Pregúntate: "¿Qué me motiva?" ¿Es alguna de estas cosas?

- Sentido de logro.
- Reconocimiento.
- Dinero.
- Poder.
- Influencia.
- Tener independencia.
- Aprender y dominar cosas nuevas.
- Dar un ejemplo.
- Darle un sentido a mi vida o marcar una diferencia.
- Querer dejar un legado.

ACCIONES
PARA NO PERDER LA MOTIVACIÓN

Cada vez que encuentres un obstáculo o un detractor personal, cada vez que tengas miedo, piensa en las razones que motivan tu trabajo. Cuando te enfoques en por qué algo es tan importante para ti, tendrás más posibilidades de encontrar soluciones y de obtener lo que quieres. También tendrás el coraje para emprender acciones a pesar de las dificultades y los miedos.

PARA REFLEXIONAR:
¿NECESITAS MÁS APOYO?

Las personas que te rodean y te apoyan te alentarán y te permitirán implementar acciones valerosas. Para crear un sistema de apoyo, pregúntate lo siguiente:

- Las personas que me rodean, ¿me apoyan en mis aspiraciones profesionales?

- ¿Estoy pasando tiempo con personas que tienen objetivos similares a los míos, tanto de tipo como de tamaño?

Si la respuesta a cualquiera de estas preguntas es no, realiza algunas o todas las acciones que aparecen a continuación.

ACCIONES
PARA CONSTRUIR TU APOYO

A continuación, encontrarás algunas maneras de construir el apoyo que necesitas.

- Busca amigos y familiares, tanto hombres como mujeres, que trabajen, incluso puedes incluir a profesores de tu universidad. Habla con ellos acerca de tus aspiraciones profesionales.

- Únete a organizaciones empresariales que brinden servicios para mujeres y a redes sociales que respalden las carreras o las empresas de las mujeres, ya sea en línea o personalmente.

- Intenta conectarte con mujeres que trabajen de tu país o región. Pueden ser pares o mujeres que ya se hayan establecido profesionalmente.

- Comunícate y construye relaciones con alguien que pueda ser un mentor para ti.

- Lee acerca de los caminos profesionales de otras mujeres trabajadoras. Puedes encontrar muchos ejemplos en línea, incluso en TheWayWomenWork.com.

- Ignora a las personas que te desanimen o que no crean en tus capacidades o aléjate de ellas.

- Profesionalmente, rodéate de personas que tengan perspectivas positivas y objetivos similares a los tuyos.

- Pasa tiempo con profesionales (mentores y otros) que hagan cosas similares a las que quieres hacer tú. Deberían ser personas que crean en ti y te alienten en tu camino hacia el éxito.

Más adelante en este libro, te proporcionaré información adicional acerca de cómo construir tu red de apoyo y describiré formas específicas de cultivar relaciones de apoyo.

RESUMEN

El remedio contra el miedo es la acción. Tendrás éxito si enfrentas aquello que temes y sigues tu camino hacia tus objetivos, sin importar qué tipos de desafíos encuentres. Para implementar acciones cuando sientes miedo, simplemente debes exigirte y dar un paso más allá del punto en que tus instintos te dicen que te detengas. Luego, das otro paso más. Y luego… ¡adivinaste! un paso más. A medida que lo vayas haciendo, verás que eres capaz de seguir hacia adelante a pesar del miedo.

El miedo y la duda no pueden erradicarse completamente; seguirán existiendo junto con nuestras acciones a medida que avancemos hacia nuestros objetivos. La buena noticia es que, cuando perseguimos nuestros objetivos, dejamos de alimentar nuestras dudas y temores. El miedo no es, en realidad, algo que se supera; es una emoción que hay que atravesar.

Recuerda: nadie puede motivarte tanto como tú misma. Si quieres tener éxito, debes ser resistente e inquebrantable. También puedes adquirir coraje gracias a otras personas. Por lo tanto, es importante rodearse de personas que aprecien y respeten tus aspiraciones, y alejarse de quienes no lo hacen.

NOTAS

SIGUE
APRENDIENDO

CAPÍTULO 4

CAPACIDADES

"Si eres buena en lo que haces, el género no importará".

Funmilayo Victor-Okigbo

Planificadora de eventos Nigeriana

N O HAY NADA QUE ACORTE LAS BRECHAS ENTRE oportunidad e ingresos, y entre ricos y pobres, más efectivamente que la educación.[1] Sin embargo, el acceso a la educación y a las oportunidades de desarrollo está muy lejos de ser igual para hombre y mujeres en las naciones en desarrollo, y las mujeres de las áreas rurales son quienes menos acceso tienen. Si tú eres como la mayoría de las mujeres que leen este libro, eres una de las mujeres afortunadas que recibieron educación.

Cuando era joven, la Dra. Manar Al-Moneef, de Arabia Saudita, comenzó a preocuparse mucho por la salud de las personas de su país. Motivada por el deseo de marcar una diferencia en las necesidades de atención médica de su país, estudió medicina, y posteriormente, obtuvo un doctorado en oncología y genética molecular. Muchas personas se burlaron de ella por su decisión de seguir esta carrera y este camino profesional. Repetidas veces, escuchó: "Nadie querrá casarse contigo si haces esto". El coraje para ir en busca de lo que era importante para ella provino de su motivación. "Dios nos pone en la Tierra con un propósito. Este es el mío," dijo ella.

Su habilidad para lograr lo que era importante para ella fue el resultado de los conocimientos y las habilidades que desarrolló mediante el aprendizaje: su *capacidad*. La Dra. Al-Moneef le dedicó incontables horas a su educación y a hacer las cosas bien desde los primeros trabajos de su carrera. Leyó todo el material que pudo conseguir que sirviera para ayudar a su pueblo, y participó en los desafíos médicos más difíciles que pudo encontrar. Sus capacidades fueron reconocidas y recompensadas. Si la Dra. Al-Moneef no hubiese sido una estudiante durante toda su vida, nunca habría llegado tan lejos como llegó en su carrera ni habría marcado la diferencia que marcó en materia de atención médica en Arabia Saudita.

Las mujeres inquebrantables son estudiantes perpetuas. Gracias a su compromiso con el aprendizaje constante, ellas son muy competentes en sus campos. Al igual que ellas, tú ya tienes una base sólida para convertirte en una estudiante durante toda tu vida. Desarrollaste esas habilidades en la escuela y en la universidad. Ahora, y a lo largo de tu carrera, será necesario que continúes practicando los mismos hábitos que desarrollaste para adquirir tus capacidades. Tal como lo hiciste en la escuela, ahora necesitas seguir aprendiendo para tener éxito en el trabajo.

Cuando le pregunté a Vania Neves, una administradora sénior de tecnología de la información (TI) de una empresa multinacional en Brasil, por el camino de su exitosa carrera, con tranquilidad, confianza y pragmatismo, respondió: *"Ese fue mi plan"*. Vania es una brasilera negra y proviene de una familia de recursos modestos. Hablamos acerca de la experiencia de ser negra en un país con cicatrices históricas tan profundas por discriminación racial y donde la desigualdad existe aún hoy. Con una actitud realmente inquebrantable, ella expresó su orgullo por ser negra, pero explicó que no permite que su raza la domine ni condicione su manera de pensar. Recuerda un adagio que su madre repetía con frecuencia y que le sirve de guía: *"Si quieres algo, prepárate"*.

Para Vania y su madre, *prepararse* significa estar siempre lista para lo que quieres. En el caso de Vania, originalmente significó estudiar mucho en la escuela para poder obtener notas altas que le permitirían asistir a una universidad pública. A diferencia de otros países, las universidades públicas en Brasil son las instituciones más prestigiosas y los colegios más codiciados. Gracias a sus notas, Vania logró ingresar en una universidad pública, donde se destacó por su trabajo.

En su carrera, Vania emplea un enfoque similar. Cada vez que desea un trabajo o una oportunidad nuevos, ella se pone en la tarea de aprender cuanto sea posible en la materia y de desarrollar las habilidades necesarias. Quería alcanzar un cargo de gestión sénior y sabía que, para lograrlo, tenía que desarrollar sus capacidades. Tuvo que aprender inglés para poder leer, escribir y hablar con fluidez. Hoy, su inglés es excelente. Luego se propuso brindar más conferencias en público, y tomó clases de oratoria. En 2012, dio un discurso en una conferencia de la NASA. Ella invirtió, y sigue invirtiendo, su propio tiempo y su propio dinero, cuando es necesario, para aprender nuevas habilidades que le permitan contribuir de nuevas maneras. Incluso ahora, y a pesar de ser una de las empresarias más importantes de Brasil, Vania sigue estudiando y asiste a clases durante la noche para obtener su título de maestría.

DESARROLLA TUS CAPACIDADES

El tercer componente de la preparación son tus capacidades. Para desarrollar tus capacidades, es necesario que amplíes la base de tus conocimientos y que adquieras y mejores continuamente las habilidades que necesitas para alcanzar el éxito. De hecho, para muchas personas, la capacidad es lo que les permite tener confianza y coraje.

Los avances tecnológicos han impulsado cambios a un ritmo acelerado en todos los países del mundo y en todas las industrias. Esto significa que, aunque lo que aprendimos ayer aún es importante, siempre vamos a necesitar adquirir nuevos conocimientos. No podemos detenernos y pensar que lo que ya sabemos es suficiente para ser exitosas. Debemos aprender cosas nuevas hoy, mañana, al día siguiente y todos los días. Para tener éxito, no es suficiente estar al día, sino que debemos estar un paso adelante. Lynn De Souza, ex presidente y directora ejecutiva de Lintas Media Group, una de las agencias de medios más grandes de la India, lo explica de esta manera: "Hay tantos desafíos por delante, tanto que aprender y tanto por hacer... Las únicas personas que pueden estar en la cima de todo esto son aquellas que quieren seguir aprendiendo, seguir evolucionando y seguir viajando. No hay lugar para aquellos que piensan que ya han llegado a destino. Mi mejor trabajo siempre está por llegar".

Sin importar el tipo de carrera o empresa que estés creando o que quieras crear, debes aprender sobre las áreas empresariales clave, como por ejemplo, acerca de cómo gana dinero una empresa, cómo concreta sus ventas, cómo opera y con qué tecnología. Es especialmente importante conocer y comprender la forma en que una empresa gana dinero y qué es lo que impulsa su rendimiento. La emprendedora de Ruanda, Jessie Kalisa Umutoni, directora gerente de G-MART Limited, una empresa que fabrica tizas para escuelas, describe su proceso de aprendizaje y por qué fue importante. "Pasaba mis días en fábricas aprendiendo cómo se fabricaban las cosas, cómo se dirigían las fábricas y estudiando el mercado. Para que cualquier empresa tenga éxito, primero debemos aprender acerca del negocio y del mercado que tenemos como objetivo".[2]

También debes determinar qué conocimientos y habilidades serán necesarios en el futuro en tu campo. Enfoca tu aprendizaje permanente en estas áreas. Cuando Ana Kolarević, fundadora de Sizem, la aplicación que "ama tus senos", decidió convertirse en emprendedora, investigó los procedimientos de las empresas emergentes en Zagreb, Croacia, estudió el mercado y perfeccionó sus habilidades para hablar en público. "Busqué programadores e investigué todo lo que pude acerca de informática y de negocios. También leí acerca de otros emprendedores y sus experiencias. Luego comencé a desarrollar un plan de negocios y un presupuesto, y comencé a investigar más acerca de las necesidades de las clientes, los beneficios y los procesos de fabricación de productos comparables, y por qué los sostenes funcionan y cómo se hacen", dijo Ana. "Una vez que me acostumbré a eso, aprendí que realmente disfrutaba de negociar con los potenciales inversores. Hoy, hacer presentaciones en el escenario es una de mis actividades favoritas. Particularmente, me gusta negociar en inglés".

Su arduo trabajo dio frutos. Ana adquirió algunas capacidades para negociar y encontró un equipo de tres programadores de computadoras que desarrollaron una versión en línea de la empresa. También se contactó con una mujer que era experta en sostenes para que la ayudara a desarrollar la aplicación Sizem, que ayuda a las mujeres a determinar con precisión su talle de sostén y luego promociona productos que les pueden servir. Además pudo acceder a tres eventos emblemáticos dirigidos a empresas emergentes de tecnología en Berlín, Viena y Londres. Su enfoque multifacético hacia el aprendizaje fue muy fructífero para ella.

Christine Khasinah-Odero, emprendedora y fundadora de Supamamas.co.ke, un portal en línea para artículos locales que una madre y su hijo pueden llegar a necesitar, atribuye una parte esencial de su éxito a tener las destrezas y habilidades para identificar una necesidad en el mercado keniano. Al principio, durante los primeros pasos de su carrera, Christine comenzó por especializarse en mercadeo y después obtuvo su maestría en gestión empresarial en la Universidad de Liverpool. Ella me contó que su experiencia en la universidad la alentó a pensar libremente y a proponer nuevas ideas. Antes de convertirse en una emprendedora, Christine trabajó en puestos donde desarrolló habilidades de gestión y liderazgo que le permitieron dirigir Supamamas.

FORMAS DE APRENDER

Las oportunidades para aprender se presentan de muchas formas. Reconoce y aprovecha las oportunidades para aprender en el trabajo, de otras personas, a través de los recursos en línea, libros, conferencias y programas de capacitación. No esperes a que alguien ponga estas oportunidades a tu disposición. Las mujeres inquebrantables toman la iniciativa y asumen las responsabilidades para lograr su propio crecimiento y desarrollo. Estas son las cuatro formas principales en las que puedes aprender de manera continua.

Experiencia. La mejor forma de aprender es haciendo. Más allá de cualquier actividad de desarrollo, incluidas las que aparecen a continuación, la mejor forma posible de ampliar la base de tus conocimientos es vivir una gran variedad de experiencias. Aprenderás más cuando aceptes asignaciones nuevas o más desafiantes, comiences algo nuevo, soluciones algo en el trabajo que no está bien, ganes la confianza de tu cliente o amplíes tu relación con él o con una empresa, trabajes en otro país (aunque sea durante un breve periodo) y cambies tus áreas de responsabilidad para poder desarrollar amplias experiencias en muchas áreas de una organización.

Aprenderás más de experiencias profesionales reales que de las actividades como programas de capacitación, mentoría, conferencias y lectura. ¿Dónde y cómo obtienes experiencias reales? ¡Solo debes pedirlas! Te presentas como voluntaria para tareas difíciles. Dile a tu gerente que deseas hacerlas y, si es necesario o así lo quieres, también puedes cambiar de trabajo para conseguirlas.

Renata Pessoa, hoy directora gerente de Accenture de Brasil, persiguió con determinación varias oportunidades de desarrollo al principio de su carrera. Ella me dijo: "Al principio de mi carrera, me seleccionaron como pasante en una conocida banca mayorista. El proceso de selección fue muy competitivo. Mucho más competitivo que el proceso de ingreso a la universidad, con alrededor de veinte candidatos por puesto vacante. Todo iba bien en la banca hasta que se concretó una adquisición. Después de eso, todo cambió. Ya había decidido que quería trabajar en el área de fusiones y adquisiciones (Mergers and Acquisitions, M&A) en lugar de hacerlo en el departamento en el que trabajaba. Así que pedí una cita con mi director y alguien del departamento de Recursos Humanos. Les dije que me gustaría sumarme al equipo de M&A. Debido a los cambios que se estaban produciendo en el banco, me dijeron que tendría que esperar entre cuatro y seis meses antes de que pudieran considerar mi solicitud, e incluso entonces no podían prometer que mi solicitud de transferencia fuera aceptada.

"A pesar de que en mercado brasileño había una alta tasa de desempleo, decidí renunciar al banco y vender todo lo que tenía para poder vivir y estudiar en Boston durante cuatro meses. (El dinero solo me alcanzaba para cuatro meses). Sentí que la experiencia sería esencial no solo para ampliar mi visión del mundo, sino también para mejorar mi inglés y ayudarme a definir mejor mis objetivos profesionales".

La experiencia de Renata la llevó a tomar la decisión de dejar el campo bancario y, en cambio, seguir una carrera en consultoría de gestión. Renata es una mujer autodidacta que también ha participado en varios programas de capacitación, incluido un programa mundial de asesoramiento para mujeres de un año de duración. Las capacidades que desarrolló y las contribuciones que realizó fueron reconocidas por Accenture, y después de una serie de ascensos, Renata se convirtió en directora gerente, uno de los cargos más altos de esa empresa.

Relaciónate con personas. Hay muchas formas de aprender de otras personas, ya sea cuando trabajas con ellas o para ellas directamente, cuando las observas desde la distancia, cuando las sigues de cerca (como haría una pasante o aprendiz), cuando lees acerca de ellas y, por supuesto, cuando les haces preguntas directamente.

La emprendedora india Yeshasvini Ramaswamy aprende de las personas haciéndoles preguntas. "Siempre busco ayuda. Sé que no soy perfecta, por lo que no me avergüenza pedir ayuda".

La directora de mercadeo china Michelle Wang aprende escuchando e interactuando con los demás. "Haber interactuado con personas de todo el mundo realmente me ha ayudado a cambiar mi forma de pensar. Sé lo importante que es escuchar y comprender las perspectivas de los demás. Cuanto más escucho a otras personas, menos creo saber yo. La mente abierta y la actitud honesta que desarrollé durante mis años en el exterior me han beneficiado enormemente a lo largo de mi carrera hasta hoy".

Incluso si no puedes relacionarte directamente con las personas, al menos, puedes observar lo que hacen. Regina Agyare, la emprendedora en tecnología de Ghana que conociste en el Capítulo 3, utilizó este enfoque. "No he tenido mentores. Generalmente, me siento motivada por personas que observo y por el entorno".

Pide que te hagan comentarios. Otra forma genial de desarrollar experiencia es mediante los comentarios regulares. He observado que, al principio de la carrera, las personas, piden y reciben comentarios regularmente. A medida que progresan hacia cargos superiores, piden y reciben comentarios con menos frecuencia.

Pedir que te hagan comentarios depende de ti; es tu responsabilidad. Muchas veces, los gerentes sénior y ejecutivos, u otras personas, no hacen comentarios específicos y aplicables porque no saben cómo hacerlo, no se toman el tiempo o creen que no deberían hacerlo. Es posible que quieran evitar ofender o desalentar a las personas con las que trabajan, especialmente cuando se trata de hacerles comentarios a las mujeres.

Así como los gerentes sénior o ejecutivos no hacen comentarios suficientes, por la razón que sea, algunas mujeres (y hombres también) no piden que les hagan comentarios. Pueden creer, de forma equivocada que, si las personas tuviesen algún comentario para hacerles, lo harían, que las personas en su cargo o nivel no necesitan pedir comentarios o que pueden autoevaluarse y saber qué deberían hacer. En algunos casos, no saben cómo ni cuándo pedir que les hagan comentarios. A veces tienen miedo de lo que van a escuchar o de no saber cómo abordar los comentarios que reciben. He descubierto que, cuanto más alto es el cargo de una persona en una organización, menor es la cantidad de comentarios que pide.

Algunas veces, por supuesto, también ocurre lo contrario, como en el caso de una de mis ex clientes, quien pide comentarios constantemente. En el caso de esta cliente, la solicitud de comentarios es, en realidad, una excusa porque necesita escuchar que está haciendo las cosas bien para sentirse segura.

Leila Rezaiguia nació en Argelia, en el Norte de África, y tenía diecisiete años de experiencia empresarial cuando decidió convertirse en emprendedora. Es apasionada y franca por naturaleza, y creció en una familia a la que describe como muy directa. Su experiencia en la industria del petróleo, el gas, los servicios financieros y su conocimiento de recursos humanos la llevaron a trabajar en Abu Dabi y en Dubái. En uno de sus cargos como enlace entre el director ejecutivo, la junta directiva y el comité ejecutivo, ella aprendió que era crucial ser diplomática en las políticas de oficina. Este estilo de comunicación no le resultaba natural y, aunque era muy difícil para ella, reconoció que necesitaba desarrollar estas habilidades para poder tener éxito y avanzar en su trabajo.

Leila comenzó a aprender cómo ser diplomática observando a personas que sabía que eran exitosas en esta área. También habló con su padre, quien es su mentor. El padre de Leila había trabajado como director financiero durante cuarenta y dos años en una empresa con más de 100 000 empleados, por lo cual conocía muy bien la importancia de la diplomacia. Leila me dijo: "Yo era muy combativa. Mi papá me decía constantemente que debía suavizar mi estilo de comunicación. Aprendí mucho de él; especialmente que tienes que ser muy, muy paciente; de lo contrario, no podrás hacer negocios en esta región". Leila ahora es dueña de su empresa de consultoría profesional. Las habilidades de paciencia y diplomacia que desarrolló le sirven de mucho a medida que va construyendo su empresa en el Medio Oriente.

Lee. Las personas exitosas de todo el mundo tienen una curiosidad insaciable por aprender cosas nuevas y leen para estar informados. Se mantienen al tanto de las tendencias en sus industrias y en el mercado general, y hacen de la lectura una práctica regular y una parte de sus agendas semanales.

Me encanta aprender con la lectura. Cuando éramos chicos, mis padres nunca nos dijeron a mi hermano, a mi hermana o a mí que saliéramos a jugar afuera, o que hiciéramos las tareas de la casa. En cambio, siempre nos decían: "Vayan a leer un libro". Como resultado, desarrollé mi amor por la lectura y se convirtió en uno de mis hábitos más preciados y útiles. Considero que ese hábito permanente de leer es un componente esencial de mi éxito, una fuente de confianza y un aspecto de mi rutina para superar el miedo. Todas las mañanas, comienzo el día leyendo las noticias y lo que ocurre en materia de negocios a nivel mundial. Leo con voracidad todos los blogs y publicaciones sobre desarrollos en mi área y todo lo relacionado con mujeres empresarias en economías en expansión.

Una de mis clientes tiene una práctica establecida que consiste en localizar distintos artículos por semana de fuentes externas a su campo que le interesen aunque no tengan ninguna correlación directa con su trabajo. Su semana no termina hasta que no haya leído todos los artículos.

Lyubov Simonova, una capitalista de riesgo rusa, me confió que ella suele leer dos o tres libros sobre negocios al mes para obtener ideas e inspiración. Esos veinticuatro libros anuales la ayudan a convertirse en una experta en su campo gracias a que se mantiene al tanto de las tendencias en los negocios.

Asiste a conferencias y capacitaciones. Los programas y conferencias de capacitación pueden ser buenas oportunidades para aprender. En las economías en expansión de hoy, muchas organizaciones, como organizaciones para mujeres empresarias, instituciones de aprendizaje superior y entidades gubernamentales y no gubernamentales, ofrecen programas para mujeres.

Daniela Martin es directora de Gestión de AmCham Argentina, una división de la Cámara de Comercio de los Estados Unidos. Es una mujer joven e intensa, que habla rápido, se mueve rápido y sabe lo que quiere. Desde que comenzó a trabajar para AmCham, ha conseguido varios ascensos. Comenzó como pasante y hoy coordina a otros miembros del personal. ¿Cuál es el secreto de su éxito? Los resultados. Daniela sabe que es muy importante adquirir conocimientos para proporcionar resultados, por lo que negoció un acuerdo con su jefe mediante el cual AmCham le ofrece un mes entero de licencia cada año para que siga desarrollando sus habilidades. Cada año, Daniela y su jefe deciden cuál es el tipo de desarrollo que más necesita. Ella investiga varias opciones y luego busca el financiamiento para la oportunidad de desarrollo, o bien la paga ella misma.

Las escritora y emprendedora india Ritika Bajaj también ha convertido el desarrollo de sus conocimientos en un hábito. "Siempre he creído en el desarrollo profesional continuo. Siempre me he mantenido informada acerca de las nuevas ideas y tendencias, tanto en mi industria como en otras. Me he reinventado cuando ha sido necesario, y me he movido de un entorno a otro. También he seguido aprendiendo por todos los medios que he tenido a disposición. Establezco redes de contactos con personas que tienen estilos de vida muy diferentes, y asisto a foros de desarrollo profesional que sean relevantes para mi línea de trabajo. Honestamente, no sé hasta dónde quiero llegar o si ya llegué, pero lo que sí sé es que todos los días, religiosamente, me siento y contribuyo de alguna forma a mí misma y a mi trabajo. El crecimiento, tanto profesional como personal, es una actividad diaria", aseguró y luego agregó, "Busco la conexión y el significado en el trabajo que hago, y me mantengo en contacto con quienes trabajo, sin dejar lugar para una mala comunicación. Realmente creo que la única forma de seguir adelante en tu carrera es llevando a todos contigo. Las carreras no se hacen en soledad; muchas personas contribuyen a tu éxito".

AHORA ES TU TURNO

Para expandir y profundizar constantemente tus capacidades, obtén experiencia de trabajo y desarrolla las habilidades que te serán más útiles. La experiencia en el trabajo y la práctica suelen ser las mejores formas de aprender. Si necesitas desarrollar nuevas habilidades que no puedes adquirir fácilmente en el trabajo, la capacitación es la opción de aprendizaje correcta. La lectura es un recurso muy valioso para ampliar la base de tus conocimientos. Los comentarios son muy útiles cuando tienes las habilidades, pero necesitas mejorarlas.

Si trabajas en una empresa que brinda oportunidades de capacitación regularmente, eres afortunada y deberías sacar el máximo provecho posible de lo que te ofrecen. Si no tienes esta opción y necesitas identificar oportunidades de capacitación en el mercado, investiga un poco antes de inscribirte en un programa. Primero, evalúa cuál es la capacidad que deseas desarrollar y cómo pretendes utilizar lo que aprendas en tu trabajo o futuros trabajos. Luego, evalúa programas de acuerdo a cuánto se ajusten a tus necesidades. Investiga el seriedad y la experiencia de la organización y de la persona que brinda la capacitación. Si es posible, obtén una recomendación de alguien que haya asistido a ese programa o a otros programas similares.

 ## ACCIONES
PARA DESARROLLAR TUS CAPACIDADES

Utiliza estos tres pasos para desarrollar un plan para ampliar tus capacidades.

1. Revisa tus notas de la sección de acción del Capítulo 2 para evaluar tus áreas de fortaleza (consulta la página 90). Recuerda, el motivo de ese ejercicio era identificar las habilidades en que te destacas. Selecciona tus dos fortalezas principales.

2. Elige dos áreas de conocimiento o habilidad que quieras desarrollar más. Estas pueden ser áreas de debilidad o habilidades que crees que serán importantes para tu carrera en el futuro.

3. Utiliza los cuatro métodos de aprendizaje analizados en este capítulo (aprender de la experiencia, comentarios,

lectura y asistir a programas de capacitación) para armar un plan para las cuatro habilidades identificadas en los pasos 1 y 2. (Consulta el plan de aprendizaje de muestra que aparece en las próximas dos páginas).

PLAN DE APRENDIZAJE DE MUESTRA

HABILIDAD	EXPERIENCIA	COMENTARIOS
Fortaleza 1: **Finanzas**	Pedir que me asignen más responsabilidades financieras en el trabajo antes de la fecha X.	
Fortaleza 2: **Desarrollo Empresarial**	Implementar dos técnicas de venta nuevas antes de fin de año.	Asistir a cuatro reuniones con clientes difíciles o desafiantes junto con vendedores con más experiencia antes de la fecha X.
Nueva área 1: **Medios Sociales**		
Nueva área 2: **Tecnología Móvil**		Hacer preguntas acerca de la forma en que las personas utilizan la tecnología móvil.

LECTURA	CAPACITACIÓN/ CONFERENCIA
	Identificar un programa de capacitación en técnicas de venta avanzadas y asistir a dicho programa.
Hacer un poco de investigación en línea cada semana acerca de las mejores formas de utilizar los medios sociales.	
Leer sobre desarrollos en el espacio móvil una vez al mes.	

RESUMEN

Para prepararse para el éxito, es importante construir una base de conocimientos sólida y pulir tus habilidades regularmente. Ser muy competente es una forma de superar ciertos obstáculos.

Todas estamos muy ocupadas y es fácil decidir que no tenemos tiempo para aprender y desarrollarnos profesionalmente, o suponer que más adelante tendremos más tiempo para estudiar. Pero postergar el desarrollo profesional y el proceso de aprendizaje regular es un error. Los cimientos de una carrera exitosa se construyen sobre la renovación constante de una base sólida de habilidades y conocimientos actualizados. Mantener una base sólida es una de las mejores inversiones que puedes hacer en ti misma y en tu futuro. Haz un plan para desarrollar regularmente las capacidades que necesitas para lograr tus objetivos empresariales o profesionales.

NOTAS

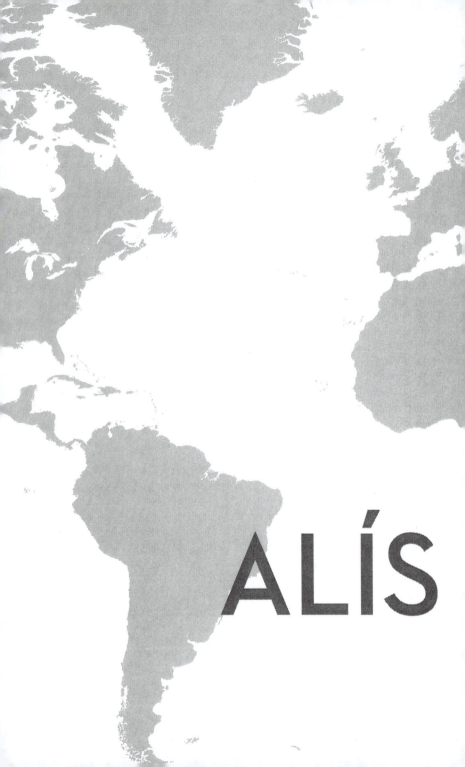

TATE

— HÁBITO 3 —

Enfocarse

Tus objetivos son las señales, tus acciones son tus rutinas y tu definición del éxito, tu recompensa.

CUANDO TUS SUEÑOS, TUS OBJETIVOS Y TUS fortalezas se alinean con lo que haces, con tu forma de vida y con quién quieres ser, entonces estarás conforme.

Nunca dejes que nadie te diga que no puedes alcanzar este equilibrio. Solo tú puedes definirlo y alcanzarlo. Pero para hacerlo, es necesario enfocarse y ese es un hábito que requiere introspección, intención, compromiso, concentración y, como siempre, acciones regulares. Una vez que defines y logras el estilo de la vida que mejor funciona para ti, estarás muy conforme y profundamente satisfecha.

Una ex cliente estadounidense, Wendy Warner, tiene un doctorado en química analítica. No es de extrañar que haya creado una fórmula para el hábito de enfocarse. Es algo así:

Enfoque + creencia convierten una posibilidad en realidad

$$E + C = P^R$$

Si puedes visualizar lo que quieres y crees que tienes lo necesario para convertir tu deseo en realidad, entonces tienes el poder y la confianza para hacer que tus sueños se cumplan. Enfocarse es el primer paso para determinar lo que quieres. Imagina la vida que quieres y lo conforme que te hará sentir. Ve en busca de ella sin dudar.

CUATROS PASOS PARA ENFOCARSE

Las mujeres inquebrantables suelen hacerse estas cuatro preguntas.

1. ¿Por qué? ¿Por qué quiero este éxito (mi recompensa)?
2. ¿Qué? ¿Qué objetivos específicos necesito establecer para alcanzar mi éxito?
3. ¿Cómo? ¿Cómo cumpliré mis objetivos y alcanzaré lo que quiero?
4. ¿Y luego qué? ¿Veo resultados? ¿Estoy satisfecha con ellos?

Visualmente, el ciclo podría representarse así.

Enfocarse, en el nivel básico, consiste en determinar qué es el éxito para ti. ¿Cuál será la fuente de la felicidad, el significado y la satisfacción que quieres experimentar en tu trabajo y a lo largo de tu vida? El enfoque en el nivel básico consiste en determinar cuál es tu propósito general en la vida y el camino que deseas transitar.

En el siguiente nivel, el enfoque es directo. Estableces objetivos específicos para alcanzar lo que deseas. Una vez establecidos tus objetivos, el enfoque es una cuestión de ejecución, de trabajo tenaz y constante. En esta etapa, el enfoque es una cuestión de acción. Concéntrate en hacer solo lo más importante. No te dejes distraer por actividades, personas u otras cosas que desvíen tu atención de lo que quieres lograr.

Por último, el enfoque se trata de evaluar regularmente tu progreso y los resultados. Realiza un análisis de ti misma en intervalos regulares para averiguar si aún deseas cumplir los objetivos que estableciste en el pasado. ¿Tu definición de éxito ha cambiado? ¿Estás logrando lo que quieres lograr? ¿Por qué sí o por qué no? Los objetivos que estableciste, ¿realmente te acercan a tu definición de éxito?

Las personas que estudian y trabajan con hábitos los explican como circuitos que comprenden tres partes: la señal, también llamada disparador; la rutina, comportamientos y acciones reales, y la recompensa, el resultado deseado de esas acciones.[1] Para poder hacer del enfoque un hábito, debes ver tus objetivos como una señal, tus acciones como tu rutina y tu definición del éxito como tu recompensa. Al igual que con todos los demás hábitos del éxito, el enfoque no es un proceso único.

Exploremos ahora al enfoque en detalle, comenzando por tu definición personal del éxito.

DEFINE
TU
ÉXITO

CAPÍTULO 5

ELEGIR

*El éxito consiste en encontrar el significado personal
y la satisfacción en tu vida.*

CUANDO BUSCO A ALGUNA MUJER PARA entrevistarla, suelo recibir la misma respuesta: "¿Por qué querrías entrevistarme a mí? No soy tan exitosa". En cada caso, le pregunto a la mujer si está haciendo lo que desea hacer en este momento y si es feliz haciéndolo. ¿Está satisfecha con su vida? En todos los casos, la respuesta es sí. Por lo que les digo: "Eres exactamente el tipo de mujer que estoy buscando. Cumples con la definición de éxito que yo utilizo".

La sociedad nos dice que el éxito consiste en tener el cargo más alto en una empresa, riqueza y poder. Hay incontables listas y artículo sobre las mujeres "más poderosas" o "más ricas" del mundo, y como resultado hemos comprado ideales difíciles de alcanzar de belleza eterna, cuerpo perfecto y familia feliz.

A menudo, nos cuestionan por no hacer crecer más nuestros negocios o por no alcanzar los cargos más altos en una gran empresa. Constantemente nos dicen qué deberíamos querer y qué no.

Tú y yo lo sabemos bien. Sabemos que no necesitamos luchar por las ideas o los objetivos de otras personas. Así es como Crystal Yi Wang me contó acerca de sus expectativas. "Cuando era joven, mis padres pidieron prestado mucho dinero y me enviaron a clases de piano, pero no tuve éxito. Luego, ellos me enviaron a aprender inglés, con la esperanza de que algún día pudiese irme al extranjero con una beca para estudiar, igual que mis primos, pero tampoco me destaqué en eso. Durante mi juventud, antes de graduarme de la universidad, nunca tuve éxito según los estándares de mis padres. Solo era una chica normal, que nunca tuvo las mejores calificaciones de la clase ni se destacó en su familia. Vivía a la sombra de mis amigos y mis primos. No supe cuál era la fórmula para el éxito hasta que comencé mi primer trabajo. Soñaba con trabajar en una de las empresas de consultoría conocidas como las Big Four (las cuatro grandes), pero no logré conseguir una entrevista, por lo que decidí buscar un trabajo similar en cualquier empresa dedicada a marcas comerciales. Mi plan consistía en que, algún día, iba a obtener una maestría en administración empresarial (Masters in Business Administration, MBA) para poder ingresar en una empresa de servicios profesionales. Mi carrera comenzó a crecer desde ese primer trabajo que tuve. En diez años, pasé de ser una comerciante asistente en Wal-Mart a convertirme en directora adjunta de Deloitte Financial Advisory Services. Durante ese período, descubrí que adoro la consultoría y que creo que debería dedicarme a esto toda mi vida. Encontrar un trabajo que adoro es lo mejor que me ha pasado en la vida. Mi salario ha aumentado treinta veces desde mi primer empleo en Wal-Mart".

No necesitamos comparar nuestros deseos y logros con los de otras mujeres. Cuando somos honestas con nosotras mismas, nuestra vida y nuestra felicidad se basan en lo que en realidad queremos y no en lo que otros nos dicen que deberíamos querer.

En un primer momento, la empresaria de fragancias argentina, Marta Harff, con su estilo carismático y audaz, declaró que su definición de éxito era: "Sobrevivir, ganar dinero, tener tranquilidad, ayudar a mi familia, tener una buena calidad de vida. Quería ganar dinero, y lo digo sin vergüenza. No le temo al trabajo arduo, no conozco ninguna otra forma". A medida que fue juntando dinero y pudo ayudar a su familia y lograr la calidad de vida que había imaginado para ella, definió el próximo nivel de éxito que deseaba: hacer crecer su negocio hasta cierto tamaño. Ha redefinido su éxito varias veces más durante sus cuarenta años de trabajo.

Define tu éxito según lo que quieres lograr y por qué quieres hacerlo. Tu definición de éxito está ligada al trabajo que ya has realizado para identificar qué te motiva. Puedes pensarlo como la recompensa que deseas lograr por tu arduo trabajo y el resultado que deseas obtener cuando implementes los hábitos de las mujeres inquebrantables. Sabrás que eres exitosa cuando te sientas satisfecha y conforme.

Por eso es que el primer aspecto del enfoque que quiero presentarte es la forma en que determinas y eliges qué significa el éxito para ti: la recompensa que quieres obtener al final del camino. Antes de poder concentrarte en las acciones que debes implementar para alcanzar el éxito, debes averiguar por qué quieres el éxito. Tu definición personal del éxito es la recompensa a largo plazo que obtendrás por todo el trabajo que harás en los próximos días, semanas, meses y años. Cuando te enfocas en tus propios objetivos para el éxito, sentirás que tomas el control de tus acciones y tus planes.

Posiblemente ya sepas qué es lo que quieres para tu carrera o negocio y cómo quieres que sea tu camino profesional. Es posible que sea fácil para ti, como lo fue para Renata Pessoa, la Dra. Shahira Loza Doss y Nour Jarrar. Para ellas, el proceso de definición del éxito fue bastante directo. Renata Pessoa, la directora gerente de Accenture en Brasil, me dijo: "Considero que es un privilegio saber lo que quiero y lo que deseo obtener en mi vida profesional". Cuando la médica y emprendedora egipcia Dra. Shahira Loza Doss, fundadora del Centro para trastornos del sueño de El Cairo, habló acerca del camino hacia el éxito, dijo: "Es simple: encuentra tu pasión, establece un objetivo y persevera".

Una de las mujeres más ambiciosas y sinceras que entrevisté durante mi investigación acerca de las mujeres inquebrantable es Nour Jarrar, una joven muy decidida quien, al momento de nuestra reunión, ya se había convertido en gerente ejecutiva de Planificación Estratégica de Arab Banking Corporation en Jordania. Nour me dijo que había centrado su atención en convertirse en la directora ejecutiva de un banco. Ella describió su éxito con muchísima lucidez y me contó acerca de cada uno de los puestos que tendría que ocupar, con un buen desempeño, antes de convertirse en directora ejecutiva. Nour está tan enfocada en su carrera que en su cumpleaños número veinte pidió a sus familiares y amigos que solo le dieran regalos que pudiese utilizar en el trabajo.

Tu versión del éxito puede ser fácil de definir para ti, o no. Es posible que seas el tipo de persona que no está segura de qué dirección profesional seguir, o ni siquiera sabe si quiere seguir algún camino profesional. Tal vez el viaje hacia tu carrera profesional, hasta ahora, haya incluido una serie de descubrimientos de prueba y error, o algunos desvíos en el camino, como le sucedió a la emprendedora china Liheng Bai, quien inició una empresa de consultoría para estudiantes que comienzan la facultad y de asesoramiento para escuelas, para que armen programas de consultoría. Liheng me comentó: "Cometí muchos errores a lo largo de mi carrera. En el fondo creo que sabemos en qué somos buenos y qué es lo que nuestro corazón nos dicta que debemos hacer. Creo que perdí mi tiempo; meterme en finanzas fue un error. No valía mi tiempo. Yo sentía pasión por la educación, por lo que debería haberme involucrado en ese campo mucho tiempo atrás. Cuando ingresé en el campo educativo, ¡descubrí que había una enorme cantidad de trabajo para hacer en un mismo sector! Ahora me dedico a alentar a los estudiantes a seguir lo que les dicta el corazón. Una vez que descubras por qué sientes pasión por un área, como la publicidad o las finanzas, tómate tu tiempo para ver qué es lo quieres y enfocarte en ello". Creo que Liheng, algún día, verá que su experiencia en finanzas no fue una pérdida de tiempo. Algún día, su conocimiento financiero le será invaluable al momento de administrar los aspectos financieros y el crecimiento de su empresa.

Es posible que sientas que tu camino profesional se parece a un trampolín, en el que saltas de un trabajo, proyecto o asignación a otros. O tal vez, tu camino profesional te esté siendo revelado lentamente con cada nuevo puesto que desempeñas. Sin importar cuál de estas opciones describe mejor tu experiencia profesional, estar enfocada te dará claridad acerca del próximo camino a seguir.

FORMAS DE DEFINIR EL ÉXITO

Para convertirte en una mujer inquebrantable, debes enfocarte en los siguientes aspectos:

Enfócate en lo que te apasiona. Tu pasión está relacionada con las motivaciones que identificaste en el Capítulo 3 (consulta la página 120).

Rosa María Marte, fundadora de Green Art Market en República Dominicana, dice: "La clave para tener un negocio exitoso es amar lo que haces. Cada proyecto que construyas requerirá tiempo y esfuerzo, además de conocimientos y habilidades específicos. Necesitarás comprometerte y asumir riesgos. Si no amas lo que haces, puede ser frustrante y puede ser una pérdida de tiempo y de dinero".

Tala Badri, fundadora y directora ejecutiva del Centro de Artes Musicales en Dubái, quien fue nombrada emprendedora emiratí del año en 2010, dio una charla en TEDx en la que dijo: "Mi vida es plena. Ya no la mido por las cosas ni los títulos que obtengo como hacía antes. Soy más feliz gracias a eso. Marco una diferencia, tanto para mi hija o mi hijo, como para los estudiantes a quienes les enseño a tocar un instrumento, para la comunidad a la que le brindo un servicio musical o para mi país, a cuyo desarrollo y crecimiento cultural contribuyo. Estoy marcando una diferencia a través de la música".[1]

Enfócate en objetivos que encuentres significativos. Pooja Goyal, cofundadora de Intellitots, una empresa india que crea innovadores programas didácticos y productos para niños de entre seis meses y seis años, me contó cómo ella y su socia, Shivani Kapoor, determinaron cuál era su sentido del propósito. "Ambas habíamos alcanzado un punto en nuestras carreras en el que queríamos seguir un camino en el cual pudiésemos lograr un impacto significativo. La industria educativa nos proporcionó esa plataforma. Ambas estábamos convencidas de la importancia de la primera infancia y nos interesaba el impacto que estos años tienen en el niño como individuo, en la unidad familiar y en la sociedad en general. Cada pequeña interacción que tenemos con un niño representa una oportunidad para marcar una diferencia".

Además dijo: "El deseo de encontrar significado en lo que hacemos fue, definitivamente, el mayor impulso detrás de Intellitots. En resumen, el principal factor de motivación para convertirme en emprendedora fue moverme del éxito al significado. Después de haber pasado muchos años en el mundo empresarial, realicé una búsqueda profunda para identificar qué me apasionaba".

Enfócate en lo que tú quieres, no en lo que quieren otras mujeres. Nunca olvidaré una conversación que tuve con una amiga. Estaba sentada afuera de su casa, en las escaleras de la puerta principal, llorando. Cuando mi hijo tenía siete años, tuve la oportunidad de tomarme un descanso en mi carrera. Intenté trabajar menos, pero no me hacía sentir para nada feliz. Le dije a mi amiga, mientras lloraba, que a muchas mujeres les encantaría poder quedarse en casa con sus hijos durante algunos años. Su respuesta me quedó grabada en la memoria durante todos estos años: "Tú no eres como esas mujeres, Rania. Lo único importante es lo que tú quieres".

Durante los cuatro años de mi investigación, muchas mujeres me contaron que solían preguntarles por qué no querían lo que "otras mujeres tenían". Quienes hacían esa pregunta, se referían al deseo de ser una buena esposa y una buena madre, que se quedase en su casa. Muchas de las mujeres a quienes entrevisté son, en realidad, excelentes esposas y madres, y aman estar en sus casas. Pero, al mismo tiempo, también desean y adoran estar en el trabajo.

Enfócate en tus propias aspiraciones. No disminuyas ni minimices tus aspiraciones profesionales porque otras mujeres (o los hombre) que te rodean no las comparten. Parte de lo que ayudó a Chebet Ng'ok, una consultora financiera de Nairobi, Kenia, a optar por seguir lo que quería fue el aliento del entonces director financiero de JP Morgan Chase Bank para América. Se conocieron en una sesión de capacitación a la que Chebet asistió. Al notar las dudas de algunas mujeres que habían asistido, el director financiero dijo: "No es necesario que renuncien a las cosas que les gustan. Ustedes merecen esto". Él quería que las mujeres comprendieran que existían muchas oportunidades de carreras divertidas y satisfactorias disponibles para ellas; oportunidades a las que podían aspirar.

La emprendedora keniana Christine Khasinah-Odero tiene objetivos comerciales grandes y audaces: "Impulsar el crecimiento de Supamamas para convertirlo en el centro de información en línea más completo para las mamás. También me gustaría que Supamamas participase de más eventos, en especial, eventos de mentoría para mujeres, y que implementase más proyectos sociales y llegase a calificar para una subvención. Esto incluiría realizar programas de mentoría para jóvenes de escuelas secundarias y facultades, y organizar más visitas a los pabellones para niños en hospitales y hogares". (Ten en cuenta lo específicos que son los objetivos de Christine. Volveremos a analizar esto en el próximo capítulo).

No permitas que las normas sociales o parentales te quebranten. Algunos padres, docentes y escuelas presionan a las jóvenes para que sigan ciertas carreras y trabajos específicos porque han definido estos trabajos como "apropiados" para mujeres. No permitas que las creencias de otras personas definan lo que quieres para ti misma. Tú eres la más capacitada para elegir qué carrera es la mejor para ti.

Irina Bullara, de Brasil, expresó claramente que se habla muy poco con los joven acerca de lo que quieren hacer y por qué. Desde su perspectiva, a los jóvenes estudiantes universitarios capaces e inteligentes se los suele alentar para que busquen trabajos altamente remunerados en campos como finanzas, aunque sus verdaderos intereses estén en un lugar completamente diferente. Desde el comienzo de su carrera empresarial, Irina ha obtenido muchos logros. Sin embargo, ella muestra mucha pasión y tiene excelentes ideas acerca de emprendimientos sociales que tienen mucho más que impacto financiero en la sociedad y en la comunidad. Irina cree que se sentiría más satisfecha si trabajara en una organización con una misión más amplia. Quería más para ella misma y para las mujeres de su edad, algo más allá de los trabajos empresariales seguros y tradicionales que sus padres o sus universidades las habían alentado a seguir. Pude conocer personalmente el lado altruista de Irina. Antes de mi llegada a San Pablo, ella se ofreció a ayudarme de muchas maneras. Entre otras cosas, me ofreció hacer de intérprete en algunas de mis entrevistas con mujeres que no hablaban inglés, ¡incluso cuando dichas entrevistas estaban programadas para el día anterior a su boda! Cuando este libro iba camino a la imprenta, supe que Irina había cambiado el camino de su carrera y ahora estaba involucrada en la educación inicial, un campo más alineado con sus valores e intereses.

Enfócate en el lugar al que quieres llegar y no en lo que dificulta tu camino. Por muchas razones, no aprendí a conducir hasta que tenía 26 años y ya estaba casada. Mi marido me enseñó; una experiencia que no les recomiendo al principio de un matrimonio. Para mí, la maniobra más difícil de aprender fue ingresar en una autopista con mucho tráfico. Desde mi carril, miraba la fila interminable de automóviles que venían hacia mí a toda velocidad y no podía imaginar cómo lograría ingresar en la autopista, hasta que Lance, mi marido, me recomendó: "Deja de mirar los automóviles. Mira los espacios que hay entre ellos. Sigue mirando esos espacios hasta que casi todo lo que veas sean espacios. Entonces, presiona el acelerador y avanza. Ese será tu lugar". Lograr lo quieres es como ingresar en una autopista. Debes enfocarte en las oportunidades, no en los obstáculos. Cuando comencemos a ver los espacios libres, podremos encontrar nuestro camino para ingresar.

Cuando fundé la plataforma de asesoramiento profesional en línea TheWayWomenWork.com, decidí que nos enfocaríamos en los hábitos para el éxito de las mujeres y no, en las dificultades que enfrentan. Debido a que las mujeres inquebrantable se enfocan en las soluciones, mi consejo para ti es el siguiente: no creas ciegamente que tú experimentarás los mismos obstáculos que otras mujeres han experimentado. Debes mirar los caminos, no los baches. Enfocarte en tus propios objetivos implica asumir una serie de desafíos, pero tener tu propia definición del éxito impedirá que te rindas.

DEFINIR TU ÉXITO ES UN VIAJE

Muchas mujeres en economías en expansión no tienen la oportunidad de construir una carrera en función de sus pasiones.

Las opciones son limitadas, especialmente para las mujeres que no tienen una educación. Las mujeres que provienen de familias muy conservadoras no suelen tener la oportunidad de estudiar o trabajar. Además, en algunos países, a los estudiantes de ambos géneros, tanto hombres como mujeres, no se les brinda la opción de elegir qué tipo de educación superior desean recibir. Si al terminar la escuela, están entre los mejores de su clase o tienen buenas calificaciones, se les dice que deben seguir una carrera como ingeniería o ciencia. En muchos países, si no tienen excelentes calificaciones, no pueden ingresar en programas de determinados campos como medicina, aunque ese sea su mayor deseo. Muchas mujeres siguen siendo inquebrantables, independientemente de los obstáculos que deben enfrentar.

Shahira Fahmy, la arquitecta egipcia, fue una de esas mujeres que estuvo a punto de ser dirigida en una dirección que no quería. Shahira se desempeñó muy bien en la escuela y, debido a sus buenas calificaciones, obtuvo una beca de la American University de El Cairo para estudiar ingeniería, una carrera disponible únicamente para estudiantes con un desempeño sobresaliente. Pero Shahira creció rodeada de arte y diseño, y quería seguir una carrera relacionada con el diseño. Su madre es diseñadora de muebles de interior. Tiene una tía que es arquitecta y artista. Shahira adora dibujar y su abuelo alentaba su talento artístico. Por lo tanto, decidió que no seguiría las reglas del sistema. Cuando planteó su caso en la universidad, le dijeron que los estudiantes con las mejores calificaciones no estudian arquitectura, pero ella insistió y finalmente logró lo que quería.

Al final, Shahira estudió arquitectura en la Facultad de Ingeniería de la Universidad de El Cairo. Se graduó con honores y obtuvo una maestría en arquitectura en 2004. Shahira fundó su propia empresa de arquitectura, Shahira H. Fahmy Architects. Mientras comíamos tapas en un moderno restaurante en El Cairo, muy resulta, me dijo: "Planeé todo esto hace diez años".

Encontrar tu pasión y descubrir tu propósito es un camino que requiere reflexión y, a menudo, es necesario detenerse un momento. No se trata simplemente de sentarse y pensar hasta que surja una idea. Leila Rezaiguia redefinió una nueva versión de su concepto de éxito. Después de trabajar durante 17 años en la gestión de talentos empresariales, perdió su pasión por trabajar en una gran empresa. Sintió que su corazón y su alma ya no estaban allí. Por eso, decidió renunciar a su trabajo y tomarse algunos meses para viajar y "buscar su pasión". Durante este periodo reflexionó sobre lo que verdaderamente quería hacer. Cuando regresó a su casa, decidió que se mudaría a Dubái y comenzaría su propio negocio, Kompass, una empresa de asesoramiento profesional fundada en sus amplios conocimientos y experiencia en el área.

Así es como Crystal Yi Wang resumió su camino. "Pasé de ser una muchacha común de China a asistente en una gran empresa internacional, de directora asociada de la empresa de servicios profesionales más grande del mundo a lo que soy en el presente, propietaria a tiempo parcial de un pequeño estudio de joyería y madre. Así es como aprendí a definir mi propia versión del éxito".

AHORA ES TU TURNO

Piensa en lo que te brinda energía y no solo en eso en lo que eres buena. Durante el proceso de autodescubrimiento, confía en tus pasiones e intuiciones. No hay necesidad de acelerar el proceso.

 PARA REFLEXIONAR:
¿QUÉ SIGNIFICA EL ÉXITO PARA TI?

Si todavía no has podido determinar qué es el éxito para ti, a continuación encontrarás algunas preguntas para reflexionar y explorar por tu cuenta o con tus seres queridos en momentos de paz y tranquilidad. Piensa, sueña y habla de algunas o todas estas preguntas. Elige las preguntas que más se apliquen a ti y toma notas de tus respuestas.

- ¿Cuál es la verdadera razón por la que estoy aquí?
  Ejemplos: para marcar una diferencia en mi comunidad, por mi familia o para ser un ejemplo para mis hijos.

- ¿Por qué lucho?
  Ejemplos: por el progreso, el cambio, la verdad, la innovación o los derechos de la mujer.

- ¿Quién elijo ser?
  Ejemplos: una líder influyente, un miembro que contribuye a la comunidad o una buena madre.

- ¿Qué cosas me despiertan interés y me motivan para actuar?
  Ejemplos: las artes, la moda, la tecnología, la innovación o las cuestiones legales.

- ¿Qué le falta a mi vida en este momento?
  Ejemplos: independencia o desafíos.

- ¿Por qué me sentiría más completa si tuviera esta parte que me falta?
  Ejemplos: porque podría... sentirme orgullosa de mis logros, saber que marqué una diferencia, contribuir con mi familia, sentirme más segura económicamente.

- ¿Qué me gustaría hacer que no esté haciendo en este momento?
  Ejemplos: trabajar, tener mi propio negocio, tener un puesto sénior o trabajar en la junta de directores de una gran empresa o de una organización comunitaria.

- ¿Qué logro me haría sentir absolutamente satisfecha?

- ¿Qué me daría alegría, tranquilidad y satisfacción?

- ¿Qué me haría sentir feliz?

Las respuestas a estas preguntas te darán pistas que te ayudarán a definir tu éxito.

 ## ACCIONES
PARA ELEGIR TU PROPIO ÉXITO

Una vez que respondas estas preguntas y tengas más claro lo que es importante y significativo para ti, debes imaginar cómo será tu vida cuando tengas éxito. Echa un vistazo.

- Describe cómo deseas que sea tu vida.

  Ejemplos: quiero… tener una carrera o negocio, ganar mucho dinero (o estar segura económicamente), casarme, seguir soltera, tener hijos, no tener hijos. Quiero estar ocupada o tranquila todos los días. Quiero que mi vida sea fácil, desafiante, etc.

- Identifica un tipo de trabajo que disfrutarías y que también te permitiría conseguir lo que describiste en las preguntas anteriores.

  Ejemplos: tener un puesto como líder de una gran empresa, tener mi propio negocio, trabajar en una pequeña empresa en donde tenga mucha responsabilidad o ser parte de un equipo y no tener demasiada responsabilidad individual.

- Identifica los negocios o las maneras en que podrías alcanzar tus pasiones profesionales. Si no sabes dónde encontrar este tipo de oportunidades, comparte tus ideas con personas conocidas que tengan ambiciones profesionales y pídeles sus opiniones.

  Ejemplos: podría lograr lo que deseo y creo que disfrutaría trabajar en… un banco, una empresa emergente, una empresa multinacional, una empresa pequeña con preocupaciones ambientales, una empresa familiar, ser consultora o desarrollar mi negocio independiente.

Reúne el coraje para elegir lo que consideres más importante y satisfactorio para ti. Mantén tus fuerzas y tu voz para explicar tus decisiones y desarrollar la voluntad para buscar lo que deseas.

RESUMEN

Define tu éxito en términos de recompensas a largo plazo que te gustaría alcanzar en tu vida laboral y en otros planos de tu vida. Esto será muy personal. No debes esforzarte por cumplir con las expectativas, ideas u objetivos de otras personas. No debes comparar tus éxitos con los deseos o logros de otras mujeres. Si eres fiel a ti misma, entonces tu vida y tu felicidad estarán basadas en lo que verdaderamente tú deseas.

Elegir tu propio éxito requiere reflexión e indagación. Basa tu propia perspectiva del éxito en aquello por lo que sientas pasión y desees sinceramente. Dale tiempo a tu perspectiva de éxito para que se revele. Recuerda que el éxito es un camino, por lo tanto, es posible que la manera en que lo definas cambie la manera de recorrerlo y cambiarlo.

NOTAS

CREA
TUS
PLANES

CAPÍTULO 6

CREAR

"Un objetivo sin un plan es solo un deseo".

Proverbio

L A EMPRENDEDORA NIGERIANA ADESHOLA Komolafe explicó cuál es su opinión con respecto a establecer objetivos. "Creo que el éxito es un proceso. No ocurre por casualidad, sino que es el resultado de entregar constantemente más de lo que se espera de nosotros. El éxito se debe cultivar. Por eso, desde el comienzo de mi carrera, me propuse ser exitosa. Sabía hacia donde me dirigía. Y sabía cómo llegar hasta allí". El proceso para alcanzar el éxito de Adeshola requiere de lo que ella describe como "una combinación de enfoque, planificación y acción", un proceso durante el cual nunca se debe postergar nada y siempre se deben cumplir los planes. "Establezco un objetivo y voy por él".

Durante su adolescencia, los objetivos audaces de Adeshola eran graduarse a los 21 años, obtener una maestría a los 22 y un doctorado a los 26. Logró todos sus objetivos educativos, excepto por el doctorado. Adeshola aplica este mismo proceso a su empresa, Media Insight, una empresa de comunicaciones integradas de mercadeo. Adeshola observó que las empresas nigerianas no ofrecían un servicio efectivo de mensajes de marca y no se daban cuenta de que los medios se habían vuelto una parte importante del canal de comunicación. Sabía que tenía las capacidades, la confianza y el coraje que necesita para sacar provecho de esa brecha en el mercado. Ella dijo: "Contaba con las capacidades que necesitaba y entendí la oportunidad instintivamente. Sabía que la comunicación se había convertido en un sector que se podía aprovechar. El resto es historia. Sabía que era el momento de ingresar en el mercado y dirigir mi propia empresa. Y también sabía que, una vez que empezara, no habría vuelta atrás".

De acuerdo con Adeshola, para alcanzar lo que deseas, debes "desarrollar una mentalidad que te ayude a alcanzar tus metas y confiar en las personas que admiras y en los grandes líderes que te inspiran en tu área de trabajo. Es una combinación", explicó.

Cuando les hablo a mujeres más jóvenes, recién graduadas, acerca de crear un plan y establecer objetivos, a menudo, recibo miradas inexpresivas y algunos comentarios en contra. Obtengo respuestas como: "No sé lo que quiero. Las cosas cambian tan rápido y surgen nuevas oportunidades en todo momento, así que, ¿cómo puedo saber qué me deparará el futuro?", o bien, "No es como en las generaciones anteriores, cuando las carreras eran más sencillas".

Entonces, yo les respondo lo siguiente: *No es necesario tener una vida o carrera totalmente planeada.* Pero tener un plan y establecer objetivos específicos te hará avanzar profesionalmente. Los éxitos en la carrera y en los negocios no ocurren por casualidad. Necesitas gestionar tus progresos profesionales y laborales de manera activa. Para crear tu plan para el éxito, comienza por descubrir cuáles son tus aspiraciones y deseos para alcanzar algo específico. No te preocupes si tu perspectiva u tus objetivos cambian una vez que comienzas. Lo importante es reflexionar acerca de tus pensamientos y planes. Los planes deben ser intencionales y específicos.

En la India, existe un grupo de mujeres que está haciendo eso. En 2013, Women's Web, una revista en línea, y CareerBuilder organizaron una encuesta destinada a mujeres indias solteras de entre 18 y 26 años. La encuesta concluyó que, incluso en mercados cambiantes y de alto crecimiento, algunas mujeres jóvenes que aún no han ingresado en el mundo laboral ya tienen definidas sus aspiraciones laborales. El 35 % de las mujeres encuestadas coincidieron en la frase "sé exactamente lo que quiero hacer" y un 55 %, tenía "ciertas opciones de carrera identificadas". Solo pocas mujeres encuestadas estaban indecisas. La mayoría de las encuestadas (70 %) se veía como "bien" o "bastante" orientada en sus carreras.[1]

EL PODER DE CREAR UN PLAN

Para ser exitosa, no es necesario establecer objetivos permanentes o a largo plazo, pero si ya lo has hecho, no tiene nada de malo.

Azza Fawzi, una egipciana que durante nuestra entrevista trabajaba en Doha, Catar, atribuye una gran parte de su éxito profesional a que sabe lo que desea y cómo alcanzarlo, por lo que puede establecer objetivos específicos para lograrlo. Azza ha logrado un progreso constante en su carrera en Royal Dutch Shell. Comenzó como auditora financiera, luego ascendió a gerente de Finanzas y más tarde, asumió ese puesto a nivel regional para el golfo Pérsico. En Catar, fue vicepresidente de Finanzas en Qatar Shell GTL Limited. A medida que avanzaba dentro de Shell, Azza identificó cada puesto que debía alcanzar y descubrió qué contribución debía hacer en cada uno de ellos. En la actualidad, es una de las pocas mujeres en el nivel ejecutivo de su empresa y asume responsabilidades muy importantes con respecto a algunos de los activos más valiosos de la cartera de Shell.

Lyubov Simonova, la directora de Almaz Capital Partners, una gran empresa internacional de capital de riesgo tecnológico en Rusia, siempre ha tenido objetivos claros. "Desde niña que siempre he sabido lo que quería", asegura.

Para la mayoría de las personas es más fácil comenzar por establecer algunos objetivos a corto plazo en cuanto a tipo de trabajo, nivel de responsabilidad o cantidad de dinero que desean ganar. Otras personas establecen objetivos como comenzar o desarrollar un negocio. Salwa Bamieh, directora y asociada en MMIS Management Consultants en Amán, Jordania, se propuso el objetivo de comenzar un negocio. Salwa tuvo éxito en su cometido, a pesar de la dificultad que significaba reunir capital siendo una mujer soltera, una experiencia que muchas otras mujeres en todo el mundo, incluso en países occidentales desarrollados, han debido enfrentar.

Tus objetivos seguirán evolucionando. Mientras tanto, el proceso de establecer objetivos te ayudará a mantenerte enfocada y a ganar impulso para el futuro. Para que el progreso sea óptimo, asegúrate de que tu definición de éxito sea tu guía y recuerda siempre tus aspiraciones personales y profesionales. Si no desarrollas una imagen mental del éxito y objetivos específicos, es más probable que caigas en la inercia y dudes sin un sentido de dirección o propósito.

Cuando descubras claramente qué es lo más importante para ti y qué quieres en tu vida personal y laboral, podrás establecer tus objetivos. Muchas personas establecen objetivos. Lo que distingue a las personas exitosas es la convicción que tienen en esos objetivos y la especificidad de lo que se proponen.

Durante mi carrera, establecí muchos objetivos diferentes. El primero era ascender a un puesto de liderazgo sénior en Bank of America. Cumplí ciertos objetivos específicos y alcancé ese puesto. Algunos de esos objetivos fueron realizar el programa de capacitación de gestión del banco, trabajar como ejecutiva de banca internacional, estar a cargo del personal operativo y gestionar al personal y contribuir al banco al mismo tiempo.

Mi segundo gran objetivo profesional era fundar y desarrollar una empresa de práctica de consultoría independiente. Establecí objetivos específicos sobre los tipos de cliente con los que quería trabajar, el tipo de trabajo que quería realizar y los ingresos específicos que quería obtener.

En la actualidad, mi objetivo es acelerar el éxito de, al menos, 100 000 mujeres como tú. Mi plan era escribir este libro y distribuirlo para llegar a mujeres en mercados en expansión de manera virtual y en persona a través de presentaciones. Además, también me propuse escribir artículos y otras publicaciones para el blog TheWayWomenWork.com. Aprendí que, si mis objetivos eran bien específicos, era más probable que los alcanzara.

Maja Jelisic Cooper, una emprendedora de Croacia, cofundadora y mayor accionista de Televizija Classicum Limited, una empresa de televisión por cable, también recomienda establecer objetivos específicos. "Cuando establezcas tus objetivos, ten en cuenta que deben ser realistas y realizables, pero al mismo tiempo, ambiciosos para poder llegar hasta donde quieres. Es importante que cuantifiques tus objetivos y que midas los resultados. Por ejemplo, si te gustaría aumentar tus ingresos, fija un porcentaje o una suma de dinero como objetivo y un plazo para cumplirlo. Digamos que quieres aumentar tus ingresos en un 30 % para el fin de este año fiscal. Puedes lograrlo recortando costos o a través de la expansión hacia tal o cual mercado".

Además, agregó: "Trato de establecer mis objetivos en función del principio SMART (Specific, Measurable, Assignable, Realistic, Time-related), es decir, objetivos que sean *específicos, medibles, alcanzables, relevantes* y *a tiempo*. En este caso, crear un presupuesto y verificar todos los meses si los números reales coinciden con lo proyectado, formaría parte de hacer medibles tus objetivos y también, de obligarte a que controles de cerca tu progreso. Esto también te permitirá realizar ajustes cuando sea necesario, para seguir exigiéndote a ti y a tu equipo para cumplir los objetivos".

PREPÁRATE PARA EL PLAN B

A veces, a pesar de que te guías por tus objetivos, es probable que tu plan no funcione y debas contar con un plan alternativo. La trayectoria profesional de la emprendedora turca Melek Pulatkonak es un gran ejemplo de las idas y vueltas que puede tener una carrera. En el momento de la entrevista, Melek trabajaba para Microsoft. También es cofundadora de Turkish WIN, una plataforma para hacer contactos y compartir información destinado a mujeres con vínculos familiares, culturales y profesionales en Turquía. Su filosofía es la siguiente: "Siempre fija objetivos y metas, pero debes aceptar que hay muchas formas diferentes de alcanzarlas. Si el plan A no funciona, habrá otro plan mejor". Esa fue la experiencia de Melek.

Su objetivo académico era obtener un doctorado en estudios de género para poder implementar políticas económicas en Turquía y marcar una diferencia para las mujeres. Sin embargo, no pudo obtener la beca que necesitaba para realizar el doctorado. Debido a que ese era su plan A y aún no tenía un plan alternativo, no sabía qué hacer. Decidió dejar pasar el tiempo antes de volver a solicitar la beca. Con un poco de ayuda económica de sus padres, se mudó a Nueva York, donde vivió con una tía. Sabía que tenía que conseguir un trabajo o, de lo contrario, no podría seguir viviendo allí. Debido a que no tenía contactos, fue a la biblioteca pública y buscó en el diario *The New York Times* los avisos laborales relacionados con el sector de economía. Se postuló para todos los puestos de investigador asociado disponibles. Sin embargo, contra todas las predicciones, obtuvo una oferta para trabajar en la bolsa de comercio de Nueva York (NYSE).

Melek pensaba que trabajaría en la bolsa hasta que surgiera la oportunidad de la beca para el doctorado. Pero eso nunca sucedió. Luego de trabajar durante tres años en la bolsa, aprovechó su experiencia para conseguir un trabajo en Turquía como asesora del presidente de la bolsa de comercio de Turquía. La actitud de los hombres en la bolsa, su impresión de lo difícil que era para las mujeres trabajar en la bolsa de Nueva York, y su percepción de que las mujeres que estaban en el sector de finanzas tenían que lucir y actuar como hombres, la llevaron a la conclusión de que este tampoco era el plan ideal para ella.

Entonces, Melek decidió que lo que ayudaría a sus planes profesionales sería adquirir más capacidades, especialmente en el sector empresarial. Así que se postuló para realizar un programa de maestría en gestión empresarial en la Columbia Business School y la aceptaron. Luego de obtener el título, obtuvo un puesto en una empresa emergente en Nueva York, donde trabajó durante siete años.

Más tarde, ocurrió que, en una conferencia sobre innovaciones, estaba parada junto al gerente general de Microsoft en Turquía. Lo escuchó hablar en turco con otra persona y decidió sumarse a la conversación. El gerente quedó tan impresionado con Melek que, en ese mismo instante, le ofreció incorporarse al equipo de Microsoft en Turquía. Dotada de una excelente experiencia laboral y educativa, Melek regresó a Turquía una vez más, pero esta vez, con un nuevo plan.

FORMAS DE CREAR UN PLAN

Establecer objetivos únicamente no es suficiente. Tal como analizamos en el Capítulo 3, debes tener motivación, iniciativa y coraje para mantener tu rumbo y alcanzar el éxito. La probabilidad de que alcances tus objetivos aumenta si implementas cada uno de los siguientes pasos.

1. Determina la intención de alcanzar tus objetivos.
2. Decide el momento en el que alcanzarás tus objetivos.
3. Crea un plan para alcanzar tus objetivos. Es muy importante que determines el primer paso que tomarás y el momento (fecha, hora y lugar) en que ocurrirá.
4. Prométele a alguien (tu jefe, un colega, una amiga o mentor) que alcanzarás tus objetivos.
5. Y por último, y más importante, con el fin de aumentar drásticamente la probabilidad de alcanzar tus objetivos, establece citas específicas y rutinarias con quienes sientas que son responsables de tus objetivos. Elige a alguien que te motive, cuyas opiniones valores y que te aliente, pero que al mismo tiempo sea firme contigo en caso de que no respetes el plan. Para ejemplificar esta estrategia, basta con mirar a las personas que ejercitan

con un entrenador. Este último factor es la razón por la cual muchos líderes empresariales exitosos en todo el mundo tienen guías como yo, con quienes se reúnen regularmente.

He experimentado la efectividad de estos pasos desde tres perspectivas diferentes: en mis años con personal a cargo en Bank of America, en mi empresa de consultoría y ahora mismo, en The Way Women Work. En el banco, observé que, cuando establecía un plazo específico para revisar los objetivos profesionales de los empleados, aumentaban las probabilidades de que ellos alcanzaran sus aspiraciones profesionales. Como guía empresarial ejecutiva, descubrí que mis clientes cumplían sus objetivos cuando manteníamos reuniones regulares y revisábamos sus definiciones personales de éxito y sus objetivos. En mi empresa propia, The Way Women Work, me reúno con frecuencia y me siento responsable de Erin Risner, mi compañera de equipo y nuestra directora de Participación Comunitaria. Estas reuniones afectaron de manera positiva nuestros resultados.

Por último, no hay dudas de que si no hubiese tenido reuniones regulares con Ishita Gupta, mi guía para escribir, y luego con Stephanie Gunning, mi editora, nunca habría terminado el libro, ni sería lo que es hoy.

Esta es la manera en que Taisiya Kudashkina, cofundadora y gerente general de Tulp.ru, el sitio web líder en reseñas de empresas rusas, alcanza sus objetivos. "Escribo meticulosamente en una lista todo lo que deseo lograr y me hago promesas de realizar un paso por día para avanzar hacia mis sueños. Un solo paso por día. Leo la lista y avanzo un pequeño, diminuto y minúsculo pasito por día. Solo una llamadita. Una pequeña conversación. Una sola diapositiva más de una presentación. Con este enfoque, recaudé tres millones de dólares para mi propia empresa emergente y pude rodearme de las mejores personas, un equipo brillante. Estoy persiguiendo mi sueño. Hay muchos deseos que todavía no cumplí, pero definitivamente estoy disfrutando de este camino".

MANTÉN EL RUMBO: CONCÉNTRATE

Así como le sucede a la mayoría de las personas, es probable que tú tampoco alcances tus objetivos. Muchos te resultarán difíciles. Algunos, inalcanzables. Pero independientemente de la dificultad, es más posible que tengas éxito si te concentras en tus objetivos y planes. No te distraigas con tareas irrelevantes o fáciles ni te involucres en actividades que no ayudan a completar tus objetivos. Las distracciones pueden ser de cualquier tipo, desde reuniones sin sentido hasta eventos en los que te vinculas con las personas incorrectas, o trabajar en tareas que no son importantes. En mi experiencia como guía de ejecutivos, descubrí que las personas más exitosas se enfocan incesantemente en sus prioridades. No permiten que tareas irrelevantes ocupen sus días o les lleven demasiado tiempo. En cambio, se concentran en aquello que saben que los conducirá más directamente hacia el éxito.

Confía en que has desarrollado un buen plan. Luego ejecuta tu plan y reúne el coraje para implementar las acciones difíciles que sean necesarias para lograr lo que te hayas propuesto. Una vez más, recuerda la necesidad de tener coraje para avanzar a pesar del miedo.

Celeste North fundó NuFlick en 2011, en base a sus dos pasiones: la tecnología y el cine. NuFlick es un sitio web de películas a la carta y festivales de cine independiente dirigido al mercado latinoamericano. Durante una conversación, Celeste dijo: "Hay días en los que es muy difícil equilibrar las cosas, pero siento pasión por mi empresa emergente y me inspira ver a otras personas que crean sus propias empresas. En general, NuFlick ha sido un gran desafío y comenzarlo y mantenerlo ha requerido todo mi coraje".

Celeste continuó: "Como en cualquier empresa emergente, hay días buenos y malos. El desafío es nunca perder el enfoque y mantener un equilibrio entre el trabajo y el tiempo para ti misma. Debes recordar la razón por la cual eres la persona indicada para resolver el problema y centrar tu pasión en tu empresa. Cada día es un desafío".

Cuando nuestros objetivos son desafiantes, tenemos la tendencia de desviar nuestra atención hacia lo que es fácil y conocido, nuestra zona de confort: una situación en la que no sentimos miedo ni resistencia. No puedo decir cuántas veces he querido dejar de escribir este libro. Escribir ha sido difícil para mí y un gran desafío. Muchas veces pensé en volver a lo que sabía hacer: consultoría empresarial. Pero ustedes me ayudaron a no rendirme ante la tentación. Mi definición de éxito es afectar positivamente la vida profesional de las mujeres en las economías en expansión, por lo tanto, no podía dejar de escribir. Cuando sentía que estaba a punto de renunciar, simplemente me concentraba en la razón por la cual escribía, y eso me daba el impulso necesario para superar mis miedos y frustraciones. Cuando Adeshola me contó la razón por la cual se propuso ser exitosa, dijo: "La idea del fracaso es tan poco atractiva y tan costosa que simplemente te dices a ti misma que no existe otra alternativa que no sea el éxito".

De este mismo modo, las mujeres inquebrantables no cambian de opinión fácilmente. Perseveran a pesar de las dificultades. Se mantienen enfocadas en lo que se han propuesto lograr. A menudo les digo a mis clientes (y a mí misma) que el paso más difícil no es el primero, porque al principio del camino estás emocionada, llena de energía y lista para comenzar. Tampoco el último, porque ya puedes visualizar la línea de llegada y tu objetivo está en la mira. Los pasos más difíciles son los del medio. En la mitad del camino, solo tienes tu motivación y tu propósito.

Para mantener el rumbo, debes cumplir estos dos requisitos:

- Tener disciplina.
- Gestionar una agenda diaria.

Cuando Estefany habló sobre su capacidad para enfocarse, atribuyó su habilidad a sus épocas de bailarina. "Debo admitirlo, el ballet me dio disciplina". Luego de graduarse de la Escuela Nacional de Danzas de República Dominicana en 2009, Estefany a veces ayudaba a su padre en su empresa con 30 años de trayectoria. Inesperadamente, se enamoró de la empresa. Sin remordimientos, dejó el baile en 2010 para convertirse en gerente general de A.M. Frutas y Vegetales SRL. "La danza me enseñó que, si deseas algo, debes trabajar arduamente para alcanzarlo, porque no va a caerte como un regalo del cielo. Quienes me conocen saben que, cuando quiero algo, necesito tenerlo y trabajo sin descansos hasta obtenerlo. Se trata de estar inspirada por lo que haces y sentirte impulsada. Todos los días pienso que, si doy un paso más, aunque sea pequeño, entonces estoy logrando algo. Todos los días trabajo por eso. Y trabajo mucho, de verdad, para lograrlo. No siento miedo de obtener lo que deseo".

En Zimbabue, África, Divine Ndhlukula, fundadora de SECURICO, una empresa con más de 3400 empleados y un ingreso anual de 13 millones de dólares estadounidenses, descubrió que la clave para mantenerse enfocada es cómo organiza su agenda. Se asegura de que su agenda incluya, básicamente, las acciones más importantes, aquellas que la llevarán a alcanzar sus objetivos y su definición de éxito. Divine supo desde pequeña que quería tener su propia empresa. Esto es lo que opina con respecto a mantenerse enfocada: "Aprendí que el secreto del éxito se encuentra en la agenda diaria de cada uno. El consejo para todas las mujeres es 'Si deseas alcanzar cierto futuro, búscalo y créalo. Supera los miedos, porque el miedo es lo que esclaviza a la mayoría de las mujeres'. Hoy hay miles de oportunidades. Solo debemos arremangarnos, ponernos de pie y caminar rumbo a la puerta, porque nadie nos llevará a cuestas".[2]

Tomarse el tiempo para recuperarse es una de las claves para mantener la disciplina y gestionar tu agenda. Puede parecer ilógico, pero si deseas obtener mejores resultados, ser más productiva y tener más energía, debes tomarte algunos descansos y soñar despierta, incluso puedes dormir una siesta. El tiempo que pasas fuera del trabajo es tan importante como el tiempo que dedicas al trabajo. Los descansos regulares son rejuvenecedores y permiten resolver mejor los problemas, ser más creativa y lograr mejores resultados al regresar al trabajo.

MIDE TU SATISFACCIÓN PERSONAL

Cuando adoptamos un hábito y lo respetamos es porque queremos obtener una recompensa o cierto resultado. Si seguimos implementando acciones sin verificar si realmente estamos avanzando hacia el resultado deseado, entonces estaremos trabajando en vano. Además, es esencial detenernos y evaluar si todavía deseamos ese resultado que nos propusimos cuando comenzamos. La emprendedora rusa Taisiya una vez dijo: "Tengo el hábito de detenerme y asegurarme de que todo lo que estoy haciendo es lo que verdaderamente me hace feliz".

A medida que estableces objetivos y realizas acciones regulares y constantes para alcanzar lo que defines como éxito, te recomiendo que evalúes constantemente tus acciones para ver si generan los resultados que originalmente visualizabas. Muchas personas nunca se detienen a realizar esta evaluación. Siguen implementando acciones, incluso cuando estas no dan ningún resultado. De hecho, algunas personas confunden actividad con resultados. La razón para implementar tus acciones debería ser obtener un resultado, y no solo comprometerte con una actividad por la actividad misma.

Es probable que no alcances todos los objetivos que te propones, nadie lo hace. También es posible que ya no desees alcanzar los mismos objetivos que te habías propuesto en un principio. Debes estar preparada para esos momentos. Son inevitables. Cuanto te enfrentas al fracaso, recuerda que es algo inevitable. Piensa en cómo generar confianza en ti misma siendo realista sobre tus capacidades, y piensa en cómo lograrás que tus objetivos te ayuden a avanzar un poco más allá de lo lograste en el pasado. Maha Al-Ghunaim, fundadora de Global Investment House, una empresa financiera con base en Kuwait, una vez dijo: "Cuando subes la escalera debes equilibrar velocidad y seguridad".[3]

AHORA ES TU TURNO

El concepto hindú de *dharma* tiene un significado complejo, imposible de definir sin un contexto. Básicamente se refiere a la "manera correcta de vivir" de una persona que incluye sus acciones, sus responsabilidades y su vocación. A medida que definas y redefinas tu visión personal de éxito, crees un plan, establezcas y restablezcas objetivos, cumplas algunos de ellos y falles en otros, seguirás acercándote a la visión de lo que es correcto para ti.

PARA REFLEXIONAR: TUS OBJETIVOS

Teniendo en cuenta tu definición de éxito, responde las siguientes preguntas:

- ¿Sé cuánto me llevará alcanzar lo que deseo?
  Ejemplos: tiempo, dinero, contactos y otros recursos.

- ¿Estoy subestimando lo que debo hacer y cuánto me puede costar?

- ¿Estoy preparada para lograr los objetivos profesionales o empresariales que deseo? Si no lo estoy, ¿qué conocimientos o capacidades necesito?
  Ejemplos: capacidades financieras, de ventas o técnicas.

- ¿Qué recursos y conocimientos tengo que me darán una base para alcanzar el éxito?
  Ejemplos: una red de referencias solida. Logros anteriores en campos similares. Acceso a fondos.

- ¿Qué me ha ayudado verdaderamente a llegar hasta donde estoy hoy?
  Ejemplos: mi experiencia en cierto tema, mis contactos o mi reputación.

- ¿Cuánto dinero y qué tipo de apoyo necesitaré para alcanzar el estilo de vida que deseo?

Responder a estas preguntas te permitirá determinar y definir los objetivos que necesitas establecer para alcanzar tu definición de éxito.

ACCIONES
PARA ALCANZAR TUS OBJETIVOS

Trata de utilizar el siguiente enfoque para establecer tus objetivos. Imagina que despiertas una mañana y descubres que has logrado tu definición de éxito. Imagínate en esa situación. Visualiza cómo sería y cómo te sentirías. ¿Lo hiciste? ¡Genial! Ahora, desde esa perspectiva, mira hacia atrás y piensa en los pasos que tomaste para llegar hasta ese lugar increíble. Agrupa los pasos en acciones generales. Utiliza esto como base de tus objetivos y luego, implementa los siguientes pasos para lograr tus objetivos.

1. Establece tres o cuatro objetivos (no más) que puedas alcanzar en el plazo de varios meses (un año como máximo). Estos son los objetivos a corto plazo que, con el tiempo, serán parte de tu recompensa a largo plazo, la concreción de la visión de tu definición personal de éxito.

   - Asegúrate de que estos objetivos sean específicos y claros, e incluye la fecha en la cual ya quieres alcanzarlos.
   Ejemplos: para julio de 20XX, tendré tres nuevos clientes que representarán X cantidad de dinero en ingresos. En septiembre, asistiré a una sesión de capacitación para aprender X habilidad.
   - Al contrario de lo que te han enseñado anteriormente, debes proponerte objetivos que creas que puedes lograr, es decir que sean alcanzables.

2. Determina la intención de lograr tus objetivos. Y luego, sigue estos pasos:

   - Escribe tus objetivos en un papel.
   - Coloca el papel en un lugar visible, donde puedas verlo y enfocarte todos los días.

     Ejemplo: escríbelos en notas grandes y ubícalas en la pared, encima de tu escritorio.

   - Comparte tus objetivos con alguien en quien confíes y que te ayude a mantener tu compromiso con lo que te has propuesto.

3. Planifica la manera en que vas a lograr tus objetivos.

   - Divide cada objetivo en los pasos específicos que necesites implementar tú (u otras personas) para alcanzarlo.
   - Escribe el primer paso que necesites implementar para cada uno de los objetivos, y cuándo y dónde (fecha, hora y lugar) en donde quieras que suceda.
   - Programa momentos específicos en tu agenda para trabajar en dichos objetivos.

4. Controla tu progreso y los resultados.

   - Desarrolla un sistema y programa el control de tu progreso. Dedica tiempo a examinar si las acciones que realizas están generando los resultados que deseas, y si todavía deseas alcanzar tus objetivos originales.

Ejemplos: crea una planilla. Escribe las acciones que pretendes realizar en tu agenda. Deja un espacio entre ellas para escribir tus impresiones.

- Establece citas regulares con alguien que sientas que es responsable por ti para poder revisar los objetivos.

Recuerda que es esencial crear una agenda que sea eficaz para ti. Identifica cuáles son tus momentos más productivos y creativos del día. Define cuándo prefieres trabajar con otras personas y cuándo prefieres trabajar sola. A medida que creas una agenda específica con días y horarios para trabajar en ciertas prioridades, también establece citas específicas y anótalas. Respeta esas fechas y esos horarios como si fueran tan importantes como cualquier otra cita. No permitas que otras personas o tareas poco importantes te quiten el tiempo que te has destinado a cumplir tus objetivos.

RESUMEN

Elaborar un plan de tu carrera o empresa no significa que debes tener toda tu vida planificada. Se refiere a que debes tener un plan con metas y objetivos que te hagan avanzar de manera profesional. Comienza con el deseo de lograr algo específico. Empieza por definir tus aspiraciones, no importa si cambian cuando comienzas a seguirlas. La intención es crear un plan con acciones a corto plazo para cumplir antes de cierta fecha y hora. Planifica la manera en que vas a lograr cada paso. Busca maneras de mantener el rumbo, incluso comunicarle tus avances a alguien que será responsable de tu progreso. Mantén la confianza en tu plan. Reúne el coraje para trabajar en tu plan y para realizar las acciones más difíciles y necesarias que te permitan alcanzar lo que deseas.

Algunos objetivos son más difíciles de lograr que otros. Piensa en un plan B por si acaso el plan A no funciona. Comprende que no podrás alcanzar todos tus objetivos siempre que te lo propongas. Revisa tu plan regularmente. Si tu plan no te causa satisfacción personal, comienza este proceso nuevamente. Para eso, evalúa lo que es importante para ti y establece un nuevo plan sobre la marcha.

NOTES

— HÁBITO 4 —

Integrar

"Si el éxito es solo profesional, no es éxito. Para ser exitosa, debes alcanzar el éxito contigo misma, con tu familia y en tu vida, que incluye tu carrera profesional".

Nubia Correia

Ejecutiva brasileña de una gran empresa

L E PREGUNTÉ A HAIFA DIA AL-ATTIA, GERENTE general de Queen Rania Foundation en Jordania, por qué pensaba que muchas mujeres con educación en el Medio Oriente no forjaban una carrera. Entre las razones, que incluyen transporte público insuficiente, falta de programas preescolares públicos y presión familiar y social para que las mujeres se queden en sus casas, Haifa también cree que las mujeres suponen, de manera errónea, que la vida familiar es incompatible con sus carreras profesionales. Haifa dice que "aún cuando han visto a mujeres pilotos de aviones, gerentes generales, abogadas y banqueras, entre otros trabajos que tienen las mujeres en Jordania, ellas siguen pensando que no es posible conciliar estos dos aspectos de la vida".

La preparación y el enfoque son hábitos fundamentales para el éxito de las mujeres empresarias inquebrantables en las economías emergentes, pero si no saben cómo integrar su trabajo en la vida que desean, no podrán tener una carrera o una empresa propia.

NO ES EL LUGAR DE TRABAJO DE TUS PADRES

El trabajo de hoy es diferente del trabajo de hace dos décadas. Eres diferente de las mujeres de la generación de tu madre. Las oportunidades en las economías en expansión son diferentes de las de otros países del mundo. Puedes acceder a más recursos y tener más asistencia que las mujeres en el pasado. Vives en un lugar diferente y buscas el éxito profesional en un momento diferente. Entonces, si decides buscar el éxito profesional, es posible que la mentalidad sobre tu vida y tu trabajo también sean diferentes.

Examinemos algunas de estas diferencias. Comencemos por lo que sucede en el lugar de trabajo en la actualidad. Existen muchos trabajos que no necesitan la presencia diaria en una oficina o durante un horario específico. La tecnología hizo posible este cambio de modalidad. Incluso cuando no existen políticas formales, la mayoría de los empleadores brindan cierta flexibilidad para que los empleados de alto rendimiento cumplan con las demandas de la vida personal y el trabajo.

En la actualidad, hay más cantidad de mujeres insertas en el mundo laboral y más gerentes mujeres que nunca antes en la historia. Sin dudas, puedes aspirar a ser una más de ellas. En realidad, ya no es necesario trabajar para una empresa. Hay muchas mujeres en todo el mundo que trabajan de forma independiente o que tienen sus propias empresas.

Tú eres diferente. Tienes educación y confianza, atributos que, probablemente, las mujeres en el pasado no tenían. Por lo tanto, las oportunidades a las que puedes acceder tú son diferentes de las de las mujeres en el pasado. Probablemente vivas en un lugar donde hay demanda de mano de obra calificada y de personas con talentos como los tuyos. Todos los días se crean puestos nuevos de trabajo. Inclusive puede suceder que tú misma desees crear esos nuevos puestos. También es posible que vivas en un lugar donde cuentas con el apoyo de otras personas, capaces de alentarte para que alcances el tipo de vida que deseas. El hábito de la integración es la manera en que estructuras o adaptas tu entorno y tu vida para poder tener y hacer lo que deseas.

Tu trabajo no es el mismo que el de tu padre, por lo tanto, no tienes que trabajar de la misma manera. Puedes crear tu propio futuro, uno que se ajuste a tus deseos. Puedes renunciar a esas viejas ideas de que, para ganar en el trabajo, debes perder en la vida, o que para tener un hogar, educar bien a tus hijos y lograr la satisfacción personal, no puedes ser demasiado exitosa en el trabajo.

No es necesario definir nuestros comportamientos en el lugar de trabajo con los parámetros de nuestros padres. Ellos renunciaron a muchas cosas en el hogar para triunfar en el trabajo y proveer a sus familias. Tampoco es necesario definirse por el ejemplo de muchas madres que sintieron que no tenían más opción que sacrificar sus ambiciones laborales por sus hijos, sus hogares y sus maridos.

SEGUNDO TURNO

Me topé con una de estas diferencias cuando les pregunté a las mujeres inquebrantables sobre las tensiones entre sus prioridades en la vida y en el trabajo. La primera vez que una mujer redirigió mis preguntas hacia mí, me tomó desprevenida. Pero ese no sería un incidente aislado. Mantuve conversaciones similares con muchas otras mujeres.

Las conversaciones se desarrollaban de la siguiente manera. Luego de hacer varias preguntas seguidas sobre el equilibrio entre la vida personal y el trabajo, ellas decían cosas como la siguiente: "Pienso que es mucho más difícil equilibrar la vida personal y laboral para las mujeres occidentales o estadounidenses que para nosotras aquí".

"¿Por qué?", les preguntaba yo.

Y ellas respondían: "¿Qué tienes que hacer tú o las mujeres como tú los fines de semana o después del trabajo?".

Mi respuesta era: "Además de dedicarles tiempo a nuestros hijos, maridos o novios, familiares y amigos, y de hacer actividades recreativas, también hacemos las compras de la casa, cocinamos, limpiamos y realizamos otras muchas tareas".

"¡Exacto!", confirmaban las mujeres, y luego continuaban: "Las mujeres occidentales tienen un 'segundo turno' más agitado que el que tenemos nosotras".

Meisa Batayneh fue la primera mujer que compartió esta perspectiva conmigo y utilizó el término *segundo turno*. Meisa es la fundadora, única propietaria y arquitecta principal en Maisam Architects and Engineers en Amán, Jordania. En el momento en el que hablamos, tenía 50 empleados y una segunda sucursal de su empresa en Abu Dabi. Durante la entrevista, su esposo era el alcalde de Amán. Esto significaba que Meisa tenía muchas prioridades importantes en su vida: una familia, un negocio, hijos y muchas responsabilidades comunitarias como esposa de un líder político. Si bien yo estaba familiarizada con este concepto, le pregunté a qué se refería. Describió el *segundo turno* de la misma manera que yo: las tareas domésticas y la responsabilidad primaria de cuidado de los hijos o familiares mayores que las mujeres tienen antes o después del trabajo.

Muchas mujeres en las economías en expansión tienen segundos turnos más tranquilos que sus contrapartes en los países occidentales. En sus comunidades, y probablemente en la tuya también, la familia extendida juega un papel más activo y está más presente en la crianza de los hijos. Las personas viven en barrios cercanos a sus familiares e incluso, en algunos casos, viven en la misma casa. Para las familias de clase media o alta, contratar personal doméstico para que realice las tareas de la casa es algo común y asequible.

La doctora en economía Qian Liu, en China, realizó una comparación astuta entre las mujeres de los Estados Unidos, China y los países nórdicos. "Encontrar el equilibrio entre la familia y el trabajo es difícil en todas partes, pero en China, es más fácil para las mujeres profesionales porque cuentan con el apoyo de sus familias para el cuidado de los hijos. Puedes acudir a tus padres o abuelos para que cuiden a tus hijos y compartan parte de las tareas domésticas. Esto hace que el equilibrio entre la vida personal y laboral sea mucho más sencillo. Además, contratar a una niñera en Asia es mucho más barato que en los Estados Unidos o Europa. Los países nórdicos asisten a las familias con varios subsidios. Por ejemplo, en Suecia, los padres tienen 18 meses de licencia por paternidad y además, el gobierno ofrece un programa de cuidado de niños de excelente calidad. Si tenemos en cuenta las estadísticas, no se trata de si las mujeres pueden tenerlo todo o no. Se trata de que las mujeres y los hombres distribuyan sus recursos de manera más eficiente; que inviertan su tiempo, sus esfuerzos y sus recursos tanto en sus trabajos como en sus familias y en sus hijos".

El apoyo de la familia, los amigos y el personal doméstico reduce el nivel de presiones que sufren las mujeres en sus hogares. Si las mujeres eligen seguir una carrera profesional, este apoyo les permite dedicar más energía a alcanzar el éxito en sus trabajos. Muchas de estas mismas mujeres, que aceptan y valoran el apoyo que reciben de sus familias y del personal doméstico, desean que el resto de las mujeres en las economías en expansión aprovechen estas diversas formas de apoyo para poder tener una carrera profesional o desarrollar una empresa.

El apoyo en el segundo turno significa tener ventaja sobre las demás mujeres, especialmente sobre las mujeres occidentales. El apoyo en el segundo turno forma parte de la ecuación que les permite a las mujeres aspirar a mayores niveles de éxito en sus trabajos.

Una encuesta realizada por Grant Thornton en 2014 sobre empresas públicas y privadas, llevada a cabo en 45 países, tanto en países en desarrollo como en países desarrollados, concluyó que los Estados Unidos tenían el menor porcentaje de mujeres en puestos de gestión sénior. Por el contrario, en Europa del Este, el Sudeste Asiático y China, donde las mujeres tienen un segundo turno más tranquilo, el porcentaje de mujeres en puestos séniores es mucho mayor.[1] Rusia es el país con el porcentaje más alto de mujeres en puestos de gestión sénior (43 %). Entre los diez países que lideran esta lista, figuran las economías en expansión de Letonia, Tailandia y Filipinas.[2]

LA INTEGRACIÓN ENTRE LA VIDA PERSONAL Y LABORAL EN TUS PROPIOS TÉRMINOS

Entre los seis hábitos que deben implementar las mujeres inquebrantables en las economías en expansión para alcanzar el éxito, la integración de la vida personal y laboral resulta ser el más difícil de lograr. Para muchas mujeres, la definición de éxito incluye una calidad de vida caracterizada, generalmente, por el *equilibrio entre la vida personal y laboral*. Sin embargo, muchas veces, independientemente de cuánto lo planifiques y de las rutinas que implementes, toda la estructura se desploma. ¡Estoy segura de que has tenido algunos días así!

Las preguntas frecuentes acerca de si la mujer puede "tenerlo todo" o no, y las conversaciones sobre los sacrificios que deben realizar las mujeres profesionales para lograr una vida familiar plena ya han pasado de moda. Se suele decir que las mujeres tienen un techo en sus carreras profesionales, un límite que no pueden superar por cuestiones de género. Sin embargo, esta metáfora resulta ser obsoleta en la actualidad, ya que no se aplica a las posibilidades que tienen las mujeres de hoy.

Hay miles de millones de personas en el mundo y cada uno de nosotros tiene su propia definición de lo que es una vida integrada ideal. Por lo tanto, el camino a seguir para lograr una vida integrada es personal. Lo que funciona para una mujer puede funcionar o no para ti, para mí o para otra mujer. El hábito de la integración es la manera en que las mujeres estructuran y adaptan sus entornos y sus vidas para escoger lo que desean.

La clave de la integración eficaz entre la vida y el trabajo es la capacidad de cada mujer de organizar su vida y su carrera en función de sus propios valores y su definición de éxito, en vez de basar sus elecciones y actividades en los deseos de los demás. La integración entre la vida personal y laboral no consiste en implementar valores ajenos, sino en implementar los valores propios de cada mujer.

Independientemente de cuáles sean sus prioridades, las mujeres inquebrantables en las economías emergentes comparten la perspectiva de que la integración entre la vida personal y laboral se puede lograr. Ellas saben que es posible alcanzar el éxito profesional además de sus otras prioridades en la vida, y lo demuestran con su ejemplo. Además, aprovechan las modificaciones que se han producido en los lugares de trabajo modernos para integrar sus profesiones en sus vidas. Las mujeres inquebrantables no se rigen por el pasado, por la tradición o por la idea de lo que las mujeres pueden o deben hacer. Ellas diseñan sus propios estilos de vida, en los que combinan el trabajo con la vida personal y el tiempo en el hogar con el tiempo en la oficina.

INTEGRA EL
TRABAJO
A TU VIDA

CAPÍTULO 7

PERSONALIZAR

"No hay ninguna receta ni pócima secreta para saber cómo equilibrar la vida personal y el trabajo. Solo se trata de vivir".

Gordana Frgačić

Autora croata y gerente de Recursos Humanos

DURANTE UNA REUNIÓN EN BUENOS AIRES, Argentina, en noviembre de 2013, vi uno de los ejemplos más asombrosos de integración entre vida personal y laboral, y el rol cambiante de la mujer en el trabajo. Me reuní con 12 mujeres emprendedoras en NXTP Labs, la aceleradora de empresas que cofundó Marta Cruz. Una aceleradora de empresas es un programa que brinda consejos, guías, apoyo y financiamiento para ayudar a los emprendedores a desarrollar sus propias ideas empresariales. A medida que les hacía preguntas a estas mujeres, muchas de las cuales no se conocían entre ellas, descubrí que nueve compartían el negocio con sus maridos. En estos nueve casos, las parejas habían fundado juntos la empresa o el marido se había sumado al esfuerzo de su esposa luego de que ella comenzara el negocio. En ninguno de estos casos la mujer se unió al negocio para ayudar a su marido.

Mientras estas mujeres emprendedoras hablaban conmigo sobre sus planes empresariales y el clima laboral en la Argentina, también comentaron que compartir el negocio con sus maridos contribuyó enormemente a que ellos entendieran sus demandas laborales. Compartir las responsabilidades laborales también llevó a que estas parejas compartieran las responsabilidades hogareñas.

Algunas mujeres inquebrantables escogen priorizar a sus familias. Otras, se priorizan a ellas mismas y su satisfacción personal. Otras, priorizan el trabajo. Finalmente, otras mujeres se enfocan en el trabajo y en la familia al mismo tiempo. Cualquiera de estas opciones es maravillosa siempre y cuando genere satisfacción personal. Las mujeres con las que hablé representan la amplia gama de mujeres profesionales integradas en el mundo laboral. Muchas de ellas eran madres. Otras no. Muchas estaban casadas. Otras, divorciadas o viudas. Muchas tenían maridos que las apoyaban. Algunas cargaban solas, sobre sus propios hombros, la decisión de trabajar. Muchas ya habían descubierto la manera de cuidar a sus hijos mientras trabajaban. Algunas me confesaron, muy conmovidas, que practicaron abortos porque no sabían cómo alcanzar el nivel de éxito que deseaban si tenían más hijos. Algunas mujeres habían logrado el equilibrio entre la vida laboral y la vida personal hasta que algún factor, como las demandas del hogar, los horarios extremos, las necesidades de viajar o el estrés, las llevó a tomar la decisión de abandonar el trabajo. Cada mujer tuvo que tomar decisiones personales sobre su trabajo y su vida personal para poder conseguir su propia definición de éxito.

LAS PRESIONES DE LA MATERNIDAD

Los desafíos entre la vida personal y laboral persisten entre las mujeres en las economías en expansión y en todas partes del mundo. Sandra Portugal, una ejecutiva de TI de Brasil, describió la decisión de pasar más tiempo con su familia como el riesgo más grande que ha afrontado en su carrera. Ella dijo: "La decisión más riesgosa que he tomado en mi profesión fue renunciar al puesto más alto de una empresa para poder equilibrar mi carrera con las necesidades de mi familia. Tomé la decisión correcta para mí, a pesar de que mis competidores no la consideraron muy sabia".

En cuanto a decisiones se refiere, la periodista china Zhen Wang, quien esperaba a su primer hijo pocos días después de nuestra entrevista, opinó sobre tomar una decisión que muchas otras mujeres antes de ella ya habían tomado, y es aquella que consiste en "moderar sus ambiciones profesionales". Sin embargo, continuó: "No voy a ser el tipo de mujer que se queda en el hogar, porque eso es aburrido. Estoy pidiendo consejos a muchas mujeres. En general, el periodismo es el trabajo ideal para muchas mujeres en China, especialmente para madres jóvenes. Esto se debe a que no tenemos horarios de trabajo fijos. No tenemos que ir a la oficina todos los días".

Algunas mujeres consideran que es imposible tener éxito en el trabajo y en el hogar, y toman la decisión de abandonar el trabajo. Esa es la difícil decisión que Xiomara (Xiomy) Ricardo tuvo que tomar. Xiomy es de México, pero estaba viviendo en San Pablo, Brasil cuando hablamos. Tuvo una carrera profesional gratificante como gerente de una empresa multinacional. "Las personas piensan que es un lujo no tener que trabajar, pero yo nunca lo sentí de esa manera". Después del reciente nacimiento de su hijo, Xiomy se tomó siete meses de licencia por maternidad (lo que, en general, se considera un periodo muy largo). Le pidió a su empresa que extendieran aún más la licencia, pero no aceptaron. Ahora tiene tres niños en casa y está evaluando la posibilidad de volver al trabajo.

Xiomy compartió conmovida que el trabajo había definido una parte muy importante de su personalidad y que no concebía la idea de no trabajar. Aún no estaba segura de lo que iba a hacer. "En Brasil, no hay muchos trabajos de medio tiempo ni empresas que ofrezcan horarios flexibles", afirmó. Durante su licencia, Xiomy ha descubierto que tiene un gran talento para decorar pasteles y varias madres le han pedido pasteles temáticos para los cumpleaños de sus hijos. Mientras me mostraba una fotografía de uno de sus pasteles absolutamente únicos, con forma de hamburguesa, se preguntaba en voz alta si acaso podría abrir una pastelería.

Algunas madres crían a sus hijos solas y, al mismo tiempo, construyen una carrera profesional. En Río de Janeiro, Brasil, Núbia Correia, directora ejecutiva de EY, compartió de manera muy emotiva su experiencia: "Cuando nacieron mis hijos, estaba casada. Todos mis hijos tienen el mismo padre, pero nos divorciamos cuando ellos eran muy pequeños. El divorcio no fue fácil y mi relación con mi ex marido tampoco era buena. Incluso hasta el día de hoy, no podemos entablar una amistad ni mantener una conversación armónica. Esto significó que estuve sola durante la infancia y la adolescencia de mis hijos, en momentos cruciales relacionados con la educación, los valores, las necesidades y demás. Todo el tiempo estuve sola para cuidar de ellos y para asumir riesgos personales, llena de interrogantes ante cada decisión parental e intentando responder a todas las necesidades que se presentaban. Tuve que asumir diferentes roles: a veces era la madre que brindaba consuelo o ayudaba con la tarea, otras veces era el padre que establecía las reglas e imponía disciplina.

"Tenía que trabajar y responder a todas las necesidades de mis hijos (alimentación, vestimenta, vivienda, educación, etc.). Pero mientras tanto, era una mujer con necesidades propias y tenía que equilibrar mis necesidades con las de mis hijos. A partir de 1997, conté con la ayuda de una niñera. Ella les brindó un apoyo muy importante a mis hijos durante los periodos difíciles. Estoy muy orgullosa de esos momentos en los que continué estudiando, trabajando, buscando mi lugar en el mundo y avanzando en mi carrera profesional, al mismo tiempo que era madre y educaba a mis hijos con los mejores valores que podía".

Ella continuó con orgullo: "Cuando estaba con mis hijos, estaba completamente con ellos, y estoy segura de que esa fue una influencia muy importante con respecto a una forma de vida ética. Son seres humanos increíbles: honestos, responsables y aplicados.

Si miro hacia atrás, estoy segura de que hay cosas que podría cambiar, mejores maneras de lograr los mismos resultados, pero hice lo mejor que pude con los recursos que tenía en ese momento. Mis hijos son lo mejor que puedo ofrecerle a este mundo".

OTRAS MADRES NO SIENTEN PRESIÓN

Entrevisté a muchas mujeres jóvenes, especialmente a aquellas entre los veinte y los treinta años, que tenían diferentes perspectivas con respecto a los desafíos entre la vida personal y laboral. De hecho, no sentían demasiada presión para equilibrar la vida laborar y los demás aspectos de sus vidas. Estas mujeres son muy pragmáticas y demostraron poca angustia con respecto a incorporar el trabajo en sus vidas. Se sentían satisfechas con los acuerdos que habían logrado con sus maridos, socios, cuidadores de niños y lugares de trabajo. Paula Arregui, por ejemplo, es vicepresidente de Producto de MercadoPago en Argentina. Ella trabajó en esta empresa de rápido crecimiento desde sus comienzos y se sentía tan a gusto con su trabajo que respondía correos electrónicos desde su teléfono celular mientras daba a luz en el hospital. Paula estaba calmada y tranquila cuando nos reunimos en un bar de moda a tomar unos aperitivos al final de su jornada laboral. "Amo a mis hijos, pero ir a trabajar ¡también es un placer!", aseguró. Una vez que su bebé se dormía en sus brazos, se comunicaba con la oficina a través de conferencias telefónicas. Nunca dijo que se sintiera presionada por su trabajo, sino que eso era lo que ella quería hacer. "Es 100 % mi decisión.

Siempre estoy pensando: '¿Qué más puedo hacer?', o '¿Cómo puedo mejorar mi situación profesional?'".

En 2012, se produjo un cambio en la carrera de Mwamvita Makamba y debió mudarse de Tanzania, el país donde nació, fue a la escuela y trabajó, a Johannesburgo, Sudáfrica. Lejos de la comodidad de su familia, según sus propias palabras, se convirtió "oficialmente en una mamá soltera trabajadora", para su hija de 6 años, Malaika. Su puesto como socia de rendimientos empresariales en Asuntos Corporativos en Vodacom International Business y administradora en Vodafone Foundation le exige viajar y alojarse en hoteles en diferentes países de África, al menos, una vez por semana. Ha logrado cumplir con esta agenda e integrarla en su vida.

Crystal Yi Wang comentó acerca de un tipo de desafío diferente que enfrentan algunas madres en China. "Soy madre primeriza de una beba de solo cuatro meses. Por suerte, todavía tengo licencia por maternidad. Ser madre trabajadora en China no es fácil. Mi jefe es canadiense y me dijo que él pensaba que ser madre en China sería más fácil que en los países occidentales porque puedo obtener ayuda de mis padres o contratar a una niñera. Mi respuesta fue que esto puede ser cierto, pero que, a veces, tener tanta ayuda arruina tu vida. Debido a la política de hijo único en China, y especialmente en Shanghái, hay dos pares de abuelos y un solo nieto. Así que, por lo general, hay seis o siete personas (los padres, dos pares de abuelos y, a veces, una niñera) que estarán pendientes del niño para cuidarlo. ¿Es realmente necesario? Mi respuesta es NO. Muchas de mis amigas están totalmente agotadas por tantas discusiones con sus padres para resolver todo tipo de cuestiones relacionadas con la crianza de sus hijos.

"Mi consejo para las mujeres es el siguiente: no es necesario que hagan lo que hacen otras personas. Mi esposo y yo decidimos hacer las cosas diferentes. Contratamos a una niñera, y eso es todo lo que necesitamos. Los abuelos pueden visitar a mi hija una vez a la semana. Y por suerte, resultó ser la decisión correcta para nosotros. Mi hija no es una niña consentida. Es muy feliz e independiente. Duerme tranquila toda la noche desde que tiene dos meses. Me sorprende que, durante mi licencia por maternidad, tenga tanto tiempo libre. Tener un hijo completó mi vida, pero no ocupa mi vida completa".

Gordana Frgačić es croata, autora, gerente de Recursos Humanos, defensora de la igualdad de género y mamá de tres hijos y dijo: "Cuando quiero impresionar a las personas, uso dos estrategias. La primera, es decir que, cuando era niña, comía sangre de pollo cocida, una especialidad de nuestra región en Croacia. La segunda, es que soy una madre trabajadora, que ocupo un puesto alto en una empresa y que tengo dos hijos adolescentes y un niño de seis años".

Cuando dice esto, las personas le preguntan: *"¿Cómo lo haces?"*. Según Gordana, algunas personas la admiran, algunas no pueden disimular la envidia, algunas la miran con una expresión de "pobres niños, pobre esposo", y otras personas sienten pena por ella o incluso, piensan que es una mala persona. Gordana explicó: "Pero, por supuesto, ninguna de estas personas sabe nada de mí, solo ven lo que quieren ver o lo que creen que ven. Me consideran mejor o peor que ellos cuando, en verdad, hay momentos en los que realmente soy mejor que ellos y luego, momentos en los que soy realmente peor que ellos".

"Cuando me preguntan cómo lo hago, me siento obligada a responder de manera ingeniosa y reveladora para que las mujeres trabajadoras de todo el mundo puedan lograr lo que desean. Pero, la mayoría de las veces, me siento inútil porque mis respuestas no son lo que ellas esperan. No hay ninguna receta ni pócima secreta para saber cómo lo hago. Solo se trata de vivir".

Conozco muchas mujeres que priorizan el trabajo por encima de la familia y disfrutan de trabajar largas horas. También recuerdo, al menos, tres ocasiones en las cuales los gerentes de dichas mujeres las alentaron a que regresaran a sus casas más temprano. Las tres mujeres son madres. Sus gerentes no podían entender por qué estas mujeres elegían trabajar hasta tan tarde la mayoría de los días. En dos de estos casos, las empresas donde ellas trabajaban me contrataron para ver si yo podía (entre otras cosas) convencerlas de que trabajaran menos horas. Pero, al investigar la situación, descubrí que estas mujeres ya habían personalizado sus agendas en función de ellas mismas, sus hijos y sus maridos. A pesar de que las horas de trabajo parecían excesivas a los ojos de otras personas, sus horarios estaban bien para ellas. Ellas, sus maridos y sus hijos estaban felices con los horarios que tenían. Ninguna de ellas era una madre ausente. Ninguno de los maridos tenía que ocupar el rol de "amo de casa".

LAS MUJERES SOLTERAS TAMBIÉN TIENEN EXIGENCIAS

Aunque la integración entre la vida personal y laboral se suele analizar más entre madres trabajadoras, está claro que el desafío de equilibrar el trabajo con la recreación, no se aplica únicamente a ellas. Toda mujer tiene intereses personales, actividades y obligaciones importantes fuera de su carrera. Las mujeres solteras y las casadas sin hijos se sienten (con toda la razón) discriminadas cuando los asuntos sobre la integración entre la vida personal y laboral se limitan a describir solo la dificultad de lidiar con las responsabilidades laborales y el cuidado de los hijos. Muchas mujeres tienen la responsabilidad de cuidar de sus padres o familiares mayores, tienen maridos, amigos u otras relaciones con quienes quieren compartir su tiempo. Las mujeres también tienen cientos de intereses y prioridades como hacer ejercicios, cuidar de sus mascotas y viajar.

LAS MUJERES EMPRENDEDORAS CREAN SUS PROPIOS AMBIENTES

Algunas mujeres inquebrantables, cuando sienten que el ambiente de trabajo de una gran empresa no les permite alcanzar un equilibrio entre la vida personal y laboral, deciden crear sus propios ambientes de trabajo para lograrlo. En todo el mundo, muchas mujeres comienzan sus propias empresas, algunas de ellas motivadas por el deseo de tener una vida más integrada y flexible que la que ofrecen las grandes empresas. Las indias Parul Mittal y Ritu Uberoy trabajaron en el departamento de TI de grandes empresas durante más de una década. Estaban preparadas para algo nuevo y diferente, y querían más flexibilidad en sus vidas. En agosto de 2011, lanzaron RivoKids.com, una plataforma en línea para padres e hijos. Parul dijo: "En general, realizo la mayor parte de mi trabajo entre las 8.30 a.m. y las 3.30 p.m., cuando mis hijos están en la escuela. Poder trabajar desde la comodidad de mi hogar me permitió ser dedicada y estar más motivada. Me autoimpongo fechas límite y hago mi mayor esfuerzo para cumplirlas. Por las tardes, suelo estar con mi familia, ayudando a mis hijos con la tarea, llevándolos a clases extracurriculares o jugando a juegos de mesa, solo con algunas interrupciones intermitentes de algunos correos electrónicos y llamadas relacionadas con el trabajo. Por lo general, me gusta tener los fines de semana libres, con algunas excepciones ocasionales debido a una fecha límite".

Ritu y Parul alientan a las mujeres a que crean que son tan capaces, o más, que los hombres de tener un puesto en una gran empresa o de tener una empresa independiente propia. "La clave es no renunciar a tus sueños. Con frecuencia, la cultura en donde las mujeres están inmersas espera que sacrifiquen sus sueños para cuidar a los miembros más jóvenes y más ancianos de la familia. Nuestro consejo para todas las mujeres es que tomen descansos cuando los necesiten. Si es necesario, abandonen el trabajo durante unos meses. Pero vuelvan a la marcha cuanto antes. Lo merecen y lo necesitan, y a la larga, será mejor para sus familias".

Sam Shiraishi tiene 40 años y es madre de tres hijos, es emprendedora y una reconocida escritora de un blog de San Pablo, Brasil. Ella aportó otro enfoque a esta investigación. Sam trajo a su hermosa bebé de seis meses, Manuela, a nuestra entrevista, tal como lo hace cada día de trabajo, independientemente de si debe ir a una reunión o si estará en su oficina.

Cuando Manuela nació, Sam no quería dejar de trabajar, pero tampoco quería que otra persona cuidara de su hija. Entonces tomó una decisión un poco radical, que consistía en incluir a Manuela en todas sus actividades. Tomó una decisión diferente con respecto a sus otros dos hijos, de once y trece años. Cuando nacieron los varones, Sam se tomó un año de licencia y luego volvió al trabajo. Esta vez quería algo diferente. Tener un blog consolidado y popular en Brasil sobre la maternidad y otros temas relacionados con la familia, le dio más coraje para tomar esta decisión, ya que era coherente con su enfoque y con su marca. Mientras me contaba su experiencia, orgullosa y animada, Sam comía su almuerzo, sostenía a Manuela cómodamente entre sus brazos y la amamantaba. "Al principio, tenía miedo de lo que otras personas pensaran cuando me vieran con Manuela por todas partes", aseguró. "Ahora veo que las mujeres se sienten inspiradas por lo que yo hice. Ha sido muy especial y sorprendente. Es difícil físicamente, pero emocionalmente me brinda mucha paz. Puedo respirar con tranquilidad".

El estilo de integración entre la vida personal y laboral de Sam influyó en la cultura de su empresa. Ella se beneficia con esta gran flexibilidad que tiene con sus propios hijos, por lo que brinda una flexibilidad similar a sus empleados. Su empresa de medios, Otagai Mídias Sociais, permite a los empleados que tienen hijos o a las personas con alguna discapacidad física trabajar desde sus casas. Incluso Sam trabaja media jornada una vez a la semana. Ella dice: "Soy consciente del cambio que estoy marcando con este modelo laboral. Y, a pesar de que no todos están contentos con este modelo, hay muchas personas que confían en mí y que quieren trabajar conmigo. Un gran desafío para las mujeres en Brasil es que tienen que elegir entre la familia o el trabajo. Quería crear una nueva cultura, un nuevo hábito".

Sam asegura que, si bien al principio muchas personas se sorprenden cuando ella llega a una reunión con Manuela, después de unos instantes, se acercan para alzar a su hija y jugar con ella, y un poco más tarde, a nadie parece molestarle.

Otra mujer emprendedora muy exitosa es la argentina María Luisa Fulgueira. Ella habló sobre cómo se esfuerza por ser un modelo a seguir para otras mujeres jóvenes: "Cuando actúo como mentora de algunas mujeres, las invito a mi casa a cenar para mostrarles que pueden tener una familia y ser exitosas. Este es un gran problema para las jóvenes de hoy, porque piensan que no pueden tener ambas cosas. ¡Pero yo sí pude! Soy emprendedora y madre soltera de tres hijos. Quiero seguir trabajando y tener éxito en mi trabajo y en mi vida. Para ser una buena madre, debes tener una estructura donde apoyarte y saber delegar tareas".

UNA MENTALIDAD PARA LA INTEGRACIÓN

Lo que las mujeres me dicen, lo que tú me dirías y lo que yo aprendí a partir de mis propias experiencias es que, a pesar de numerosos obstáculos, las mujeres inquebrantables descubren todos los días la fórmula para integrar la vida personal y la vida laboral.

Las mujeres que tienen la mentalidad para la integración presentan estas características:

Consideran que el trabajo y la vida son complementarios, no opuestos. Integran, en vez de equilibrar, el trabajo en sus vidas personales. Ven la vida de manera multidimensional, no como una balanza en donde hay dos exigencias en pugna que constantemente tienen que equilibrarse o, de lo contrario, si una pesa más que la otra, triunfa un lado por encima del otro. No ven la vida como una tironeo constante, sino como una combinación. Tienen una mentalidad que incluye y suma, no que excluye y resta.

Personalizan sus vidas. No aceptan un enfoque que se personalice a todas las mujeres por igual, ni intentan imitar las vidas de los demás. No se dejan influenciar por el tipo de vida que la sociedad considera que deben llevar. Por el contrario, crean un estilo de vida que es el ideal para ellas, sus familias y sus trabajos. Construyen sus vidas desde una confluencia de aspectos en donde alcanzan su propia definición del éxito. Pueden articular sus propias versiones de la flexibilidad tanto en el trabajo como en el hogar.

Dora Szwarc Hamaoui es la directora de Novos Negocios de Fibra Experts en San Pablo, Brasil. Descubrió que, para ella, una de las mejores maneras de integrar a su familia en su trabajo era fijar un día todas las semanas para almorzar con sus hijos. Todos los miércoles, reserva varias horas de su agenda y nunca acepta una reunión que pueda interferir.

Al mediodía, sale de la oficina y se reúne con sus hijos en la escuela primaria. Es un momento que todos valoran mucho y esperan con ansias y, además es un espacio que necesitan. "¡Es el mejor momento de la semana!", comenta. También considera importante contarles a sus hijos sobre lo que está haciendo en su trabajo. Según Dora, el mismo día en que tuve la entrevista con ella, antes de irse a la escuela, su hijo la alentó y le dijo: "¡Suerte en tu entrevista, mamá!".

Dora debe viajar regularmente por su trabajo, pero si coincide con los almuerzos de los miércoles, pide que le reprogramen el viaje, ¿y adivina qué sucede? Las reuniones y los viajes se reprograman fácilmente. No explica la razón por la cual no puede asistir ese día, a menos que se lo pidan específicamente. En cambio, dice: "A esa hora, tengo una reunión importante que no puedo postergar". Al principio, le fue difícil decir esto, pero a partir de allí encontró personas que comprendían y se adaptaban a la situación.

Mientras Dora me contaba su solución, era emocionante ver el orgullo con el que explicaba su forma de integración entre la vida personal y laboral. Sus hijos están orgullosos de ella y de su importante trabajo, y ser capaz de poder priorizarlos en medio de la semana le resulta motivador.

No agonizan para tomar decisiones entre el trabajo o la vida personal. Saben darle la justa importancia a cada una de las decisiones que toman en el trabajo o en sus hogares. Si no pueden compartir algo con sus hijos, no piensan en que les dejarán una herida imborrable. Si no pueden participar de algún evento laboral, no se angustian pensando en que será una mancha negra en su historial o un obstáculo en el progreso profesional.

Buscan ayuda que les permita integrar sus vidas. Las mujeres inquebrantables no piensan que son la Mujer Maravilla. Valoran el apoyo de otras personas y lo necesitan para poder crear el estilo de vida que funcione para ellas. Reúnen a un equipo de apoyo completo en sus hogares que puede incluir a sus maridos, familiares, amigos y personal doméstico, si es que pueden acceder a este servicio. Delegan el trabajo o comparten las responsabilidades con sus compañeros de equipo. No intentan hacer todo ellas mismas.

No buscan la perfección. Como afirmó alguna vez la ilustradora mexicana Aleksa Delsol: "Completo es mejor que perfecto". El objetivo de alcanzar la perfección es una plaga que afecta a las mujeres de todo el mundo. Uno de los mensajes clave que las jóvenes escuchan constantemente es "sé una buena chica" y "haz las cosas bien". Para poder integrar nuestras vidas con éxito, debemos cambiar nuestro objetivo y dejar de buscar la perfección en el hogar y en el trabajo, y en cambio, determinar qué necesitamos para completar las tareas. Es posible que incluso nos preguntemos si realmente es necesario completar ciertas tareas. Debemos descubrir cuáles son las cosas en las que debemos destacarnos y hacer a la perfección, y cuáles son las que no valen la pena.

No sienten culpa. Las mujeres inquebrantables minimizan los sentimientos de culpa que experimentan cuando ciertos aspectos de sus vidas se inmiscuyen en los demás. Si necesitan hacer algo personal durante el "horario de trabajo", buscan la manera de hacerlo. Si necesitan hacer tareas laborales durante las "horas personales", buscan la manera de hacerlo. No sienten culpa por no estar en casa cuando están en el trabajo, ni tampoco por no estar en el trabajo cuando están en sus casas. Saben que dedican más horas al trabajo que cualquier otra persona en el pasado, pero también saben que pasan más tiempo en sus hogares, con sus familias, que ninguna otra persona en la historia.

En la entrevista en Doha, Reham Thawabi, una gerente ejecutiva del Commercial Bank of Qatar, compartió conmigo parte de una conversación que mantuvo con su jefe sobre la agenda que había establecido para ella misma y para su familia. Reham le dijo a su jefe con total seguridad y sin culpas: "Esto es lo yo ofrezco: todos los días de 7.15 a.m. a 5.00 p.m., estoy 100% a disposición de la empresa. Todas las noches de 7.00 p. m. a 9.00 p.m., dedico toda mi atención a mis hijos. Y de 9.00 p.m. hasta la hora de dormir, reservo mi tiempo para mí y para mi marido. En un día normal, esa es mi rutina y es la forma en que logro integrar el trabajo en mi vida. Si surge alguna necesidad especial en cualquiera de estas áreas de mi vida, seré flexible, pero espero que mi empleador y mi familia sean flexibles también".

Saben que la integración es un proceso. Las mujeres que buscan tener una vida integrada saben que el viento no siempre sopla a favor. Las prácticas que implementan ellas, sus familias y el entorno laboral, algunas veces funcionan, o funcionan durante un plazo, y otras veces nunca funcionan. Una mujer es inquebrantable cuando se propone encontrar nuevas formas de alcanzar la vida que desea porque sabe que tanto ella como su vida lo valen.

INTEGRAR NO ES HACER MALABARES

Durante nuestra entrevista en Río de Janeiro, Brasil, Vania Neves, directora de TI en una empresa multinacional, recordó la analogía que dijo Brian G. Dyson, entonces presidente y gerente general de Coca-Cola Enterprises, en un discurso de graduación en 1996. "Imaginen que la vida es un juego en el que haces malabares con cinco pelotas. Estas pelotas son el trabajo, la familia, la salud, los amigos y el espíritu, y mantienes a todas ellas en el aire. Pronto entenderás que la pelota del trabajo es de goma. Si la dejas caer, rebota. Pero las otras cuatro pelotas, familia, salud, amigos y espíritu, son de vidrio. Si dejas caer alguna de estas, se rajan, se quiebran, se rompen y se hacen añicos. Y nunca volverá a ser lo mismo".[1]

Esta metáfora es fuerte, significativa y ha ayudado a Vania y a muchas otras personas a colocar el trabajo en el lugar correcto dentro de sus vidas. Sin embargo, esta comparación retoma el concepto de que hacemos malabares, es decir, que tenemos que mantener muchas pelotas en el aire, que nuestros errores son incorregibles y que debemos ser habilidosas para no dejar caer ninguna pelota.

Pero en realidad, las cosas no suceden de esa manera.

Las mujeres que gestionan sus diferentes prioridades con mayor eficiencia no las consideran como exigencias opuestas. No consideran las decisiones del trabajo o de la vida de manera excluyente. En cambio, piensan en lo que quieren para sus vidas, y esto incluye el trabajo. Piensan en formas de integrar el trabajo a sus vidas de manera más armónica, piensan en cómo combinar los diferentes aspectos de sus vidas, pero sin reemplazar unos por otros. Piensan en qué es importante para ellas y buscan la manera de combinar todos esos aspectos de sus vidas, lo que también incluye una carrera profesional. Esto puede parecer tan solo una forma diferente de acomodar las palabras, una distinción semántica. Pero no lo es. Es un cambio fundamental en la mentalidad y en la conducta, una manera diferente de pensar la vida en la que se incluye el trabajo.

Cuando combinas o integras los diferentes aspectos de tu vida, piensas y actúas de manera diferente. Adoptar el hábito de la integración te libera de la preocupación que genera la posibilidad de que se "caiga una pelota". La vida no es hacer malabares. No es necesario maniobrar rápidamente para mantener todas las pelotas en el aire el tiempo suficiente como para volver a lanzarlas nuevamente hacia arriba antes de que caiga la próxima. No debes preocuparte todo el tiempo con la idea de que, si cometes un error fatal, se caerán las "pelotas de vidrio". Tampoco puedes pensar que se caerá la "pelota de goma del trabajo" y darás una mala imagen, como si no supieras lo que estás haciendo.

La directora de Marketing Michelle Wang de China compartió su perspectiva. "El equilibrio entre ser una profesional exitosa y una buena madre y esposa ha sido una lucha continua para muchas mujeres. La mayoría de los hombres en China aún considera que lo natural para una mujer es asumir un rol más fuerte en el cuidado de la familia, por lo tanto, las mujeres casadas tienen menos posibilidades de alcanzar puestos más ambiciosos en el trabajo. No pienso que la idea de que las mujeres asuman la mayoría de las responsabilidades por sus familias sea incorrecta. De hecho, creo que esa idea se fundamenta en razones biológicas y sociológicas muy sólidas. Pero sí pienso que, en el mundo actual, las mujeres deberían tener la oportunidad de tomar sus propias decisiones y que se las respeten. Además, las empresas deberían desarrollar programas más flexibles para que las mujeres casadas no se vean obligadas a abandonar un rol para poder asumir el otro. Después de todo, perder un buen talento femenino es una lástima en el mundo empresarial actual".

Para llevar una vida que integre el trabajo, es necesario tomar decisiones muy personales. Si tomas la decisión consciente de que tu vida debe incluir una carrera que te genere satisfacción personal, sin que este aspecto defina completamente tu vida, entonces encontrarás la forma de hacer un lugar para cada aspecto que consideres importante.

Gordana Frgačić expresa su opinión: "Lo que te sucede a ti es normal, y les sucede a todas las mujeres del mundo, sin importar que sean gerentes generales, cajeras, vendedoras o amas de casa. Ninguna de nosotras tiene una fórmula única que explique cómo hacer malabares y combinar nuestras vidas privada y laboral. Es muy personal y depende de múltiples factores que a veces puedes cambiar y a veces no. Solo adoptas la mejor manera posible para hacer que tu vida valga la pena".

Luego continuó: "No te dejes engañar por las tapas de las revistas ni pienses que tu vida no vale nada. No permitas que tus amigos y vecinos te hagan sentir menos que ellos con historias sobre sus vidas perfectas. Si eres feliz con lo que tienes, eso es lo único que importa. La próxima vez que escuches a alguien decir que las mujeres pueden tenerlo todo o que no pueden tener nada, recuerda que solo están hablando por ellos mismos, desde sus propias vidas, posibilidades y oportunidades. Tienes todo el derecho del mundo a estar enojada. Tienes derecho a estar triste, callada o conversadora. Tienes derecho a usar tacones altos, bajos, a estar cansada, a divertirte, a quedarte en la cama, a ser buena o mala cocinera, a ser delgada o usar talla grande. Tienes derecho a postergar un proyecto, a decirle que no a tu jefe, a exigir un salario más alto, o a estar satisfecha con un puesto no gerencial. Tienes derecho a tener uno, dos, tres o más hijos, o a no tenerlos. Tienes derecho a casarte o a ser soltera, a limpiar tu casa todo el día si lo deseas o a convivir pacíficamente con la suciedad. Tienes derecho a ganar más o menos dinero que tu pareja. Tienes derecho a no asumir enteramente la culpa por el mal sexo que tienes con tu pareja. Tienes derecho a decirle a tu pareja: 'Levanta tu trasero y ayúdame porque necesito tu ayuda ahora y no cuando tú estés listo'. Y también tienes derecho a llamar a cualquiera de estas cosas tu 'todo'. Así que, el mejor consejo que puedo darte es que decidas tú misma lo que significa tenerlo todo para ti. ¿Qué es lo que hace que te sientas feliz y satisfecha con tu vida?".

COLÓCATE EN EL CENTRO DE TU VIDA

El hábito de la integración se desarrolla con la convicción de que hay tiempo suficiente para todos los aspectos de tu vida que más te importan, que cada uno de estos aspectos tiene un espacio dentro de tu alma, de tu mente y de tu agenda. Para integrar la vida personal y laboral es necesario que dejes de pensar cuál sería el estado perfecto de equilibrio en tu vida. Es necesario que identifiques claramente lo que es importante para ti y que te coloques en el centro de tu vida. Esta es la manera en que he visto que las mujeres inquebrantables integran la vida personal y laboral con éxito. No son satélites ni lunas en las periferias del sistema solar, sino que son el sol que está en el centro.

Meisa Batayneh, la primera mujer que habló en mi investigación sobre el segundo turno, hizo un dibujo para explicar su propio proceso para tomar decisiones sobre la vida personal y laboral. En su ilustración, atribuyó diferentes niveles de prioridades e intensidad a los aspectos de su vida.

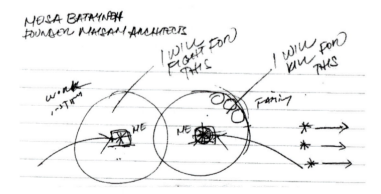

Meisa habló sobre cómo piensa que su vida no gira en torno a su hogar ni a su trabajo ni a ella misma. Piensa en los objetivos y las metas que quiere lograr en su trabajo y en su familia. Explica que, en el trabajo, se aferra con fuerza a lo que desea y necesita, y lucha para lograrlo. En el hogar, se aferra aún con más fuerza.

Al otro lado del mundo, mantuve una conversación similar con Flavia De Hora, la directora gerente de Accenture en Brasil y la mujer con el puesto más alto de esa empresa en el país. Hablé con Flavia en una de las amplias y espaciosas salas de reuniones de Accenture, rodeada de enormes ventanales de vidrio, con una vista maravillosa de Río de Janeiro. En la sala se oía el murmullo de otros varios grupos de consultores que mantenían sus propias reuniones. Flavia tenía un aspecto tranquilo. Hablaba con un tono suave, pausado pero demostraba poder, audacia y autoridad.

Cuando le pregunté cuáles habían sido las claves de su éxito, compartió una idea que consideraba un poco controvertida: "En mi caso, la respuesta fue ser un poco egoísta. Las mujeres se preocupan demasiado por lo que los demás puedan pensar, decir o necesitar. Creo que lo más importante para mí es entender qué es lo que me hace feliz, lo me hace sentir bien y lo que me gusta hacer todos los días".

¡No te quedes con la idea equivocada! No pienses que Flavia es egoísta, porque debo decirte que es una de las personas más amables y afectuosa que puedes conocer. Es una madre muy dedicada y una esposa muy devota. En el trabajo, primero satisface a los clientes y después, actúa como mentora y capacita a otras mujeres.

Entonces, ¿por qué Flavia se define como "un poco egoísta" en todos estos roles? Igual que Meisa, su punto de partida es ella misma, lo que la hace sentir bien y lo que disfruta hacer. A partir del análisis de lo que más disfrutaba, Flavia descubrió cuál era el tipo de cliente al que podía brindarle el mejor valor. También descubrió que liderar las iniciativas femeninas en Accenture, lo que incluye formación y mentoría, le da energía. En casa, su marido acompaña a sus hijos a la escuela y ella comienza el día de la mejor manera: corriendo a la orilla del mar. Si vivieras en Río, ¡tú también querrías comenzar tu día así!

El día de la entrevista, era el cumpleaños de Flavia. Dijo que quería celebrar con su marido y sus amigos, pero que, seguramente, sus hijos también querrían acompañarla, por lo que le pidió a su madre que llevara a los niños al restaurante donde estaría cenando para que compartieran un momento, y que luego los llevara de vuelta a su casa. ¡Planeaba festejar toda la noche!

Gordana resumió la importancia de colocarse en el centro de su vida de esta manera: "No dejes que nadie te diga que puedes tenerlo todo o no. ¿Cómo podrían saber lo que significa 'todo' para ti? Y, en todo caso, ¿por qué nos torturamos con esta pregunta? ¿Alguna vez has visto un artículo dirigido a los hombres que hable de esas patrañas de 'tenerlo todo o no tener nada'? Nuestro mayor problema es que, desde la cuna, todos nos dicen lo que es bueno para nosotras y lo que debemos hacer o no. Nos enseñan, principalmente, cómo complacer a los hombres y a todos los que están en nuestro alrededor. Nos enseñan cómo ser buenas esposas para los hombres, a quienes, rara vez, les enseñan cómo ser buenos maridos. Cuando te decidas a ser el sol y no el satélite, tu vida comenzará a estar más equilibrada, y te hará más feliz a ti y a las personas que te rodean".

DESEQUILIBRIO ENTRE VIDA LABORAL Y PERSONAL

Cuando no puedes equilibrar tu vida laboral y personal, es posible que experimentes algunas de estas consecuencias:

- *Insatisfacción.* Enfocarse solo en el trabajo (aunque te apasione) puede, en algún momento, llevarte a un extremo peligroso en el que te sientes deprimida si no estás trabajando.
- *Fatiga.* Privarse de los descansos, los recreos, el ejercicio físico, el sueño o el ocio no te dará energía y afectará negativamente tus objetivos profesionales. Te sentirás exhausta.
- *Tiempo perdido con familiares y amigos.* No les prometas a tu marido o a tus hijos que pasarás más tiempo con ellos después de lograr ciertos objetivos profesionales. Siempre estarás ocupada y siempre habrá nuevos objetivos.

> • *Productividad y rendimiento pobres.* El trabajo sufre cuando lo miras desde una perspectiva limitada; y nunca lo equilibras con actividades recreativas. No obstante, si logras dar un paso al costado, al menos ocasionalmente, podrás refrescar la mente y tu actitud. Existen estudios que demuestran que si combinas, de manera adecuada, tu vida personal con otras actividades, disfrutas de una carrera más feliz y exitosa.

MANERAS DE PERSONALIZAR TU VIDA

Nos cuesta mucho alcanzar una vida integrada, pero a veces lo logramos. Sin embargo, también debes estar preparada para los momentos (horas, días, semanas, meses e, incluso, años, aunque esperemos que no) en que las cosas no funcionan como deseas. Es posible que no puedas emprender la tarea que necesitas para acelerar tu éxito profesional. Probablemente, debas perderte un momento importante en la vida de tu hijo. El tiempo que pases con tu pareja o que dediques a ti misma puede ser limitado. Pero es fundamental que no veas estas situaciones como fracasos. Antes de que te des cuenta, algo va a cambiar y, una vez más, tendrás la tranquilidad que necesitas. Cualesquiera sean las elecciones que hagas, no te compares con nadie más, no supongas que la vida de los demás es más sencilla que la tuya y no critiques las decisiones ni elecciones de otras personas.

Una manera de pensar en cómo integrar la vida y el trabajo es similar al modo en que un músico de jazz toca su música. Los músicos de jazz improvisan en torno a una progresión de acordes predeterminada. Un músico de jazz interpreta una melodía de manera individual, basándose en sus antecedentes musicales, su herencia o educación y sus experiencias personales. La manera como se integran y reorganizan las notas pueden cambiar radicalmente la forma como suena una canción. Lo mismo ocurre al integrar el trabajo en tu vida. El cuidado de los hijos, el trabajo y las tareas del hogar son como los acordes. La manera en que elegimos improvisar en torno a ellos se basará en nuestra herencia, experiencias, valores y en cómo queremos que sea nuestra vida. Todos intentamos hacer lo mejor que podemos. A continuación, encontrarás algunas recomendaciones para tener en cuenta mientras improvises.

Comienza por tus objetivos de vida. Vuelve al ejercicio que hiciste en el Capítulo 6. Observa si los objetivos actuales para tu trabajo y para tu vida entran en competencia. Está bien si lo hacen, pero sé lo suficientemente realista como para saber qué debes hacer para que ambos tipos de objetivos se cumplan. Asegúrate de que la integración sea el cimiento de todos tus objetivos para que no sientas que logras un objetivo en detrimento de otro.

Crea una agenda que funcione para ti. Si trabajas mejor con divisiones claras, determina límites precisos para tus prioridades laborales y personales. Si necesitas más flexibilidad, no establezcas una línea rígida entre el horario laboral y el no laboral, o entre las horas en el trabajo y en el hogar. Conoce y define de manera específica qué es la flexibilidad para ti. Para algunas mujeres, el trabajo puede realizarse durante horas no laborales y la flexibilidad para otras prioridades de la vida puede lograrse en el trabajo.

Todos los días, decide cómo deseas enfocar cada parte de tu jornada. Considera tus intereses, tu familia, tu trabajo y tu comunidad. Crea tu propia agenda y prográmala de esta misma manera. Ten como prioridad hacerte tiempo para ti misma.

Acepta que las interrupciones forman una parte inevitable de la vida y del trabajo. Procura que estas no te frustren. Tómate el tiempo necesario para abordar los problemas y volver a la actividad que estabas realizando.

Di que no a lo que no se adapte a tus prioridades y objetivos. Esto presupone que conozcas cuáles son tus objetivos y prioridades. Consulta tus notas en el ejercicio del Capítulo 6. Si bien las interrupciones de cada aspecto de tu vida son inevitables, la única manera de alcanzar tus objetivos personales y laborales es evitar que las cosas sin importancia invadan tu tiempo. Uno de mis consejos favoritos sobre este tema es "No es una oración completa".

Haz una lista de lo que dejarás de hacer. Muy relacionado con la última acción, haz una lista de las cosas que dejarás de hacer a fin de hacerte tiempo para las cosas que necesitas hacer.

Cuando no funcione, haz algo distinto. Espero que hayas notado que dije cuando, no si no funciona. Recuerda: tu objetivo es ser inquebrantable, hallar soluciones. Tú deseas, y mereces, lo que deseas. Eres ingeniosa, tienes ideas y puedes preguntarles a otras mujeres sobre lo que ellas hacen. Puedes idear otro enfoque.

Cuando se ha dicho y hecho todo, y has hecho lo que podías para diseñar una vida integrada, pero tu entorno laboral aún no se adapta a tus otras prioridades en la vida, todavía tienes una opción: puedes abandonar lo que haces y buscar otra opción que se ajuste mejor a tus intereses y habilidades. Puedes buscar otro trabajo o generar uno. Estás preparada, enfocada, eres culta e inquebrantable. ¡Estás lista para una vida integrada!

A medida que realices las elecciones correctas para ti y tu familia, debes tener en cuenta algunas pocas cosas. Si no trabajas porque has tomado la decisión de estar en el hogar con tus hijos o porque no puedes encontrar trabajo, aún puedes usar el tiempo para profundizar tus capacidades de manera que esto te ayude si decides volver a trabajar y para cuando encuentres trabajo en el futuro. Para desarrollar tus capacidades, considera la opción de realizar actividades voluntarias, participar en eventos para hacer contactos, asistir a conferencias y programas de capacitación.

Si no trabajas porque crees que tu marido u otra persona puede "hacerse cargo de ti", debes considerar la posibilidad de que tu marido puede fallecer antes que tú, o quizá no estés casada toda la vida con tu actual pareja, o bien que esa "otra persona" no siempre pueda ser tu sostén. Siempre es buena idea mitigar los riesgos como estos actualizando tus habilidades, y manteniendo tus redes sociales y personales activas. Hazlo por si decides o necesitas ser tu propio sostén.

NO EXISTEN LAS OPORTUNIDADES DESAPROVECHADAS

Voy a finalizar este capítulo mencionando a la mujer con la cual lo empecé, Haifa Dia Al-Attia, directora ejecutiva de Queen Rania Foundation en Jordania. Ella expresa lo siguiente: "En determinados momentos de su profesión, las mujeres temen decir que no a las oportunidades. No debes preocuparte por perder una oportunidad. A veces hay que tomar decisiones que nos permitan estar en paz con una misma. Creo fervientemente en ello". Para Haifa, la integración de la vida con el trabajo ha significado colocar a su marido y a sus hijos en un primer lugar de su vida mientras que, constantemente, persigue sus objetivos profesionales. Si bien hubo momentos a lo largo de su carrera en que fue juzgada por cómo su vida personal y el compromiso con su familia influenciaron sus decisiones profesionales, ella siempre fue fiel a sus prioridades, incluso a medida que continuaba desarrollando su experiencia y conocimientos. Ella creía que sus logros serían reconocidos.

Propio de una persona que lidera una reforma educativa y cree que la educación es la clave de la prosperidad a largo plazo, la carrera de Haifa se basa en la educación. Se inició en un puesto de enseñanza en el Ministerio de Educación, trabajó en la Oficina del Príncipe Heredero y luego ayudó a fundar la escuela Amman Baccalaureate School, donde trabajó durante 23 años en el cuerpo directivo. Abogó por el acceso igualitario a los programas de bachillerato internacional en todo el mundo.

En 2006, Haifa se unió a las Aga Khan Academies como asesora y ayudó a fundar 18 escuelas en 14 países en desarrollo.

Mientras lograba resultados y se agregaba valor a lo largo de su camino en cada una de las funciones que desempeñaba, Haifa realizó muchas elecciones. En 2008, sufrió una lesión que tardó 18 meses en sanar y debió disminuir el ritmo. Había momentos en que pasaba mucho tiempo cuidando a su madre y otros en los que se concentraba, principalmente, en sus hijos y su marido. Sobre estas elecciones, expresó que eran su responsabilidad y debía aceptarlas de la misma manera en que aceptaba sus responsabilidades laborales. Al mismo tiempo, continuó eligiendo cuidadosamente tareas desafiantes que desarrollaran sus conocimientos y habilidades.

Por último, Haifa dice estar "exactamente donde quiero estar. Todo el trabajo dio frutos. Me respeto a mí misma y las decisiones que he tomado. Siento que no puse nada en riesgo". En 2012, le pidieron a una mujer de entre los contactos de Haifa que recomendara a alguien para el puesto de director ejecutivo de Queen Rania Foundation. Ella propuso el nombre de Haifa. Luego, su currículum y logros previos hicieron el resto. A los 59 años, Haifa no se sorprendió de haber sido elegida para el puesto. Aún así, se siente privilegiada porque sabe que se lo ganó mientras que vivió su vida a su manera, totalmente flexible.

AHORA ES TU TURNO

En vez de pensar sobre si "puedes tenerlo todo", piensa en cómo diseñar tu vida de modo que tengas lo que es importante para ti. Considera las necesidades personales propias y las familiares, así como tus valores, las aspiraciones en tu carrera y tus objetivos. Piensa también en el apoyo que necesitas y deseas recibir, en especial, el apoyo emocional y el dinero que se requiere para tener la vida que imaginas. Teniendo en cuenta todo lo que requiere crear una vida integrada, ¿en qué podrían parecerse tus deseos y necesidades a los de los demás? Tus objetivos de vida son particularmente tuyos.

PARA REFLEXIONAR:
¿CÓMO SE VERÍA TU VIDA PERSONALIZADA?

Comienza imaginando cómo se vería tu vida integrada y cómo te gustaría que cada pieza de tu vida (tú, tu familia, el trabajo, los amigos y otros intereses) se combinara con las demás. Si no puedes imaginarte cómo se integran, será imposible que alguien lo haga (ya sea tu marido, jefe, familia u otras personas). Busca tu propia combinación "correcta" entre la cantidad de tiempo que necesitas para el trabajo y el hogar, entre el trabajo y las necesidades de la familia, entre el trabajo y el esparcimiento, y entre tus propias necesidades y deseos, y aquellos de los demás.

Tu visión debería responder a las siguientes preguntas.

1. ¿Cómo quieres que se vea tu vida integrada?
   Ejemplos: piensa en los compromisos que deseas asumir con tu familia o comunidad; sobre las horas y los momentos en que deseas comprometerte con tu trabajo; piensa en una persona cuya vida integrada respetas. ¿Cómo lo hace? Piensa en cómo deseas que sean los días reales en tu vida integrada.

2. Luego, hazte estas preguntas:
   - ¿Cuánto deseo trabajar?
   - ¿Qué tan arduamente estoy dispuesta a trabajar?
   - ¿Cuánto tiempo deseo tener fuera del trabajo?
   - ¿Cómo deseo pasar el tiempo fuera del trabajo?
   - ¿Qué nivel de estrés estoy dispuesta a soportar en el trabajo y en el resto de mi vida?
   - ¿Cuánta responsabilidad deseo tener en el trabajo?
   - ¿Cuánta responsabilidad deseo tener en el hogar?

3. ¿Qué medidas utilizarás para reconocer si has logrado una vida integrada y cuándo lo has logrado?

Ejemplos: puedes llegar a tu hogar desde el trabajo para participar en alguna de las actividades de tus hijos. Tienes tiempo de estar a solas con tu marido. Llevas una agenda para ti y las actividades que te importan. Te enfocas en tu trabajo o empresa el tiempo suficiente para generar resultados excelentes.

Estos indicadores deben estar relacionados directamente con tu definición de éxito.

ACCIONES
MANERAS DE PERSONALIZAR TU VIDA

En la primera parte de este libro, hablé sobre el modo en que los problemas desafiantes a menudo se resuelven mejor implementando una serie de acciones reiteradas. Este consejo se aplica aquí. Podrías elegir ver el desafío de combinar el trabajo con tu vida como algo intrincado; después de todo, puede decirse que este es un problema milenario, un problema que ha acosado a todas las mujeres que alguna vez trabajaron fuera de su hogar. O podrías hacer lo que hacen millones de mujeres en todo el mundo todos los días, y hacer de la integración vida-trabajo un hábito compuesto de muchos pasos pequeños. Todos estos pasitos hilvanados son los que componen el rico tejido de tu vida.

Piensa en tu vida integrada en forma de cuatro cuadrantes principales:

Tu	**Familia**
Trabajo	**Comunidad**

Una vida integrada no se trata de pasar igual cantidad de tiempo en cada uno de los cuadrantes, o que uno de los cuadrantes sea más importante que otro. En cambio, se trata de prestar atención a las partes de cada uno de los cuadrantes que más te importan. En numerosos momentos de la vida, tomarás decisiones sobre cuánto tiempo deseas o quieres pasar en cada cuadrante. Debes estar predispuesta a cambiar la cantidad de tiempo que pasas en cada área a medida que vayas avanzando hacia tus objetivos.

Estos son algunos pasos que puedes tomar.

1. Delinea una agenda que adapte tus prioridades en la vida y en el trabajo.
   A modo de ejemplo, recuerda las agendas de Recall Reham Thawabi o Dora Szwarc Hamaoui del inicio de este capítulo.

2. En el hogar, habla sobre lo que deseas alcanzar profesionalmente. Comparte con tu familia por qué deseas trabajar, por qué es importante trabajar para ti y tus ideas sobre el apoyo a tu agenda, y demás. Asegúrate de establecer las funciones que te gustaría que asumieran los miembros de tu familia. Enmarca la conversación en un debate abierto, no como una exigencia, y permanece abierta a las ideas, alternativas y sugerencias que hacen tus seres queridos.

Ejemplo: Vania Neves, quien primero me comentó sobre la analogía entre las pelotas de vidrio y las pelotas de goma, involucra a los miembros de su familia en las decisiones laborales que van a tener un impacto en el tiempo que pasa con ellos. Habla mucho con su marido e hijo sobre las oportunidades que desea y lo que le va a costar conseguirlas. De esta manera, ella obtiene respaldo y comentarios sobre lo que está haciendo, mientras que ellos entienden mejor el porqué de su tiempo fuera del hogar. A pesar de que ya es una ejecutiva, Vania se prepara constantemente para tener éxito y se enfoca en él. En su carácter de estudiante eterna, decidió conseguir un título de maestría. Se aseguró de que su marido formara parte de esta decisión y que le diera pleno respaldo para volver a estudiar. Una de las maneras en que él la respalda es llevándola a la universidad para tomar las clases y yendo a buscarla, para que puedan disfrutar de ese momento juntos.

3. Conversa en el trabajo acerca de tus objetivos profesionales en el contexto de las prioridades de tu vida. Programa un momento específico para reunirte con tu gerente y tu equipo (si corresponde). Comienza por establecer claramente lo importante que es el trabajo para ti y tu compromiso con la empresa y tu profesión. Explica que, a fin de hacer lo mejor posible en el trabajo, también necesitas poder gestionar tus otras prioridades en la vida. Pide lo que necesitas de manera simple y directa. Si pides flexibilidad o cambios en los horarios de trabajo, asegúrate de haber considerado detalladamente cómo vas a manejar tu trabajo. Tu mensaje se recibirá mejor si has considerado los detalles con el tiempo suficiente. Recuerda, no debes pedir disculpas. Dale tiempo a tu gerente para que analice tus necesidades y te responda ofreciendo su acuerdo u otras alternativas.

4. No pidas ayuda. En cambio, pídeles a las personas que hagan lo que deben hacer.

   Cuando las mujeres les piden a sus maridos, hijos o colegas y personal del trabajo que las ayuden a realizar algo, mantienen la idea de que dicha tarea constituye su responsabilidad y que las otras personas, simplemente, las "ayudan" momentáneamente. Si, en vez de eso, le pedimos amablemente a la persona que realice la tarea, entonces esta se convierte en responsabilidad del otro.

Por ejemplo, en lugar de decir: "¿Me ayudarías a doblar la ropa lavada?", di: "Hay que doblar la ropa lavada. Hazlo, por favor". En vez de decir: "¿Me ayudarías a realizar este informe o a hacer esta presentación?", di: "El cliente necesita este informe, realízalo, por favor".

5. No te disculpes por el trabajo en tu hogar y no te disculpes por las necesidades personales o del hogar en el trabajo.

En tu vida personal junto a tu familia, pareja y, en especial, tus hijos y amigos, no te disculpes por necesitar trabajar. En cambio, siéntete entusiasmada y orgullosa de tus actividades profesionales. Cuando estés en el trabajo, no te disculpes por tu vida personal; siéntete entusiasmada por tu familia y los intereses de tus momentos de ocio. Aprende a sentirte cómoda con tu derecho a tomar las decisiones personales y profesionales que mejor se adapten a ti. Cuando lo que estás haciendo te emociona, otros se emocionarán contigo y comprenderán por qué estás en el otro lugar o por qué haces eso que te da satisfacción. Si hablas del trabajo como una tarea pesada y te disculpas todo el tiempo, aquellos que te rodean lo percibirán y quizá intenten hacerte sentir culpable. Si te disculpas por tus necesidades y las de tu familia, entonces tus compañeros de trabajo no estarán condicionados a entender y respetar tus prioridades. Muchas de nosotras estamos condicionadas a disculparnos por cualquier cosa que afecte a otras personas. Detener este hábito puede sentirse extraño, incómodo e, incluso, peligroso hacia nuestras relaciones. Sin embargo, las personas que te rodean comenzarán a ver que tu personalidad no ha cambiado ni se han alterado tus valores, sino que, simplemente, te has vuelto más segura en la manera en que te mueves en tu trabajo y en tu vida. Mantén los hábitos cordiales y respetuosos que son el centro de tus valores y verás cómo la necesidad de disculparse va desapareciendo.

Si bien no disculparse puede parecer una táctica menor a simple vista, en realidad, es mucho más importante porque se relaciona con tu actitud y la forma en que te comunicas. Es una acción muy tangible que puedes usar para comenzar a cambiar la conversación acerca de tus prioridades. También comenzarás a ver un cambio en el modo en que tu familia, los que te rodean y tu empleador piensan de ti con respecto a tu trabajo y a tu vida personal. Y lo mejor de todo es que no disculparse funciona de verdad.

COMUNÍCATE SIN DISCULPARTE

NO DIGAS . . .	MEJOR DI . . .
En el hogar: "Siento tanto no poder estar en casa para la cena de esta noche. Tengo una reunión".	"Tengo una reunión importante esta noche que (explica su importancia y de qué modo te es útil en el trabajo). Cuando llegue a casa, será grandioso que hablemos sobre nuestro día".
En el hogar: "Perdona, mamá no puede llevarte a la escuela/buscarte en la escuela mañana".	"¿Adivina qué debo hacer mañana? Voy a ir a X. ¿Qué cosas divertidas vas a hacer en la escuela mañana? Vas a ir a la escuela con Y. Va a ser divertido contarnos lo que hicimos durante el día cuando nos veamos más tarde".
En el trabajo: "Lo siento pero tengo que buscar a mi hijo (o ir al médico, salir con mi marido, etc.)".	"Ahora debo ir a X. Voy a trabajar en esto más tarde esta noche/mañana. Lo vamos a terminar".

Mira lo lejos que has llegado. Te has estado preparando para tener éxito y te has concentrado en lo que es importante para ti. Ahora has imaginado y planificado la vida integrada que deseas. El paso siguiente es descifrar cómo vas a acelerar el éxito que has definido.

RESUMEN

Para desarrollar una actitud integrada, deja de mirar la vida y el trabajo como si fuera cuestión de elegir uno u otro, ¡combínalos! Define qué significa para ti una vida integrada exitosa y ten en mente que será diferente de la mayoría de los estilos de vida de otras mujeres. Analiza tu vida y tus prioridades. Utiliza el hábito del enfoque para definir tu éxito. Luego determina de qué modo las personas que te rodean pueden ayudarte a crear la vida que deseas e influir en los recursos que necesitas. Finalmente, planifica agendas específicas y detalladas para que tu vida y tu trabajo se combinen bien.

Elegir construir una vida integrada puede exigir ajustes en muchas cosas del hogar o el trabajo, pero será una de las mejores decisiones que puedas tomar por tu felicidad y tu definición personal de éxito.

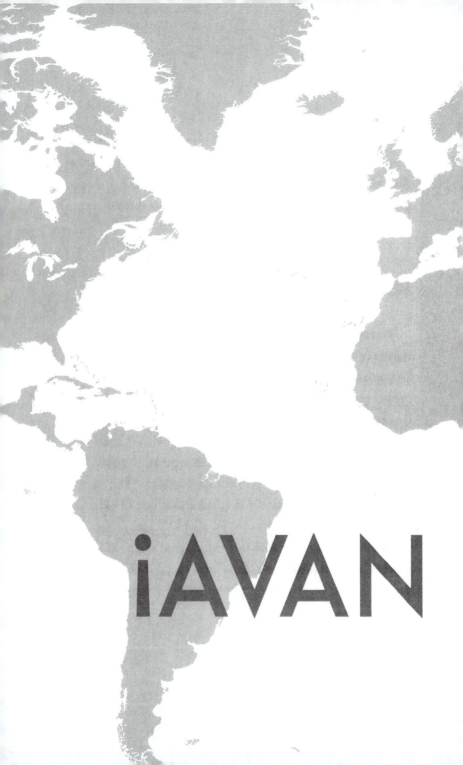

— HÁBITO 5 —

Acelerar

"Lo que te trajo hasta aquí no te llevará hasta allí".
Marshall Goldsmith
Guía ejecutiva y de liderazgo

A LO LARGO DE MIS MÁS DE VEINTE AÑOS GUIANDO a mujeres en sus profesiones, me encontré muchísimas veces con situaciones como la siguiente. Mi cliente, una mujer altamente calificada, había trabajado para sus empleadores durante más de diez años. Debido a su buen rendimiento, había desempeñado diversas funciones. Luego se estancó. Tenía ambiciones que iban más allá de su función actual y su empresa también había visto en ella un gran potencial a futuro. No obstante, sin importar lo mucho que trabajó, la oportunidad siguiente a la que ella aspiraba nunca llegó.

Cuando comencé a ser su guía, observaba sus interacciones en el lugar de trabajo, realizaba preguntas y llegué a conocer todo lo que pude acerca de la manera como trabajaba. Determiné que el estancamiento en la carrera de mi cliente no se debía al área de la empresa en la que trabajaba lo cual, a veces, es un problema para las mujeres si están trabajando en las secciones menos valoradas de sus organizaciones. Tampoco se debía a la falta de resultados o a las malas habilidades interpersonales. En cambio, su progreso se veía inhibido a causa de otras conductas que ella manifestaba. Para mí, lo siguiente resultaba evidente:

- Si bien era una pensadora estratégica (una habilidad muy importante y valorada para alcanzar una posición de liderazgo ejecutivo), mi cliente rara vez compartía sus perspectivas en cuanto a estrategias.

- Por lo general, lo que compartía con sus compañeros de equipo era lo mucho que trabajaba, hasta cuán tarde trabajaba, cuánto trabajaba y lo cansada que estaba. Por momentos, parecía exhausta. Sin embargo, olvidaba compartir que se deleitaba y motivaba con el trabajo arduo.

- Su alto nivel de inteligencia le permitía resolver los problemas difíciles que encontraba en su área de especialización mejor que cualquier otra persona que trabajara para ella. Como resultado de esto, casi nunca delegaba.

- Mi cliente trabajaba tan arduamente que no se hacía tiempo para establecer contactos dentro ni fuera de la empresa. A raíz de esto, no muchas personas la conocían.

En los inicios de su carrera, a mi cliente le habían aconsejado tener bajo perfil, hacer bien el trabajo y generar resultados. Estas conductas habían funcionado hasta este momento. Pero, ¿por qué ya no le funcionaban? La respuesta, acuñada y ampliamente divulgada por el reconocido guía ejecutivo Marshall Goldsmith, fue la siguiente: "Lo que te trajo hasta aquí no te llevará hasta allí".[1] Mi cliente necesitaba un enfoque diferente a fin de avanzar más en su carrera. Una vez que comprendió esto, comenzó a poner en práctica nuevas estrategias.

Su problema, que parecía intrincado y sistemático, finalmente se resolvió, implementando, en forma reiterada, algunas acciones clave de las que he hablado a lo largo del libro. Lo que ella hizo fue lo siguiente:

- Aprendió a compartir su perspectiva estratégica en cada reunión. Anteriormente, se había sentido incómoda con el estilo de comunicación dominado por los hombres, en que ellos hablaban todos a la vez, interrumpiéndose con frecuencia, de modo que ella debía levantar la mano, como una escolar, para hablar. Dejó de hacer eso y aprendió cómo intervenir en las conversaciones.

- Manifestó sus perspectivas, incluso cuando sus ideas no estuvieran claramente definidas. En el pasado, ella había esperado para formular completamente la idea antes de hablar. Aprendió que nadie esperaba que ella tuviera ideas completamente formadas. Estaba bien si sus ideas no estaban claramente definidas y si no obtenían la aprobación de los demás; incluso si se las rechazaban.

Reconoció que esperar hasta tener todo "bien claro" era una actitud, de algún modo, egoísta y desconfiada hacia sus compañeros de equipo. Si ella creía en su equipo y en sus capacidades para contribuir, entonces podría enunciar una idea y tener la confianza de que ellos podrían darle mejor forma en conjunto de lo que ella podría hacer sola.

- Dejó de hablar tanto de su carga laboral y de lo cansada que estaba. Estas historias habían hecho que la gestión ejecutiva temiera darle más responsabilidad por miedo a que no pudiera manejarla satisfactoriamente.

- Identificó el trabajo que solamente podía hacer y comenzó a delegar el resto. Delegar la liberó para pensar más estratégicamente (su fortaleza) y comenzar a expandir y profundizar su red de contactos.

- Identificó a las personas clave dentro de la empresa en la que trabajaba, así como a las personas en todo el sector, con las que se comunicaría regularmente a través de llamadas telefónicas, correos electrónicos o en persona. Luego, en reuniones internas, compartió la nueva información que había conocido gracias a su red de contactos.

- Identificó un programa de desarrollo profesional riguroso y muy profesional para participar en él, lo cual mejoró sus habilidades de innovación.

- Asumió tareas visibles y desafiantes que tuvieran un valor esencial para los intereses de la empresa.

- Se aseguró de que sus logros valorables fueran visibles para la gestión.
- Dio a conocer sus deseos de lograr una oportunidad más amplia.

Esta no tardó en llegar. A los pocos meses de haber puesto estas prácticas de aceleración en marcha, mi cliente fue reconocida por su amplio aporte y fue ascendida.

MANERAS DE ACELERAR EL ÉXITO

Si acabas de graduarte o estás en la etapa inicial de tu carrera, quiero que sepas algo que es muy importante. El enfoque que te ha hecho exitosa hasta este momento es solo una parte del enfoque que te hará tener éxito en tu profesión o empresa. Por lo general, las mujeres aprendemos rápidamente a trabajar mucho, a ser "buenas" y a no hacer demasiado ruido ni escándalo, a completar el trabajo y no interrumpir a los demás. Todos estos atributos son muy buenos y pueden haberte sido útiles. Pero para realizar progresos en la profesión o tener éxito como mujer de negocios, necesitas otras habilidades: trabajar con inteligencia y no mucho; hablar más fuerte y no callarse; interrumpir a los demás con tus ideas propias; no mantener perfil muy bajo, sino mantener la cabeza en alto; sentir confianza en una misma y mantener la mirada firme cuando hablamos con los demás. De hecho, focalízate en un punto para mirar a tu alrededor y haz contactos con otras personas dondequiera que vayas.

La aceleración es el más tangible y directo de todos los hábitos inquebrantables para el éxito. Implica la implementación de una serie de acciones específicas y bien definidas, probadas a lo largo del tiempo. Estas acciones te llevarán adonde desees ir más rápida y fácilmente. Algunas de estas acciones son de carácter personal. Otras requieren apoyo. Para acelerar tu éxito:

- Asume tareas de alto perfil y oportunidades de negocios.
- Genera resultados.
- Fortalece tu red de contactos de apoyo.
- Da a conocer tus logros.
- Pide lo que desees.

En los próximos dos capítulos, voy a mostrarte las estrategias que te ayudarán a darte a conocer y las maneras de fortalecer tu red de contactos de negocios. Usa estas estrategias para gestionar el éxito de tu carrera y negocio de manera activa.

Una vez que hayas leído hasta este punto y realizado los ejercicios de las Partes Uno y Dos, ¡estarás lista para despegar! Estas emocional y profesionalmente preparada. Estás enfocada. Conoces tu definición de éxito y has establecido objetivos para concretar tu visión. Te has dado cuenta de cómo combinar tu trabajo con tu vida. Los pasos siguientes son realizar aportes notables y obtener el apoyo que necesitas para acelerar tu éxito.

NOTAS

HAZTE NOTAR, GENERA UN IMPACTO

CAPÍTULO 8

CONTRIBUIR

Haz que tus logros sean notables y se conozcan.

LAS MEJORES MANERAS EN QUE LAS MUJERES pueden acelerar el avance en sus profesiones son contribuir y hacer que sus logros sean conocidos. Para que avances, resulta imperativo que tus colegas, empleadores y clientes conozcan las contribuciones que has realizado y los resultados que lograste.

> Un estudio que citan con frecuencia, "The Myth of the Ideal Worker: Does Doing All the Right Things Really Get Women Ahead?" (El mito del trabajador ideal: ¿en verdad hacer siempre lo correcto lleva a las mujeres al éxito?), realizado por Catalyst, una organización basada

en la investigación que promueve los entornos laborales inclusivos para las mujeres, releva lo siguiente: "Cuando las mujeres eran más activas en hacer que sus logros fueran más visibles, llegaban más lejos, estaban más satisfechas con sus carreras y tenían un mayor crecimiento en los salarios que las mujeres que estaban menos concentradas en llamar la atención hacia sus logros. De todas las estrategias que utilizaron las mujeres, hacer que sus logros fueran conocidos (asegurándose de que su gerente conociera sus logros, buscando opiniones y crédito según correspondieran y solicitando un ascenso cuando creían que lo merecían) fue la *única* relacionada con el aumento del salario."[1]

Lamentablemente, la autopromoción es una de las conductas de éxito más difíciles de alcanzar para las mujeres en las economías en expansión. Es posible que estés asintiendo con la cabeza en este momento y, quizá, puedas identificarte personalmente con la reticencia que sienten algunas mujeres para llamar la atención y promoverse a sí mismas. Particularmente en regiones del Medio Oriente, Asia y África, se les enseña a las mujeres a no llamar la atención hacia sí mismas; a escuchar y no hablar; y a mantenerse lejos del centro de atención. Pero para que tú puedas avanzar en tu negocio o carrera, las personas deben saber quién eres y por qué deben trabajar junto a ti. Entonces debes hallar la manera de estar cómoda al compartir tus conocimientos, tus logros y capacidades. Debes hacerte notar.

Incluso cuando una mujer pertenece a un país o a una cultura donde las personas, por lo general, no llaman la atención hacia sí mismas y se espera que las mujeres sean modestas, tranquilas y humildes, existen maneras en las que ella puede hacerse visible. A pesar de que no estoy hablando solo de hacerse físicamente visible, aquí está la manera muy memorable por la que la líder saudita Dra. Manar Al-Moneef se hizo notar.

La Dra. Al-Moneef fue invitada a hablar en un evento en su país donde le dijeron que debía hacer su presentación desde detrás de una mampara para que no fuera visible para los conferencistas hombres que asistieran. Como es posible que ya sepas, la costumbre social saudita, a menudo, ordena que los hombres y las mujeres deben estar físicamente separados en público. Ella se rehusó.

Al oír la negativa de la Dra. Al-Moneef, los organizadores de la conferencia estaban consternados y no sabían cómo proceder. Pero ella les dijo que no se preocuparan, pues tenía una solución. No tenía ánimo de ofenderlos, pero tampoco quería perder una oportunidad valiosa para que escucharan su mensaje claramente y, para ello, toda la audiencia debería escucharla y *verla*.

Antes de salir al escenario, pidió la atención de la audiencia entre bambalinas, diciendo lo siguiente: "A todos aquellos que no deseen verme, les doy unos minutos antes de salir para que puedan girar sus sillas y mirar hacia el fondo de la sala". ¡Nadie lo hizo!

MANERAS DE HACERSE NOTAR

Una de las acciones más importantes y distintivas de las mujeres que aceleran sus carreras es que se hacen visibles. Ellas logran resultados comerciales tangibles, comunican sus logros, aprovechan las oportunidades, piden lo que desean y transmiten su presencia profesional.

Lograr resultados comerciales tangibles. La importancia de generar resultados comerciales es un tema, a menudo, minimizado en el asesoramiento profesional que reciben las mujeres. En sus esfuerzos por darle poder a las mujeres, muchos asesores olvidan que el éxito, en su esencia, depende principalmente de realizar una contribución. A fin de tener la capacidad de realizar un aporte significativo, deberás contar con conocimiento experto. Para adquirirlo, debes profundizar y actualizar tus conocimientos y habilidades comerciales y específicos de un campo de manera continua, y no hacer hincapié solamente en las habilidades interpersonales y de liderazgo. Las mujeres inquebrantables adoptan un hábito de aprendizaje permanente para desarrollar su conocimiento experto, el cual necesitan para generar resultados.

Si bien la manera en que haces tu trabajo es extremadamente importante, acelerar tu éxito dependerá de si realmente logras o no resultados comerciales tangibles. La generación de resultados significa que concretas tus tareas y luego vas más allá de lo que te encomendaron a fin de realizar contribuciones comerciales reales a tu organización. Las mujeres inquebrantables producen resultados finales que añaden valor a sus empresas y sus clientes.

La Dra. Al-Moneef tuvo una oportunidad de crecimiento en su carrera cuando le ofrecieron trabajo en la Dirección General de Inversiones de Arabia Saudita (Saudi Arabian General Investment Authority, SAGIA). Ella sabía que si iba a hacer la transición de ser una médica practicante a una líder de negocios, necesitaría desarrollar sus habilidades comerciales. Se postuló para una beca del programa de educación ejecutiva de la Escuela de Negocios de Harvard, en los Estados Unidos, y la recibió. Su vasto conocimiento le permitió brindar aportes estratégicos y técnicos, y generar modelos comerciales de ingresos impulsados por estrategias para la SAGIA. Gracias a sus aportes, le ofrecieron el puesto de directora general de Atención Médica y Ciencias de la Vida en la SAGIA.

Como expliqué en el Capítulo 4, la mejor manera de desarrollar tus habilidades es a través de la experiencia que se adquiere trabajando, más que con los programas de capacitación profesional. Muchas mujeres no avanzan en su profesión o negocio porque no han tenido las experiencias que se requieren para lograr un avance continuado. Entre ellas, se incluyen experiencias esenciales como trabajar en las funciones centrales de generación de ingresos de una empresa, tener la responsabilidad de crear ingresos y gestionar gastos, y asumir tareas desafiantes, de alto perfil y gran riesgo. La periodista china Zhen Wang, quien comprendía esto, preguntó cuál era la experiencia laboral que la llevaría a desarrollar aún más sus habilidades, de modo que pudiera contribuir al negocio central de su empleador. Como ya tenía excelentes habilidades de inglés, Hu Shuli, la entonces jefa de editores de la revista Caijing Magazine donde trabajaba Zhen, quería que Zhen trabajara como editora y traductora de inglés de la publicación. Pero Zhen sabía que, para desarrollarse y salir adelante, necesitaba trabajar en el negocio central de un periódico de noticias: en la producción de las noticias.

Zhen explicó lo que hizo. "Luego de trabajar el 50 % del tiempo como editora en inglés y 50 % como periodista china, le dije a la Sra. Hu que deseaba ser periodista china el 100 % del tiempo y no recibir más tareas de traducción. Esta decisión no fue fácil porque muchos creen que mis habilidades con el inglés añaden más valor al periódico de noticias que mi trabajo como periodista. Por mi parte, creo que puedo hacer el mejor uso del inglés entrevistando a un montón de personas que hablan en inglés".

Comunicar tus logros. Las mujeres inquebrantables generan resultados y comunican sus logros a las personas influyentes. Saben que los resultados no van a hablar por sí mismos. Saben que lo más notable de un trabajo bien hecho es cuando ellas y quienes las apoyan hacen conocidos sus logros.

La periodista china Jennifer Cheung explicó cómo consiguió un puesto de tiempo completo en la editorial del Boletín Laboral de China (China Labour Bulletin, CLB), una organización sin fines de lucro que aboga por los derechos laborales de los trabajadores chinos. "CLB me contrató porque solía escribir extensamente en un blog sobre los problemas con los derechos humanos en China y tenía una red de contactos de activistas chinos por Internet".

Aprovechar las oportunidades. La Dra. Denise Abulafia, científica, investigadora y profesora universitaria argentina, tuvo una idea para una empresa. En la fiesta de cumpleaños de uno de los amigos de su hijo, conoció a Nicolás Berman, un gran mentor para los propietarios de empresas emergentes, y le mencionó al pasar su idea comercial. Nicolás invitó a Denise a una reunión en su oficina para poder escuchar un poco más sobre esa idea. Cuando todavía estaban en la fiesta, ella le envió un mail para concretar la reunión.

¿Con qué frecuencia tenemos oportunidades que no sabemos aprovechar? No fue el caso de Denise. Ella estaba lista y atrapó la oportunidad que se le presentó. No le atemorizaba que Nicolás le dijera que no y tampoco temía que le dijera que sí. No evitó pedir lo que quería para no parecer "demasiado ambiciosa" o "codiciosa", o porque temiera que, si daba a conocer sus necesidades y estas no podían satisfacerse, podría sentir que había fracasado o que otros sabrían que no había logrado el éxito. Fue tras su anhelo.

Denise comprendió la importancia de comunicar sus logros y habilidades, así también como su visión para su negocio futuro. Sabía que, de esa manera, conseguiría apoyo para su idea comercial. Gracias a sus ideas, perspicacia y experiencia, había personas, como Nicolás Berman, que estaban dispuestas a reunirse con ella.

Pedir lo que deseas. Existen miles de estudios que indican que las mujeres no piden lo que desean y existen otros tantos, que rebaten esos hallazgos. Esos últimos indican que las mujeres sí piden, pero lo hacen incorrectamente. Como resultado, no las escuchan ni les dan lo que desean. Una de las mejores maneras de enfocarse en lo que deseas es aprender a pedirlo sin rodeos.

Jennifer Cheung compartió conmigo su sensación de que lo que la llevó a tener éxito hoy es la capacidad de "identificar oportunidades y tener el valor suficiente para saber pedir". Cuando ella cursaba un programa de medios de comunicación en la Universidad de Hong Kong, estaba entusiasmada de poder conseguir la mayor cantidad de experiencia posible para ir tras su sueño de ser periodista. Tomó numerosas tareas de escritura de noticias a fin de garantizarse buenas recomendaciones para hacer pasantías. Pudo conseguir una pasantía en Voice of America Beijing y en la revista *Forbes*.

Jennifer contó: "Luego de mi pasantía en *Forbes*, le pregunté a mi supervisor si podían ascenderme al puesto de analista, una función que me permitiría escribir notas analíticas con más profundidad. El supervisor me dijo que sí". Mientras tanto, Jennifer tuvo la iniciativa de escribir sobre cuestiones impositivas en *Forbes* y llamó a su anterior editor en *Forbes* para contarle sobre su nueva tarea. Él le preguntó si podía contribuir con *Forbes* en asuntos relacionados con problemas laborales de China, lo cual se había convertido en su área de conocimiento.

En mi experiencia, no todas las mujeres aprovechan las oportunidades para pedir lo que desean. Algunas tienen la habilidad de pedir, otras no. Solo tú puedes determinar si pides o no, y con cuánta efectividad pedirás lo que deseas.

Pedir lo que deseas es un proceso directo, pero no necesariamente sencillo. En primer lugar, debes determinar el resultado que deseas y luego resolver de qué modo lo puedes concretar. Lo desafiante es que debes comunicar lo que deseas a alguien que tenga autoridad como para hacerlo realidad. Prepárate para estos tipos de conversaciones reuniendo toda la información que necesitas para respaldar tu posición y practica lo que vas a decir con anticipación.

Déjame advertirte que no negocies en contra de ti de manera inadvertida o inconsciente. Veo que las personas hacen eso todo el tiempo y me descubrí a mí misma cometiendo el mismo error. Recientemente, envié una propuesta a una empresa mundial para un dar una conferencia y brindar capacitación a un grupo de mujeres con gran potencial. Las clientes llamaron para decir que estaban muy a gusto con mi propuesta y querían contratarme para que hiciera el trabajo. A medida que hablábamos sobre la propuesta, mi contacto nunca mencionó el costo; no obstante, descubrí que les estaba ofreciendo incluir más servicios dentro del mismo contrato sin costo adicional. No había razón para que hiciera eso; lo hice porque me sentí insegura y quería asegurarme de que me contrataran. Presta atención a las dudas e inseguridades propias que surgen de ti y socavan la confianza que vas construyendo.

Transmite una presencia profesional sólida. Para avanzar, debes demostrar profesionalismo en la manera como hablas, como te comportas y en tu aspecto. La frase que más comúnmente se usa para describir la *presencia de una persona* en términos de su capacidad para avanzar en el lugar de trabajo es *presencia ejecutiva*. Una autoridad en el tema es Sylvia Hewlett, quien escribió un libro entero sobre este tema titulado *Executive Presence: The Missing Link Between Merit and Success* (Presencia ejecutiva: el lazo que falta entre el mérito y el éxito).

Elegí voluntariamente usar el término *presencia profesional* en vez de *presencia ejecutiva*. Si bien, esencialmente, me refiero a lo mismo, sé que no todos desean convertirse en ejecutivos. No quiero que menosprecies lo que leas o escuches sobre este tema, pensado que no se aplica a ti. En realidad, tu presencia profesional, independientemente de tu función, es un criterio clave para determinar si logras puestos en muchos niveles organizativos de una empresa o alcanzas tus objetivos profesionales como emprendedora.

Especialmente con respecto a las mujeres, la presencia profesional es otro tema que, a menudo, se ignora en el lugar de trabajo o en la comunidad de negocios y, sin embargo, resulta clave en la ecuación del éxito.

Durante el tiempo en el que participé del desarrollo ejecutivo y planificación de talentos del Bank of America, así como en mi trabajo posterior como asesora y guía de numerosas organizaciones, vi que muchas personas no eran tenidas en cuenta para ciertas tareas u oportunidades porque no poseían los tres atributos que se requieren para tener éxito: conocimiento experto, resultados y presencia profesional.

Numerosas empresas me han contratado para guiar a mujeres (y hombres) con respecto a su presencia profesional. En algunos casos, las mujeres que guié hablaban demasiado, repetían lo que decían una y otra vez sin añadir algo nuevo o daban muchos detalles que hacían que sus colegas se perdieran en la conversación y no podían compartir sus opiniones. En otras instancias, mis clientes no hablaban lo suficiente. Incluso aunque tuvieran opiniones interesantes para compartir, carecían de la confianza para expresar abiertamente sus pensamientos y conocimientos.

Un tercer tipo de problema en la comunicación provino de las clientes que no utilizaban el lenguaje de los negocios cuando hablaban. En estos casos, las mujeres debían adoptar un vocabulario de negocios cuando se comunicaban en el trabajo.

He aquí como Crystal Yi Wang describió los pasos que ha tomado para desarrollar su agudeza comercial. "Trabajo arduamente durante las horas laborales e incluso después. Leo toda clase de artículos y revistas de negocios para conocer cuáles son los temas candentes en las áreas comerciales. Mejoré mi capacidad analítica comercial trabajando largas horas todos los días y dedicando parte del tiempo de mi vida personal a leer y a pensar.

"En una empresa de servicios profesionales, es común trabajar entre diez y doce horas por día. Una debe estar física y mentalmente lista. A veces, es necesario estudiar mucho material para comprender un nuevo sector en menos de una semana. Se necesita pasar mucho tiempo investigando, leyendo, hablando con los expertos del sector, proponiendo ideas y asimilando toda clase de información antes de empezar, incluso, a trabajar en las entregas. Durante los proyectos, hablamos con diferentes tipos de personas. La investigación que llevamos a cabo no es tan glamorosa como cualquier persona puede imaginar. Si la tarea es un proyecto sobre el sector agrícola, necesitamos ir al pueblo y hablar con los agricultores. Para tener éxito en este trabajo, es necesario ser una persona predispuesta y disfrutar de hablar con diversas personas, en distintas circunstancias. Las capacidades lingüísticas son muy importantes también. Se necesita comprender, asimilar y luego utilizar el lenguaje más preciso para confeccionar los mensajes clave que deseas transmitir. Algunas veces, la comunicación con los propietarios de la empresa no resulta placentera.

"Me he encontrado personalmente con algunos propietarios de empresas chinas que me menospreciaron, e incluso dudaron de mi capacidad, porque era mujer y joven. Como mujer joven, necesitas tener mucha preparación para equiparte y vestirte como si fueras más grande de lo que eres en realidad. Si eres mujer, tienes una posición de desventaja en el entorno de negocios de China y la desventaja es aún mayor si eres joven".

También fui guía de mujeres cuyo aspecto era desaliñado. Su apariencia daba la impresión de que no eran organizadas y, lo que es peor, que quizá no eran competentes. En tales casos, mejorar la presencia profesional de mujeres fue una cuestión de darles opiniones directas y específicas para que comprendieran de qué manera las percibían. Luego, tenían la opción de cambiar o, si no, aceptar las consecuencias de la impresión que transmitían.

Guié a una mujer de nivel sénior cuya empresa conservadora detectó un potencial en ella y deseaba ascenderla a una posición ejecutiva aunque su estilo de comunicación y aspecto no coincidían con la cultura de la empresa donde trabajaba. Mi cliente hablaba demasiado y se iba por las ramas, mientas que el equipo ejecutivo de la empresa, que consistía, principalmente, de ingenieros y financistas, hablaba con moderación. Mi cliente no prestaba mucha atención a su aspecto y, a menudo, parecía descuidada. Todos los demás integrantes del equipo sénior conservaban un aspecto muy pulcro.

Cuando a mi cliente le dijeron por primera vez que eran estas dos áreas de su presencia las que le impedían ascender en la empresa, ella se enojó. Sabía que tenía las capacidades y el conocimiento para operar a un nivel ejecutivo y no comprendía por qué debía hablar y vestirse como todos los demás. Cuando la conocí, también me expresó la opinión de que este tipo de visiones podrían ser un prejuicio contra ella como mujer. A medida que exploramos más su organización, determinamos que las opiniones que ella recibía eran similares a las que se daban a otras personas, y que las expectativas que la gestión ejecutiva tenía de ella eran las mismas que tenía del resto del equipo ejecutivo (quienes, sin sorprender, eran todos hombres).

¿Es correcto que una organización desee que sus equipos de gestión luzcan y se comuniquen de una manera determinada? ¿No están valorando la diversidad cuando tienen estas expectativas? Es posible. ¿Deberían ser más abiertos? No cabe duda. Sin embargo, en ese momento, eso no cambió la situación de mi cliente. Entonces le pregunté si ella aspiraba a tener un puesto ejecutivo en su empresa. Cuando me confirmó que sí y me dijo, otra vez, lo mucho que disfrutaba de lo que hacía y cuanta satisfacción le daba su trabajo, le dije que ella (como todos nosotros) tenía opciones. Si quería ascender en la empresa donde trabajaba, necesitaría mejorar su presencia profesional. Si no quería hacerlo, era su elección. No obstante, si optaba por no ascender, probablemente limitaría su función en esa empresa en particular.

Compartí una cosa más con mi cliente, algo que con frecuencia les digo a las mujeres de las que soy mentora y guía. "Si creen que el sistema o las expectativas son incorrectos, una de las mejores maneras (y, a veces, la única) de cambiar es colocarse en un puesto de toma de decisiones. Es mucho más fácil cambiar las reglas si una se sienta en la mesa donde se toman las decisiones o se tiene una mesa propia, la propia empresa. Si crees que las expectativas que enfrentas son completamente inadecuadas, toma medidas hablando con alguien que tenga el poder y la influencia para realizar un cambio, o si no, abandona la empresa".

Algunas personas suponen, incorrectamente, que la presencia profesional es solo una cuestión de apariencia, por lo que se enfocan ampliamente en la forma de vestir cuando, en realidad, las prendas que una viste son solo un aspecto de la presencia. Otras personas olvidan su apariencia por completo y su aspecto es poco profesional, o su estilo parece fuera de lugar entre sus colegas. Como mujer de negocios, recuerda que tu apariencia cuenta. Puedes tener tu propio estilo particular pero ese estilo debe encajar dentro de las normas culturales, de la empresa y del sector. Tu objetivo es que te identifiquen por lo que aportas, no por lo que vistes.

He visto a muchas mujeres elevar su presencia profesional. Un ejemplo sobresaliente es el de la brasilera Renata Pessoa. La conocí cuando ella participaba del Programa del Foro Internacional de la Mujer, un programa de un año, altamente selectivo, diseñado para desarrollar el liderazgo y las capacidades estratégicas de mujeres con gran potencial de todo el mundo. Gracias a los resultados que había obtenido Renata en materia de gestión de importantes relaciones con los clientes, había logrado participar del programa competitivo pero, cuando la conocí, era evidente que necesitaba desarrollarse de otras maneras para seguir creciendo en Accenture. Estaba claro que Renata era inteligente y dotada, pero también era bastante tímida y modesta.

Mantuve el contacto con ella. Cuando volví a verla, en noviembre de 2013, en Río de Janeiro, la habían ascendido al puesto de directora general. Inmediatamente percibí un cambio en ella. Tenía más confianza. Su manera de sobrellevar la situación, de vestirse y de hablar era diferente. La mujer que me encontré esta vez estaba segura de sí misma. Se paraba más erguida y toda su apariencia se veía más pulcra. Hablaba de manera sucinta, en términos de negocios, y sin dudar acerca de su nueva función y su enfoque para lograr los objetivos de negocios desafiantes que le habían encomendado. Como resultado de esta transformación y del aumento en su nivel de confianza, Renata había ofrecido numerosas ideas estratégicas sorprendentes a su cliente y Accenture.

AHORA ES TU TURNO

Para acelerar el éxito de tu carrera, aporta resultados, haz que tus logros sean conocidos y cultiva una sólida presencia profesional.

 ## PARA REFLEXIONAR: IDENTIFICA OPORTUNIDADES PARA REALIZAR CONTRIBUCIONES

Responde las siguientes tres preguntas para determinar dónde puedes realizar mejores contribuciones.

- ¿Cómo obtiene el éxito mi empresa o negocio en el mercado? ¿Qué medidas financieras, estratégicas y de clientes son más importantes para ese éxito?
  Ejemplos: a través de la adquisición de clientes, grandes contratos o lanzamientos de productos nuevos.

- ¿Cómo y dónde puedo participar en las partes esenciales y más valoradas de la empresa? ¿Cuáles de mis habilidades y competencias podrían realizar la mejor contribución?
  Ejemplos: medios sociales, negociación de contratos, análisis financiero o innovación estratégica de productos.

- ¿Cuál de estas competencias disfruto más? ¿Y cuál de ellas me resulta más fácil?

Estas son algunas de las acciones específicas que comparto cuando guío a mis clientes para que aceleren su éxito.

 ## ACCIONES
PARA CONTRIBUIR CON LOS RESULTADOS

Una vez que hayas determinado cómo se mide y qué situaciones impulsan el rendimiento donde trabajas, halla la manera de lograr resultados en esas áreas. La mejor manera de hacerlo es la siguiente:

- Identifica una o dos áreas de oportunidad para tu empresa o sector que se relacionen con tus intereses, fortalezas y áreas de conocimiento.

- Determina un resultado específico que puedas lograr en esta/s área/s.

- Hazte tiempo en tu agenda para trabajar en el/las área/s que identifiques.

ACCIONES
PARA COMUNICAR TUS CONTRIBUCIONES

Sigue estos pasos para comunicar tus contribuciones.

1. Para cada uno de tus logros significativos, identifica específicamente con quién debes compartirlos.
   Ejemplos: mi gerente, el líder que me influenció o mi mentor.

2. Determina el momento más estratégico para establecer la comunicación. Evalúa cuál es el mejor momento para comunicar tu contribución y que no se desluzca en medio de la maraña de información.

3. Determina de qué modo vas a hacer que tus logros lleguen a oídos de tu gerente y de otras personas influyentes.
   Ejemplos: enviar una nota o correo electrónico. Compartir verbalmente tu logro. Encontrar a alguien que esté dispuesto a compartir las novedades de tus logros en tu nombre. Realizar un anuncio en una publicación comercial. Escribir un artículo.

4. Comparte los resultados que logras, no solo las actividades en las que participas. Describe tus contribuciones de manera coherente con la manera en que las personas en tu sector, comunidad o empresa

dimensionan los resultados. Utiliza el lenguaje comercial y las medidas de rendimiento que sean comprendidos y valorados en tu campo.

5. Para los logros realmente notables, considera postularte o conseguir una nominación a un premio o competencia.

En todo el mundo, existen numerosas iniciativas de reconocimiento para las mujeres de negocios. Incluso es posible que exista alguna en tu lugar de trabajo. Realiza una investigación en línea para identificar programas y consulta a tus mentores, red de contactos o a una organización de mujeres de negocios sobre dichos programas que puedan conocer. Estos programas de reconocimiento son una manera excelente de que comuniques indirectamente las novedades de tus logros y te hagas más conocida en la comunidad empresaria.

Selecciona uno o más de estos enfoques o identifica otra manera que creas cómoda y pertinente en tu cultura. No es necesario presumir, y tu estilo de comunicación puede ser humilde, pero debes encontrar la manera de que conozcan tus éxitos.

ACCIONES
PARA RECONOCER TUS CONTRIBUCIONES

Mi madre siempre me decía que, cuando alguien nos expresa un halago, es exactamente como si esa persona nos hiciera un regalo. La respuesta adecuada cuando alguien te da un regalo es decir "Gracias". Entonces, ¿por qué, si la mayoría de nosotros hemos aprendido a ser amable y a dar las gracias, no podemos aceptar los halagos o comentarios positivos?

Cada vez que alguien reconozca tu rendimiento o los resultados, agradece a la persona que te felicita, luego acepta y admite tu responsabilidad en el resultado en lugar de ignorar, menospreciar o disminuir tu rendimiento. Debido a que reconocer y comunicar tus aportes es tan importante para elevar tu visibilidad y acelerar tu éxito, a continuación te muestro algunas maneras específicas en que puedes hacerlo.

EN VEZ DE DECIR COSAS COMO...	DI LO SIGUIENTE...
Cuando alguien te felicita por uno de tus logros: • "Nos han dado muchas oportunidades". • "Tengo un gran equipo". • "Hemos tenido suerte".	• "Gracias. Me siento orgullosa/complacida con mi función (de liderazgo o como miembro de nuestro equipo) y con los resultados logrados". • "Gracias. Trabajé arduamente (junto con el equipo) para hacer de esto un éxito". • "Gracias. Me complace que vea el esfuerzo de mi trabajo (y el de mi equipo) reflejado en nuestros resultados".
Cuando alguien te felicite por alguna de tus ideas: "No fue nada, todos tenemos buenas ideas".	"Gracias. Me complace que mi opinión fuera útil y pudiera añadir valor a nuestro trabajo".
Cuando alguien te presente una oportunidad: "Espero estar a la altura de sus expectativas".	"Gracias. Deseo realizar una contribución importante".

ACCIONES
PARA DESARROLLAR TU PRESENCIA
PROFESIONAL

Tu presencia profesional también transmite mensajes acerca de tus objetivos a quienes te rodean. A medida que piensas cómo fortalecer tu presencia, implementa las siguientes acciones.

- Habla como una persona de negocios.
  Ejemplos: comunícate de manera directa, definida y sucinta. Conoce al dedillo la terminología de los negocios y el vocabulario de tu campo. Utiliza este lenguaje como un medio para compartir tus mejores estrategias o ideas de negocios.

- Mantén una apariencia que sea coherente con las normas de tu empresa, sector y cultura, ya que expresa tu estilo personal. Evita desaliñarte.

- Mantén una conducta que sea coherente con las normas culturales y empresariales.

- Mantén el equilibrio.
  Ejemplos: proyecta confianza. Demuestra calma y control. Emula a las personas más exitosas que te rodean. Comunícate claramente y mantén la compostura.

Para mantener la compostura en ciertas circunstancias, presta atención a la impresión general que dejas. Todo cuenta, incluso el modo como te paras, te sientas, miras, hablas y reaccionas.

Si adaptarte a las expectativas culturales o comerciales te genera mucha tensión y hace que no seas genuina, entonces esa adaptación no es la correcta para ti. Simplemente, sé consciente de que el mundo, probablemente, no se amoldará a tus preferencias. Si deseas desarrollar tu presencia profesional, intenta con estas técnicas de comunicación específicas.

SI TIENES UNA TENDENCIA A...	EN CAMBIO...
Hablar demasiado,	• **Comienza desde la mitad.** Cuando quieras comunicar algo, no comiences por el principio de la historia o del incidente, empieza desde la mitad. Recuerda: las personas van a preguntar si necesitan más información de fondo. • **Selecciona.** Si hay cinco cosas que quieres decir, selecciona las tres más importantes. Si hay tres cosas que quieres decir, selecciona dos.

	• **Visualiza una señal de tránsito.** Cuando empieces a hablar, visualiza que la luz verde solo dura un minuto. Luego de un minuto, se torna amarilla. A partir de ese momento, tienes treinta segundos para hallar una clara indicación de que tu audiencia está atenta y te escucha en forma activa. Si lo hacen, puedes hablar durante otro minuto antes de que la luz se torne roja. Si no, detente en la luz amarilla y pregunta si desean que continúes hablando o tienen preguntas.
Hablar muy poco,	• **Busca una pausa** en la conversación cuando otros estén hablando e introduce tu opinión. • **Cuéntale a un compañero de trabajo o a tu gerente** que estás trabajando para comunicarte con más frecuencia. Pide a tu aliado/a que te incorpore en más conversaciones haciéndote preguntas o pidiéndote referencias en tus áreas de conocimiento.
Hablar, principalmente, en términos tácticos.	• **Prepara** un punto de vista estratégico antes de cada reunión o conversación importante. • **Agrupa** tus comentarios en categorías o enunciados estratégicos.

Hablar muy informalmente y no utilizar la jerga comercial,	• **Escucha** a quienes te rodean que usen bien la terminología de los negocios. Ten en cuenta qué términos y sistemas de medición comercial utilizan, y sigue su ejemplo. • **Descubre** de qué manera genera el dinero tu empresa y qué es lo que se valora hablando con tu gerente, un financista, o bien leyendo. Incorpora las métricas financieras y las cosas que son importantes para tu empresa, negocio o sector cuando hables de tu propio trabajo.
Ponerte nerviosa,	• **Anticipa** cuáles son los disparadores negativos y piensa de antemano cómo vas a lidiar con ellos. • **Respira profundamente** y en silencio, cuenta hasta diez antes de hablar. • **Párate de manera firme.** A veces, algo tan pequeño como la manera de pararte puede afectar tu manera de responder. Observa la postura en que te paras o te sientas y ajústala en consecuencia, para que te sientas firme y contundente al comunicar tu mensaje.

RESUMEN

Para acelerar tu éxito, sigue creciendo y aprendiendo. Adquiere las habilidades interpersonales, gerenciales, de liderazgo y técnicas que se requieren para sobresalir en tu campo y continúa desarrollándolas.

Necesitarás buscar nuevas oportunidades para desarrollar tus habilidades, incluso si te sientes a gusto en tu puesto o trabajo. De lo contrario, comenzarás a decaer, algunas veces sin ser consciente de ello. En términos profesionales, quedarse quieta equivale a estar en declive. Nunca nadie superó una barrera u obstáculo quedándose quieto.

Debes volar por encima del radar, no por debajo de él. Con ello, lo que quiero decir es que tanto tú como tus resultados deben ser notorios y visibles. Las maneras para hacerse notar son las siguientes:

- Lograr resultados comerciales tangibles.
- Comunicar tus logros.
- Transmitir una presencia profesional sólida.

NOTAS

NUTRE
TU RED
DE CONTACTOS

CAPÍTULO 9

CONECTAR

"Mientras más das, más recibes".

Lyubov Simonova

Inversora de capital de riesgo rusa

Además de las acciones que implementes personalmente para acelerar tu éxito, necesitarás el respaldo de otras personas a tu alrededor para aprovechar al máximo las oportunidades. Una base de apoyo sólida incluye una robusta red de contactos comerciales, mentores y un patrocinador.

CONSTRUIR Y NUTRIR UNA RED DE CONTACTOS

Las mujeres exitosas cuentan con una red diversa de modelos ejemplares y de personas con las que cuentan, y quienes cuentan con ellas. Estas redes te ayudan con información, presentaciones, negocios y apoyo. El propósito de establecer redes de contactos es que tú y las personas de tu red se beneficien mutuamente con oportunidades comerciales y profesionales.

Las conexiones, recomendaciones y redes de contactos son esenciales para realizar negocios. En China, el término *guanxi* se usa para hacer referencia a la compleja red de contactos en que una persona puede confiar cuando hay que hacer algo. La inversora de capital de riesgo rusa Lyubov Simonova resaltó la importancia de las sólidas conexiones de esta manera. "Insto a las mujeres a no olvidar jamás que la vida es una sola, por lo que debes llenarla de grandes momentos para ti y todos los que te rodean. Mientras más das, más recibes. Esta regla se aplica tanto al ámbito de los negocios como a la vida misma".

Las redes de contactos son importantes por dos razones. En primer lugar, las relaciones personales nos ayudan a lograr resultados en el trabajo. En segundo lugar, si creas tu red con un grupo correcto de personas diversas, recopilarás información del mercado, del sector y de la empresa que no podrías obtener de otras fuentes.

Construir una red incluye actividades como asistir a eventos para hacer contactos, actualizar tu perfil de LinkedIn y obtener cientos de conexiones en las redes sociales en línea, pero no se limita solo a esos elementos. Lo más importante que debes saber antes de hacer contactos es la razón por la cual estás intentando hacer un contacto con alguien. Tener un propósito claro va a mejorar enormemente tus conexiones y aumentará el potencial de obtener lo que deseas.

Esto se refiere, nuevamente, a tener un enfoque. Reunirse con personas sin un objetivo y sin saber el porqué de la socialización no significa establecer una red de contactos. Puede llevarte mucho tiempo y no generar el tipo de apoyo que necesitas recibir ni que deseas brindar.

Piensa en construir tu red profesional en todos los niveles que se indican a continuación. Establece conexiones regulares:

Hacia arriba: con tu gerente y o con personas más experimentadas o influyentes de tu sector o campo.

Hacia abajo: con tu personal o empleados novatos de tu lugar de trabajo o en tu comunidad.

Hacia adentro: en tu organización o sector y, en especial, con tus pares.

Hacia afuera: con personas expertas o bien informadas fuera de tu empresa, especialmente con hombres y mujeres que tengan una amplia una red de contactos.

FORMAS DE ESTABLECER CONTACTOS

Existen varias formas de establecer contactos y diversos libros y publicaciones que tratan este tema. Mientras desarrollas tu base de apoyo, te invito a que busques recursos adicionales que te sirvan de guía. Anteriormente en este libro, mencioné algunas maneras muy conocidas de obtener apoyo, que incluyen afiliarse a redes empresariales y asistir a eventos. A continuación se encuentran más ejemplos sobre cómo las mujeres inquebrantables crean y mantienen sus redes de contactos.

Participa en una aceleradora o incubadora de empresas. Las aceleradoras e incubadoras de empresas preparan a las empresas para el crecimiento. Por lo general, los programas de aceleración empresarial duran entre tres y seis meses. El tiempo que un emprendedor permanece en una incubadora suele ser mayor, a veces son años, y a menudo incluyen varias formas de mentoría y apoyo.

Cuando un amigo de la emprendedora croata Ana Kolarević le comentó sobre una incubadora de empresas emergentes locales en Zagreb, ella se inscribió sin dudarlo y asistió a uno de sus eventos. "Al principio, estaba asustada porque no conocía a nadie y porque no sabía qué esperar", dijo Ana. "Parecía un ambiente cerrado. Pero comencé a saludar a otras personas y a conversar con ellos. Después de este primer evento, ya conocía a varias personas para el segundo y así sucesivamente". Ana considera que la comunidad de empresas emergentes en Zagreb tuvo una importancia clave en su capacidad para triunfar en cada paso del camino. Se ha convertido en una red de apoyo sólida para ella.

Establece contactos personales con otras personas. La argentina Leila Rezaiguia se denomina a ella misma como una persona "extrovertida al extremo y social por naturaleza". Leila establece contactos con quienes considera que tienen algo en común con ella y que pueden ayudarse mutuamente. Comienza en LinkedIn.com, una red social con fines empresariales que se usa, principalmente, para establecer contactos profesionales. Su perfil personal en este sitio está muy completo y resalta sus capacidades, sus talentos y su experiencia laboral previa. Cuando conoce a alguien personalmente, siempre invita a esa persona a que se una a su comunidad en LinkedIn. Todas las semanas, dedica tiempo a buscar entre sus contactos de LinkedIn a alguien para reunirse personalmente a tomar un café.

Leila afirma: "Mantener mi red de contactos activa es probablemente la principal razón por la que me encuentro en la posición profesional en que estoy hoy. Por ejemplo, un antiguo cliente de un trabajo anterior, actualmente es socio y cofundador de mi empresa. Debido a que mantuve el contacto con él, nos hicimos amigos y eso nos permitió comenzar nuestra empresa juntos durante el año pasado".

Si tienes dificultades o te intimida establecer relaciones, Leila tiene buenos consejos para darte. "Se trata de saber lo que tienes en común con la persona que hablas. ¿Qué motiva a esta persona? ¿Qué tienes en común con él/ella? Quizás es el idioma, el país de origen, las comidas que les gustan, los deportes, una pasión, etc. Podemos encontrar algo en común con casi todas las personas. Mantengo las relaciones con quienes me llevo bien desde el primer instante. Me aseguro de estar siempre en contacto con ellos, y de invitarlos a almorzar, a cenar o a beber un café. O invitarlos a un seminario que pueda interesarles".

Participa en las redes de contactos en línea. Establecer una red de contactos no solo se trata de asistir a muchos eventos, aunque esta sea la forma más común. Algunas mujeres tienen miedo de establecer contactos. Son tímidas o se sienten incómodas en eventos grandes o solo con la idea de tener que acercarse a personas que no conocen. Es probable que hayan tenido una mala experiencia cuando asistieron a un evento en donde no conocían a nadie, no se sintieron incluidas ni bienvenidas, y les resultó difícil integrarse en círculos de personas que ya parecían conocerse. (Durante mi carrera, tuve muchas de esas experiencias).

Si te sientes incómoda en situaciones grupales, entonces elige los eventos a los que asistas con mucho cuidado. En lugar de enfocar tus esfuerzos en las oportunidades para establecer contactos personalmente, mantén el contacto de manera electrónica y a través de las redes sociales como comunidades en línea, salas de chat y correos electrónicos. Establece contacto con personas que sientas que te enriquecen y que te apoyan; personas con las que compartes intereses y de cuya compañía disfrutas.

En Rusia, como en la mayor parte del mundo, establecer un emprendimiento sin tener una red de contactos es bastante difícil. Sin embargo, la cazatalentos Alena Vladimirskaya, fundadora y gerente general de la empresa de selección de personal PRUFFI, no tuvo este problema cuando dejó su trabajo en una gran empresa y comenzó la suya propia. Esto se debió a que ella ya había establecido y mantenido contactos. Ya había ganado el respeto y la confianza de sus clientes, quienes estaban ansiosos por trabajar con ella. Alena se enfoca, regularmente, en expandir su red de contactos dentro de su ciudad, su país e incluso, en el exterior. Establece una red de contactos no solo para autopromocionarse, sino también para ayudar a otras personas en el camino. Durante las últimas tres décadas, desarrolló sus conocimientos, sus capacidades y su reputación. Alena observó: "Aprendí que, para ser exitosa, no necesitas mucha experiencia, solo tienes que utilizar tus recursos y conexiones de manera ingeniosa". Una de las formas en que Alena creó su red de contactos personal y profesional fue a través de la participación en las redes sociales. Participa mucho en VK.com, la red social rusa más grande de Europa, y en Facebook.

Sé una superconectora. Como podrás imaginarte, muchas de las mujeres con las que conversé mientras realizaba la investigación para este libro tienen una red de contactos sólida. Algunas de estas mujeres son, lo que llamaría, superconectoras. Establecen contactos con muchos tipos diferentes de personas y sus redes son tan estrechas y sólidas que sus contactos responden casi al instante a sus pedidos. Durante mis más de cuatro años de investigación, cuatro mujeres se destacaron como superconectoras: Esmat El Nahas de Egipto, Nabila Marcos de Jordania, Sandra Portugal de Brasil y Lorena Díaz de Argentina.

La argentina Lorena Díaz me impresionó con la solidez de sus contactos. Lorena ahora es consultora, pero antes fue gerente de Relaciones Públicas en MercadoLibre, la plataforma de comercio electrónico y el principal sitio web de subastas para el mercado de habla hispana y portuguesa de América Latina. Debido a que Lorena establece contactos de manera tan efectiva, pensé que podrían serte útiles sus tres consejos principales para crear una red de contactos sólida y de gran alcance.

- *Consejo 1: Bríndales tiempo y valor a los demás.* Reúnete en persona, llama por Skype, asiste a eventos y socializa a través de las redes sociales. No importa dónde ni cómo mantengas tus reuniones, asegúrate de agregar siempre valor a las necesidades, actividades, pasatiempos, etc.

de las personas con quienes te reúnas. Por ejemplo,
recomienda buenos recursos. Por supuesto que, para
lograr eso, primero debes escuchar sus necesidades.
Presta atención a las cosas que estas personas disfrutan
o necesitan hacer. Lorena dijo: "De vez en cuando,
les envío enlaces interesantes o información, les
recomiendo libros o les presento a otras personas.
Reservo en mi agenda un momento de cada semana
para 'ofrecerles consultoría gratuita'. También invierto
tiempo en enseñar. Los estudiantes pueden desarrollar
carreras interesantes y son una puerta hacia futuras redes
de contactos más jóvenes, recientes y apasionantes".

- *Consejo 2: Forma parte de diferentes organizaciones.*
  Únete a organizaciones no gubernamentales, que
  incluyan, por ejemplo, cámaras de comercio. No te unas
  a cualquier organización o cámara, sino a aquellas con
  cuya misión o lema principal te sientas identificada.
  Luego entrégales valor, tiempo y conocimientos.
- *Consejo 3: Mantente en contacto.* Cada vez que finalices
  un proyecto o programa, como una maestría en
  administración empresarial o un curso de idiomas, o
  cuando cambies de trabajo, pon una nota en tu agenda
  para llamar o comunicarte de manera regular con tus
  antiguos compañeros de clase y colegas.

Lorena afirma: "Aprendí todas estas diferentes prácticas
recomendadas para establecer redes de contactos de casi todos
los jefes que he tenido a lo largo de mi carrera. Presté mucha

atención a cómo creaban y construían sus redes. Una de mis jefas, incluso, anotaba los colores favoritos de sus contactos para poder personalizar los regalos que luego les daba. Ahora que soy consultora, los clientes potenciales me llaman porque me conocen y confían en mí. Algunos me preguntan sobre temas o negocios que no están dentro de mi especialidad. Pero ellos saben que siempre me esforzaré para brindarles una respuesta o para encontrar a alguien que pueda ayudarlos. Conocí a personas de todo el mundo cuando me sumé a Vital Voices, una ONG que identifica, capacita y fortalece a líderes mujeres y a emprendedoras sociales que comienzan a destacarse en todo el mundo. Cultivé esas relaciones y ahora, cuando necesito algo en Rusia, El Salvador, Washington, Nigeria o incluso, Kirguistán, ya sé a quién llamar. Para establecer contactos de esta manera, claramente se necesita tener una visión a largo plazo e invertir mucho tiempo. Pero obtendrás mucho más de lo que puedes imaginarte".

ERRORES COMUNES AL ESTABLECER CONTACTOS

Los errores más comunes que veo cuando las personas establecen contactos son los siguientes:

- *No dedicar suficiente tiempo a establecer una red de contactos:* puede ser que no se establezcan redes de contactos o se haga esporádicamente.
- *No tener una estrategia para establecer redes de contactos que incluya los niveles hacia arriba, hacia abajo, hacia adentro y hacia afuera:* relacionarse con personas que no expanden el impacto comercial ni la base de conocimientos.
- *Comunicarse solamente con personas cuando se necesita algo:* en lugar de desarrollar una relación mutua y continua de beneficios.
- *Asistir a eventos y solo hablar con personas conocidas:* permanecer siempre en los mismos círculos donde nos sentimos cómodas.
- *Relacionarse solamente con personas de la misma organización:* no desarrollar un enfoque ni contactos externos y amplios con la comunidad empresarial en general.
- *Relacionarse solamente con personas ajenas a la empresa:* desatender a las personas dentro de la empresa y, como consecuencia, no tener alianzas internas sólidas.

- *No tener un plan para establecer una red de contactos que incluya lo siguiente:*
  - Una razón por la cual establecer la red.
  - Planes y objetivos para establecer la red.
  - Personas clave con quienes establecer relaciones.
  - Una manera óptima de relacionarse con las personas clave con quienes se pretende establecer relaciones.
  - Información e ideas que puedan compartirse y que sean bien recibidas.
- *No articular claramente los objetivos y aspiraciones profesionales o empresariales con el trabajo actual.* Tener objetivos propios y ser clara en el trabajo no significa ser presumida ni excesivamente ambiciosa. Solo cuando comparten sus objetivos, las personas pueden descubrir áreas de mutuo interés y colaboración.
- *Monopolizar las conversaciones con los contactos.* Hablar exclusivamente sobre una misma sin pensar en las personas con quienes se conversa. Una persona que sabe establecer contactos es aquella que pregunta y muestra verdadero interés en los objetivos y necesidades de las personas con quienes habla y no solo con los propios.

LIMITACIONES PARA ESTABLECER CONTACTOS BASADAS EN EL GÉNERO

Las normas culturales sobre las conductas apropiadas para las mujeres en las economías en expansión pueden obstaculizar la creación de redes de contactos. Las mujeres de todo el mundo expresan las dificultades que deben enfrentar cuando conocen a alguien con quien deben establecer un contacto. Reconozco y comprendo estas limitaciones. En ciertos lugares, como en el Medio Oriente, es común que los hombres de negocios se reúnan durante la noche en hoteles o en la casa de alguien. Es inadecuado que las mujeres sean vistas en estos lugares para hablar de negocios. En países como Rusia y China, las personas suelen establecer contactos durante la noche, en medio de copas, lo que hace más difícil que las mujeres con hijos o con otras responsabilidades puedan asistir. Es interesante destacar que estas normas también afectan la forma en que las mujeres establecen contactos. ReD Associates, una consultora de estrategia e innovación, llevó a cabo un estudio intercultural y etnográfico sobre las marcas líderes de bebidas alcohólicas y tragos a nivel mundial. El estudio estuvo especialmente enfocado en la manera en que las mujeres salen y consumen alcohol. Como parte del estudio, los investigadores observaron a grupos de mujeres en economías en expansión, como Lagos, Moscú, Bangkok, Shanghái, Seúl y San Pablo. El estudio reveló que las mujeres en Rusia, Nigeria y Brasil beben, en promedio, más que sus contrapartes femeninas en los Estados Unidos.[1]

Este hallazgo puede mostrar la presión que sienten las mujeres por socializar dentro de la estructura cultural existente.

Al principio de su carrera, la mexicana Xiomy Ricardo fue la primera mujer en formar parte del departamento de Ventas de una empresa multinacional. Una práctica común entre los hombres del sector era mantener reuniones y beber tequila todos los días entre las 2 p.m. y las 6 p.m. En muchas regiones, no es bien visto que una mujer comparta el almuerzo, un café o un té (ni hablar de tomar tragos o cenar) con hombres. Pero Xiomy sabía que tenía que relacionarse con los clientes, incluso cuando considerara inaceptable participar en reuniones donde se bebiera durante la tarde. Al principio, asistía a las reuniones, pero se sentía incómoda y descubrió que, en realidad, no se hablaba mucho de negocios. Firme y decidida, cambió su enfoque y decidió dejar de asistir a las reuniones. "En cambio, programaba desayunos de trabajo".

Esta táctica resultó eficaz. Permitió que Xiomy pudiera reunirse y conocer a sus clientes de una manera adecuada para ella. "Debes trabajar arduamente, relacionarte, hacerte conocer y venderte", afirma Xiomy.

Se puede establecer una red de contactos de diversas maneras, incluso en los países en donde las interacciones entre hombres y mujeres son más estrictas. Las mujeres inquebrantables pueden realizar lo siguiente:

- Crear citas para reunirse con las personas en sus oficinas o en la de ellos.
- Asistir a eventos o conferencias en donde habrá otras personas.

- Pedirles a otras mujeres que las acompañen a las reuniones para no ser las únicas allí.

- Hacer comentarios a las propias empresas para que sepan que organizar reuniones en lugares inapropiados para las mujeres puede afectar de manera negativa la capacidad de establecer contactos y destacarse en el trabajo. Se puede recomendar que se realicen más reuniones durante el horario laboral y en el lugar de trabajo.

- Conectarse con otras personas a través de LinkedIn, en grupos en línea creados por miembros de sus sectores y destinados a ellos, enviar artículos e ideas a otras personas, o hacer preguntas a personas de sus redes sociales por correo electrónico.

PASE LO QUE PASE, NUNCA DEJES DE ESTABLECER REDES DE CONTACTOS

Algunas mujeres dicen que están muy ocupadas como para establecer redes de contactos. Este es uno de los errores más graves que una mujer puede cometer en su carrera. Una de las primeras cosas a las que se renuncia en el intento por integrar la vida personal y laboral es a la creación de una red de contactos. No se dan cuenta de que crear una red de contactos forma parte del trabajo. No es una tarea adicional o que se realiza solo si se tiene el tiempo.

No puedo contar las veces que mis clientes actuales y anteriores me han llamado para decirme que quieren o necesitan encontrar un nuevo trabajo o que necesitan hablar con alguien sobre sus empresas. Llaman en estado de pánico y me comentan que han estado tan ocupadas trabajando que no llegaron a establecer contactos con las personas que ahora necesitarían contactar.

A continuación doy un ejemplo. Una ex cliente comenzó a buscar trabajo un tiempo después de que se vendiera la empresa en la que trabajaba. Pensó que podía contactarse con varios encargados de seleccionar personal, tomar un café con algunas de las personas con las que no se había mantenido en contacto durante los últimos años y que obtendría un trabajo. Me sorprendió su confianza, pero desafortunadamente, no es tan fácil. Para obtener un buen trabajo, debes conocer a las personas que están conectadas con las oportunidades, que conocen tus capacidades y que pueden recomendarte. No puedes crear una red de contactos de la noche a la mañana. Tampoco tendrás una red de contactos si solo te relacionas con las personas cuando las necesitas.

El mejor momento para establecer contactos es cuando no necesitas nada de nadie.

El momento correcto para establecer contactos es ahora y siempre, no cuando tienes tiempo, no "después" ni tampoco cuando más los necesitas.

MENTORES Y MENTORÍAS

Un objetivo importante al crear una red de contactos es desarrollar relaciones con varios mentores. Un mentor es alguien que brinda consejos relevantes y sólidos basados en su experiencia.

Lucila Suárez Battan es una joven emprendedora de Argentina que compartió su experiencia. "Tengo una mentora que se llama Adriana Felella. La conocí hace algunos años, cuando trabajaba en Movistar. Al principio, me ayudó a expresar mis necesidades para que pudiera pedir lo que necesitaba y para que pudiera distinguirme dentro de la empresa. A pesar de ser experta en comunicaciones estratégicas y de trabajar de manera independiente, se tomó un tiempo para guiarme. Adriana me hacía preguntas que ayudaron a que viera las cosas desde una perspectiva diferente. Un año más tarde, se convirtió en mi jefa y nuestra relación se hizo más estrecha aún". Gracias a la estrecha relación que mantenían, Adriana pudo entender y apoyar la agenda de trabajo preferida de Lucila, lo que le permitió llevar una vida integrada.

Lucila explicó: "Soy noctámbula. Las mañanas son mi punto débil. No me gusta tomar el transporte público en la hora pico, por lo que planeo comenzar mi día tarde y terminarlo tarde. Llego a la oficina alrededor de las 10.30 a.m. o incluso, a las 11.00 a.m. A Adriana no le importaba ese horario porque sabía que era la manera para que yo fuera feliz y productiva. De vez en cuando, también podía trabajar desde mi casa".

La mentora de Lucila la ayudó a enfocarse en sus habilidades y a descubrir su pasión, incluso cuando eso, finalmente, significara que Lucila abandonara su trabajo en Movistar. Ella dice: "Tenía un compañero de trabajo sénior que solo me asignaba tareas simples para hacer. Él hacía todo el trabajo que tenía más exposición. A Adriana no le gustaba eso, porque veía mi potencial y poco a poco comenzó a asignarme tareas mejores. Me apoyó cuando algunos compañeros de equipo a los que les asignaban tareas menos importantes comenzaron a hablar a mis espaldas".

Y continuó: "En las grandes empresas pueden surgir muchos rumores. Tuve que aprender a lidiar con ellos y a evitar los comentarios negativos. Estaba trabajando arduamente y Adriana me ayudó a darme cuenta de que merecía todo lo bueno que me estaba pasando. Lo había ganado. Por eso, mi confianza en mí misma aumentó. También me ayudó a lograr un equilibrio entre mi vida personal y laboral, y a implementar acciones para evitar las cosas que me detenían".

Así como sucedió con Lucila, una relación adecuada de mentoría acelerará tu éxito. Una relación de mentoría tampoco se construye de la noche a la mañana, porque se basa en la confianza y en los intereses mutuos. Puedes tener un mentor durante un plazo largo o solo durante un periodo breve. Sin embargo, los objetivos son los mismos: aprender de las experiencias e ideas de tu mentor. Te recomiendo enormemente que encuentres mentores en cada etapa de tu carrera.

TIPOS DE MENTORES

Por lo general, se necesitan diferentes tipos de mentores. Existen tres tipos de mentores con los que te recomiendo que establezcas una relación.

- **Tipo 1.** Un mentor que tenga amplios conocimientos en tu campo o sector.
- **Tipo 2.** Un mentor que tenga perspectivas significativas sobre lo que conlleva ser exitoso profesionalmente.
- **Tipo 3.** Un mentor que sea más joven que tú y por lo tanto, que tenga experiencias y conocimientos más recientes y diferentes en tu campo, o en otras áreas que quisieras explotar. Este tipo de mentoría se denomina comúnmente *mentoría inversa*. Por lo general, las personas no conciben que alguien más joven y con menos experiencia pueda ser mentor, pero este tipo de mentoría puede ser fundamental para mantenerse actualizada y adelantarse a los nuevos desarrollos.

FORMAS DE ESTABLECER UNA RELACIÓN CON MENTORES

¿Qué características debe tener un mentor? Busca personas que vean y comprendan tus fortalezas y debilidades, así como tus aspiraciones y objetivos empresariales y profesionales. También deben comprender tu ámbito o el ámbito en el que te quieres insertar. Más importante aún, es que tu mentor debe querer y estar dispuesto a invertir su tiempo en ti. Un buen mentor te alentará, te hará comentarios y te dará opiniones bien directas sobre lo que debes pensar, hacer y no hacer.

Ana Kolarević encontró a su mentor, Saša Cvetojević, a través de su red de contactos. Como fundador de una incubadora local de empresas tecnológicas, él fue una de las primeras personas que vio que la idea de Ana se podía convertir en realidad. Cuando escuchó a Ana, creyó que su idea empresarial tenía futuro y decidió que quería ayudarla a concretar su visión. Ana fue muy afortunada.

Muchas otras mujeres, raramente encuentran o les es muy difícil encontrar al mentor correcto. Casi la mitad de las mujeres con las que hablé no tienen mentores, una situación similar a lo que reveló un estudio realizado en diciembre de 2013, entre más de 300 mujeres emprendedoras de nueve países de América Latina, comisionado por el Fondo Multilateral de Inversiones (FOMIN), un miembro del Banco Interamericano de Desarrollo (BID), y llevado a cabo por EY.[2]

Mujeres como Ana Sánchez, una ingeniera de placas de circuitos impresos de Intel en Guadalajara, México, desean tener mentores. Ella dijo que, a pesar de ocupar varios puestos a lo largo de su carrera en los que desarrolló capacidades técnicas, diferentes perspectivas y habilidades para resolver problemas, hubiera deseado tener un mentor que la ayudara a desarrollar un plan profesional que la llevara más allá de su trabajo actual.

Le pregunté a la asesora comercial argentina, Carolina Dams, quien investiga sobre emprendimientos, por qué muchas mujeres emprendedoras *no* tienen mentores. Su respuesta fue más profunda de lo que podría suponerse a simple vista. "No me sorprende que la mayoría de las mujeres no tenga mentores. Sin embargo, no creo que sea una cuestión de género. Supongo que si le preguntas a los hombres, obtendrías una respuesta similar. Creo que la idea de mentoría es una cuestión cultural y poco común en esta parte del mundo". Ella concluyó: "Tener un mentor empresarial de manera formal es una práctica relativamente nueva en América Latina".

Establecer una relación de mentoría requiere mucho tiempo para evolucionar naturalmente. Por lo general, el mentor te elige a ti. A veces, ambos desarrollarán una relación mutua que tendrá como resultado la mentoría. No es apropiado ni aconsejable preguntarle a alguien a quien acabas de conocer o que apenas conoces si desea ser tu mentor.

Lo más probable es que encuentres a tu posible mentor a través de tus esfuerzos por establecer una red de contactos. Esta es otra razón por la cual es importante establecer una red de contactos. Cuando conozcas personas inspiradoras, de quienes puedes aprender, acércate a ellas en persona, por teléfono, correo electrónico o por cualquier medio que consideres adecuado. Hazles saber que fue un placer conocerlos y hablar con ellos, que sus ideas te han resultado muy útiles. Luego pregúntales sus opiniones o pídeles consejos sobre algún tema específico. Para finalizar, dales las gracias y pregúntales qué puedes hacer por ellos para devolverles el favor. A muchas personas (incluso a mí) les molesta cuando alguien pide consejos y nunca más se comunica para dar a conocer lo que sucedió en la situación en la que necesitaban ayuda. Por eso, asegúrate de agradecerles e infórmales cómo aprovechaste o te beneficiaste de la ayuda que te brindaron. Luego puedes comunicarte nuevamente con tu posible mentor y compartir algo que le pueda interesar, como un artículo, un evento o información útil.

La próxima vez que veas a tu posible mentor, conversa con él/ella para ver si sigue existiendo esa conexión mutua. En ese caso, pregúntale si estaría dispuesto/a a reunirse contigo para hablar sobre un tema específico. Si acepta y la conversación fluye, ponte en contacto nuevamente y cuéntale sobre lo que sucedió como resultado de sus charlas. Sería adecuado preguntarle si estaría dispuesto/a a brindarte asesoramiento de manera ocasional, solo después de haber tenido varias de estas interacciones.

Si el/la mentor/a acepta, pregúntale la frecuencia y la forma en que prefiere que se desarrollen dichas interacciones. Cuando te comunicas, mantienes el contacto y les devuelves valor, es posible que algunas personas se conviertan en tus mentores sin siquiera preguntarles formalmente "¿quieres ser mi mentor?". Cuando hables de tu mentor/a, puedes referirte a él/ella con el término *mentor o mentora*, para que sepa el valor que tiene para ti el consejo que te ha dado.

Lovely Kumar es jefe de Proyectos en Larks Learning, una empresa de evaluación psicométrica y capacitación en la India. Ella describe los beneficios de la mentoría de la siguiente manera: "Cada interacción es una oportunidad de aprendizaje y debe tratarse como tal. Si pienso en mi carrera, puedo ver varios puntos de inflexión creados por los hombres y las mujeres que creyeron en mí. Lo interesante es *que ninguna de estas relaciones se desarrolló a través de programas planificados de mentoría*, sino que fueron el resultado de fragmentos mínimos, bebiendo un café, esperando para entrar en una reunión, etc. Tal como dice uno de mis mentores, M. M. Pant: 'Cuando nos reunimos, lo que aprendí de ti es mío. Y lo que aprendes de mí, es tuyo. Esa es la regla en la economía del conocimiento'".

Para las mujeres, existen desafíos adicionales si el mentor correcto es un hombre (lo que suele suceder en la mayoría de los casos). No permitas que las posibles percepciones de otras personas te impidan establecer una relación con un mentor.

LIMITACIONES PARA ESTABLECER UNA RELACIÓN DE MENTORÍA BASADAS EN EL GÉNERO

A medida que aumenta la cantidad de mujeres en el mundo laboral, hay más mujeres que pueden ser mentoras. Sin embargo, también es probable que tu mentor ideal sea un hombre. Según el lugar donde vivas, esto podría significar una serie de desafíos. ¿Cómo puedes tener una relación de mentoría sin contradecir las normas culturales? En algunos países, eso puede significar un gran obstáculo. Pero si sucede que el mentor adecuado para ti es un hombre, no desaproveches sus consejos.

Les pregunté a hombres en las economías en expansión qué pueden hacer las mujeres para evitar que las personas critiquen o prejuzguen las relaciones de mentoría entre un hombre y una mujer. Ellos respondieron que las mujeres deberían comunicar claramente las razones de las reuniones con sus mentores, desde el principio y luego, regularmente, ya sea dentro de sus organizaciones como en sus comunidades.

Olu Omoyele de Nigeria, especialista técnico en Bank of England, cuenta que les dice a las mujeres que si desarrollan y mantienen una imagen constante, un fuerte sentido de identidad y el enfoque en su trabajo, minimizarán los riesgos de que surjan rumores y especulaciones sobre las relaciones con sus mentores. Omoyele advirtió que algunas mujeres suelen pensar que necesitan más mentoría de la que realmente necesitan. "A pesar de que las mujeres ambiciosas deberían buscar más espacios de mentoría, no deben quedarse con esa mentalidad de que 'las mujeres necesitan ayuda adicional', porque es falso".

A continuación, encontrarás algunos consejos para tener en cuenta sobre las consideraciones culturales.

- Pídele a alguien que tengas en común con tu posible mentor que se ponga en contacto con él en representación tuya para saber si desea ser tu mentor.
- Reúnete con tu mentor solo en su oficina o en tu oficina y durante el horario de trabajo.
- Principalmente comunícate con él por teléfono, Skype o correo electrónico, en lugar de hacerlo en persona. Es común que las personas tengan mentores que no viven en la misma ciudad y aún así, puedan obtener consejos relevantes.

- Habla con tu empresa sobre la posibilidad de crear un programa de mentoría entre empresas para que te puedan asignar a un mentor y que esté autorizado por tu empleador, en vez de que debas involucrarte en esta actividad por tu propia cuenta.

Si ninguna de las opciones anteriores es viable y sientes que no es aceptable ni adecuado que tengas un mentor hombre, y si, además, no puedes encontrar a una mujer que satisfaga tus necesidades, no te quiebres ni te des por vencida. ¡Existen otras alternativas!

ALTERNATIVAS A LA MENTORÍA

A continuación se encuentran varios métodos alternativos para obtener la mentoría que necesitas.

Crea una junta de asesoramiento empresarial informal. Identifica a un pequeño grupo de personas que tengan conocimientos en diversos temas y que te ayudarán a comenzar o a desarrollar tu negocio. Pregúntales si estarían dispuestas a formar parte de un equipo de asesores para ayudarte a que comiences tu negocio. Organiza reuniones regulares con este grupo para solicitar sus aportes y consejos. A medida que desarrolles tu negocio, ellos pueden llegar a formar parte de una junta de directores más formal. Tendrás que verificar cualquier implicancia legal que pueda llegar a tener este grupo. Además, asegúrate de que los potenciales miembros de la junta de asesoramiento sepan que no tienen responsabilidades legales por las actividades de tu empresa.

Crea una mesa redonda con profesionales o empresarios, o un grupo de mentoría entre pares. Identifica a un grupo de colegas que admires por sus éxitos y conocimientos. Puedes incluir solo a mujeres, o personas de ambos sexos. Los miembros del grupo deberían reunirse regularmente y actuar como guías entre sí, compartir ideas, prácticas recomendadas, contactos y hacerse responsables mutuamente por los resultados.

Participa de mentorías remotas. Investiga acerca de programas de mentorías en otros lugares o ciudades, identifícalos e inscríbete en ellos. Hay programas de este tipo destinados a mujeres trabajadoras (tanto para quienes trabajen en una empresa como para quienes sean emprendedoras), en los que se forman parejas de mentores. La Cherie Blair Foundation y TechWomen ofrecen programas ejemplares de este tipo para mujeres en economías en expansión.

Establece relaciones con compañeros de pensamiento. Identifica a individuos con características similares a aquellos que incluirías en la junta de asesoramiento o en la mesa redonda de profesionales, pero en este caso, reúnete con ellos individualmente, y no en grupo, y hazlo cada vez que lo necesites, y no regularmente.

Participa en eventos de mentoría. Las organizaciones de mujeres empresarias de todo el mundo ofrecen eventos de mentoría presenciales en los cuales encontrarás a mentores voluntarios que te pueden brindar su asesoramiento sobre los asuntos empresariales con los que estés lidiando. Esto no es lo mismo que mantener una relación continua con un mentor comprometido, pero puedes conocer a alguien en estos eventos con quien desarrolles esa relación. Un gran ejemplo de este tipo de eventos es el Mentoring Walk organizado en todo el mundo por Vital Voices.

Contrata a un guía profesional o empresarial. Si cuentas con los recursos, contrata a un guía profesional o empresarial que tenga el conocimiento necesario para ayudarte a lograr tus objetivos.

SÉ MENTORA

Además de tener mentores, también te recomiendo que destines un tiempo a actuar como mentora de otra persona, probablemente, de otra mujer. Alena Vladimirskaya, fundadora de la empresa de selección de personal PRUFFI, en Rusia, hace exactamente eso. "No se trata de ser exitosa una misma, sino que también debemos ayudar a que el talento joven se expanda y a que el mundo cambie para mejor a través de los negocios. Creo que las mujeres somos quienes más responsabilidades asumimos, y estamos ansiosas por crecer, aprender y aprovechar las oportunidades. Por eso, la mayoría de las personas que contrato en PRUFFI son mujeres".

Alena explica cómo ayudó a Sasha Olenina, fundadora de WeStudy In, a desarrollar su propia empresa y a explorar el ámbito del capital de riesgo y los emprendimientos en Moscú a través de la mentoría. "Me gusta fomentar el talento joven. Sasha me pidió mi apoyo, ayuda y conocimiento, y yo acepté ayudarla para que se convirtiera en una líder y en una emprendedora". Con la ayuda y mentoría de Alena, Sasha pudo recaudar 300 000 dólares estadounidenses en capital de riesgo para financiar su empresa emergente en Moscú.

Cuando le pregunté a Sasha cómo era su relación con Alena, respondió: "Alena encontró mi perfil en VK.com y me envió un mensaje. En ese momento, tenía 50 000 seguidores en una página para obtener asistencia financiera y becas para estudiar en el exterior en VK. Comencé con We Study In mientras estaba en Londres. Luego de un mes, volví a Moscú y comencé a reunirme y hablar regularmente con Alena. Alena me ayudó a encontrar al jefe de tecnología para mi proyecto. También me aconsejó sobre marketing y puso a sus contactos a mi disposición. Cuando necesitábamos acercarnos a alguien que ella conocía, Alena nos presentaba. Esto fue lo que sucedió, por ejemplo, con nuestro inversor, el cofundador de HeadHunter (hh.ru), donde Alena solía trabajar, quien nos apoyó con dinero, con sus habilidades y sus conocimientos".

En África, Angela Oduor también es mentora de mujeres. "Durante el lanzamiento de iHub en 2010, me di cuenta de que había muy pocas mujeres en la sala", Angela comentó. Solo el 15 % de las mujeres kenianas trabajan en el sector tecnológico. "Por eso, cofundé AkiraChix, una organización que trabaja para fomentar la tecnología entre mujeres jóvenes. Nuestra meta en AkiraChix fue crear una vía que sirviera para fomentar y guiar a las mujeres jóvenes para que se involucraran en carreras relacionadas con la tecnología, y para ayudarlas a ganar confianza y triunfar en este campo. Actuamos como mentores de estudiantes mujeres que asisten a la escuela secundaria o a la universidad, y les presentamos oportunidades profesionales relacionadas con la tecnología".

Continuó: "Capacitamos a mujeres jóvenes de entornos socioeconómicamente pobres, les ofrecemos un curso intensivo gratuito de un año, y esperamos que, al finalizar el curso, puedan hacer uso de algunas de las habilidades que han adquirido para mejorar su situación económica. También organizamos eventos para que las mujeres involucradas en el sector tecnológico se conozcan, puedan establecer contactos y colaborar entre sí".

UN PATROCINADOR

Existe otro tipo de relación que resulta esencial para acelerar tu éxito profesional: debes tener un patrocinador. Un patrocinador es alguien que tiene la antigüedad, el prestigio y el poder para apoyarte. Usa sus influencias para ofrecerte más oportunidades profesionales y empresariales.

Nuevamente, es más fácil para los hombres en las economías en expansión (en realidad, para los hombres de todo el mundo) establecer una relación de patrocinio y hoy, hay muchos más hombres que mujeres que tienen patrocinadores. Sin embargo, al igual que los hombres, las mujeres también necesitan patrocinadores para abrirse camino. Cuando las mujeres tienen un patrocinador, aumentan las oportunidades de avanzar. Tener un patrocinador es una de las estrategias profesionales que pueden marcar una gran diferencia en el avance profesional de las mujeres.

Debido a que algunas mujeres de todo el mundo aún no están familiarizadas con el término *patrocinador*, voy a definirlo. Un patrocinador es alguien que tiene mucha influencia en tu organización, sector o mercado, y que, al brindarte su apoyo, crea oportunidades que acelerarán tu éxito. El término *patrocinador* se utiliza mayormente para referirse a una persona influyente dentro de una empresa que te brinda su apoyo, pero también puede ser alguien que esté fuera de la empresa y que desee y pueda ayudar a un emprendedor.

Tantaswa Fubu, jefe ejecutiva de personal en KPMG en Sudáfrica, es una patrocinadora activa. "Identifico a empleadas mujeres que creo que tienen potencial y me ofrezco como patrocinadora profesional, en la mayoría de los casos, sin discutirlo formalmente. Cuando surgen proyectos difíciles e interesantes, me aseguro de que participen en ellos para que puedan ganar confianza en sus propias capacidades. Me niego a tomar las decisiones relevantes para sus trabajos en nombre de ellas, porque quiero que aprendan a confiar en sus capacidades para tomar decisiones. Deben cometer sus propios errores y aprender de ellos. Tienen que sentirse fuertes. Creo que mi trabajo es fortalecerlas y apoyarlas.

Desafortunadamente, soy bastante dura y exigente con las personas, pero la mayoría entiende hacia dónde quiero ir y lo aprecia, y entienden que solo tengo las mejores intenciones. Además, también es necesario mantener conversaciones críticas con los compañeros hombres sobre cómo cambiar el panorama, porque sabemos que no podemos lograrlo solas".

En el Medio Oriente, como en gran parte del mundo, el sector de la tecnología de la información (TI) es dominado principalmente por hombres. Sin embargo, eso no detuvo a la inquebrantable jordana, Tamara Abdel Jaber. En 1997, con tan solo 26 años, Tamara fundó una empresa de TI y, al momento de nuestra entrevista, tenía 22 empleados de tiempo completo y 150 contratistas en todo el Medio Oriente. En 2011, la revista *Arabian Business* la nombró como una de las 100 mujeres árabes más poderosas. Su empresa, Palma Consulting, fue reconocida como una de las 30 empresas de más rápido crecimiento en Jordania. Tamara atribuye gran parte de su confianza y éxito a la orientación que recibió de su patrocinador, Khaled Kilani.

"Conocí a Khaled luego de graduarme de la universidad. Vio mi pasión por el emprendimiento y mi deseo de desarrollar mi propio negocio. Me prometió que, luego de trabajar cinco años con él, podría comenzar mi propio negocio. Y así fue: cinco años más tarde, se creó Palma. Durante el tiempo que trabajé con Khaled, pude trabajar para muchas empresas y guiar muchas inversiones. Tuve que resolver asuntos legales, impositivos y de recursos humanos, con lo que sumé nuevas habilidades a mi base educativa en finanzas, contabilidad y TI. El conocimiento y la experiencia que adquirí me dieron el coraje para comenzar mi propio negocio".

Algunas personas consideran que es más importante tener un patrocinador que un mentor. Mi opinión es que ambas relaciones son igualmente importantes debido a diferentes razones, y cualquiera de ellas puede ser más importante que la otra en diferentes etapas de una carrera. Al principio de tu carrera o durante los procesos de transición, es fundamental contar con el mentor o guía correcto. Un mentor comparte sus experiencias y brinda comentarios y consejos importantes para ayudarte a superar situaciones y descubrir la mejor manera de avanzar.

Por otro lado, necesitas a un patrocinador cuando tienes un objetivo profesional específico que quieres alcanzar. Un patrocinador puede ayudarte a obtener la oportunidad que quieres o a conseguir tareas, proyectos u oportunidades que sabes que serán invaluables para tu carrera o negocio (incluso, cuando no sabes nada al respecto).

DIFERENCIAS ENTRE MENTORES Y PATROCINADORES

A continuación se describen las diferencias entre los mentores y los patrocinadores.

LOS MENTORES...	LOS PATROCINADORES...
Te brindan su tiempo.	Te brindan oportunidades.
Trabajan contigo en privado.	Trabajan para ti en público.
Invierten en ti.	Realizan inversiones para ti.
Te ayudan a cambiar.	Hacen que se produzcan cambios para ti.
Te brindan consejos.	Abogan por ti y dan su aprobación.

A menudo, trabajar con un mentor genera muchas experiencias positivas, como hablar, obtener inspiración y consejos, pero no ayuda a obtener lo que deseas. El propósito de un patrocinador es que obtengas resultados. Las mujeres trabajadoras exitosas saben que los ascensos no se basan solo en el desempeño y que las mejores asignaciones no siempre las consiguen quienes *más las merecen* (no importa con qué términos se defina este concepto en tu empresa). Las mujeres empresarias exitosas también saben que, si bien tanto los mentores como los patrocinadores son componentes clave de sus estrategias profesionales, contar con el patrocinador adecuado puede marcar la diferencia entre el estancamiento y el progreso.

Trabajé en Bank of America durante 16 años. Fue mi primer trabajo luego de graduarme. Comencé como prestamista comercial y tuve una maravillosa carrera, llena de crecimiento y oportunidades. Trabajé arduamente. Y dio sus frutos. Nací en el Medio Oriente, viví y viajé alrededor de todo el mundo y hablo varios idiomas, lo cual me ha abierto oportunidades en el sector de banca internacional y me ha dado visibilidad dentro de la organización. El Bank of America estaba creciendo rápidamente en ese momento, e implementaban una práctica maravillosa de desarrollo de talentos que consistía en asignar trabajos a personas que no tenían ninguna experiencia previa.

Fui afortunada porque muchos líderes del banco reconocieron mi potencial y mis contribuciones, y así me rotaron varias veces de trabajo. Mi primer trabajo fue administrar el programa de capacitación de gestión bancaria en la región del Atlántico Medio de los Estados Unidos. Luego obtuve un puesto en el departamento de Capacitación y Desarrollo Organizacional. Finalmente, luego de sucesivas rotaciones, asumí un puesto de gestión ejecutiva de capacitación, desarrollo y educación en el banco de Virginia. Los resultados que conseguí y los gerentes y mentores que tuve jugaron un papel muy importante en mi trayectoria profesional. Sin embargo, mi habilidad para relacionarme con quienes tomaban decisiones que podían influir en mi carrera surgió gracias a mi relación con el presidente del banco de Virginia: Doug Cruickshanks. Él me asignaba tareas desafiantes y me trataba como si fuera su socia. Su patrocinio no tuvo precio.

CÓMO ENCONTRAR A UN PATROCINADOR

Si deseas encontrar a un patrocinador, debes enfocarte en producir los resultados que captarán la atención de los líderes influyentes y experimentados. Por lo general, son los mismos patrocinadores quienes eligen a quienes patrocinar, y no al revés. Eligen a las personas a partir de lo que observan y de lo que saben sobre sus capacidades, contribuciones y posible futuro. Algunas organizaciones de vanguardia ofrecen programas formales de patrocinio con el fin de facilitar las asignaciones profesionales a los empleados con alto potencial. Si trabajas en este tipo de organizaciones, entonces debes producir resultados y hacerte visible para que puedan asignarte a un patrocinador influyente.

Si eres emprendedora, si tu organización no brinda este tipo de programas o si los brinda pero no has sido elegida para formar parte de ellos, entonces debes esforzarte para conseguir tu propio patrocinador.

Los patrocinadores ponen en juego su reputación cuando apoyan a alguien. Para poder apoyarte, un patrocinador tiene que poder comunicar tus logros y aspiraciones. Para que pueda comunicar tus logros, tiene que saber cuáles son. Así que recuerda que debes comunicar tus resultados.

No es común que le pidas a alguien explícitamente si quiere ser tu patrocinador. El proceso se suele dar de la siguiente manera:

- A medida que generes resultados y hagas conocidos tus logros, llamarás la atención de los líderes influyentes.
- Al principio, tu trabajo será entregarles valor *a ellos y a sus empresas.*
- A medida que agregues valor, comenzarás a construir una relación que servirá como base para compartir tus aspiraciones.
- En este punto, ya puedes pedirles ayuda para que te incluyan en ciertos trabajos o proyectos específicos que desees realizar.
- Muestra que estás interesada en realizar tareas que llamarán la atención de posibles patrocinadores.
- Expresa tu intención de desempeñarte al máximo en cada situación, y que estás comprometida con el futuro de la empresa.
- Si ayudas a los líderes influyentes, es posible que en el futuro elijan apoyarte y convertirse en tus patrocinadores.

Para obtener más información sobre los patrocinadores, te recomiendo el libro de Sylvia Hewlett: *Forget a Mentor, Find a Sponsor: The New Way to Fast Track Your Career* ("Olvida a los mentores, busca a un patrocinador: la nueva forma de impulsar tu carrera").

AHORA ES TU TURNO

Mejora tu red de contactos con las siguientes actividades para reflexionar y con estas acciones para implementar.

PARA REFLEXIONAR: ¿CUÁL ES LA CALIDAD DE TU RED DE CONTACTOS?

Evalúa tu red de contactos de la siguiente manera.

- ¿Tengo una red amplia y extensa, limitada, pequeña o inexistente? Utiliza los distintos niveles para establecer redes de contactos (hacia arriba, hacia abajo, hacia adentro y hacia afuera) para evaluar la cantidad y el tipo de personas con las que te relacionas.

- ¿Con qué frecuencia y de qué manera me contacto con las personas de mi red?

- ¿Qué maneras de establecer contactos son mis preferidas? ¿Con cuáles de ellas me siento más cómoda? *Ejemplos: en eventos, en persona, en línea.*

ACCIONES
PARA FORTALECER TU RED DE CONTACTOS

Para ampliar y fortalecer tu red de contactos, implementa las siguientes acciones.

- Según tus objetivos empresariales o profesionales, identifica entre tres y cinco personas con las que te gustaría relacionarte o con las que te gustaría retomar el contacto.

- Dependiendo de cuál sea tu estilo favorito para establecer contactos, identifica dónde se encuentran las mejores oportunidades para conectarte con las personas y cómo hacerlo.
  Ejemplos: a través de una organización o de un contacto en común, en un evento próximo, o por un correo electrónico.

- Elabora un plan con un tiempo específico para ponerte en contacto con las personas que hayas identificado.

? PARA REFLEXIONAR: ¿QUÉ TIPO DE MENTORÍA ESTÁS DANDO O RECIBIENDO?

Evalúa la mentoría.

- ¿Estoy obteniendo el tipo correcto de mentoría y de consejos que necesito para alcanzar mi definición de éxito?

- ¿Con qué frecuencia me reúno con mis mentores?

- ¿Soy mentora de alguien?

- ¿Con qué frecuencia me reúno con las personas a quienes sirvo de mentora?

**ACCIONES
PARA MEJORAR TU ORIENTACIÓN**

Recuerda que se necesita atención y esfuerzo para mantener y fortalecer tu red de contactos. Es probable que debas cambiar tu agenda o tus prioridades a fin de obtener el tipo correcto de mentoría o patrocinio que deseas.

- Si tienes el tipo de mentor que necesitas, exprésale tu gratitud y comparte los resultados que obtuviste a partir de su ayuda.

- Si sientes que necesitas orientación adicional, identifica a alguien de tu red de contactos que creas que pueda ayudarte, vuelve a la sección de este capítulo sobre establecer una relación con un mentor y desarrolla un plan para establecer una relación con esta persona.

- Si ya eres mentora, comprométete con la ayuda que estás brindando.

- Si todavía no eres mentora, identifica a alguien que puedas ayudar y comienza una relación con esa persona.

PARA REFLEXIONAR:
¿ESTÁS LISTA PARA TENER UN
PATROCINADOR?

Si estás lista para llevar tu carrera o empresa al próximo nivel, es posible que te sea conveniente obtener la ayuda de un patrocinador. Responde las siguientes preguntas para descubrir si estás lista para tener un patrocinador.

- ¿Soy una persona que trabaja constantemente en pos de mi desarrollo profesional y que muestra iniciativa para asumir nuevas tareas en el trabajo?

- ¿Hago contribuciones significativas y produzco resultados dentro de mi organización?

- ¿Me conoce mi posible patrocinador? ¿Tiene un buen concepto de mí?
  Ofrecerse como voluntaria para trabajar en proyectos, comités, iniciativas o actividades comunitarias que realiza o lidera el posible patrocinador, son maneras de hacerse ver.

- ¿Sé cómo me gustaría desarrollar mi carrera y qué puestos futuros me gustaría ocupar? ¿Puedo articular mis deseos con los de mi posible patrocinador?

Si respondiste afirmativamente a estas preguntas, implementa las siguientes acciones para conectarte con tu posible patrocinador.

ACCIONES
PARA AYUDARTE A CONECTARTE CON TU
POSIBLE PATROCINADOR

Si respondiste afirmativamente a todas las preguntas anteriores, entonces puedes comenzar (sola o con la ayuda de tu mentor) a entablar una relación con un líder sénior de tu organización o tu sector en general, que tenga el poder y la influencia suficientes como para ser tu patrocinador. Si no respondiste afirmativamente a las cinco preguntas, sigue trabajando para mejorar tus habilidades y resultados. Luego cultiva la relación con personas de tu red de contactos con esmero, como se describió anteriormente.

RESUMEN

Crear una red de contactos profesionales y contar con el apoyo de mentores y patrocinadores te permite obtener oportunidades que te llevarán hacia tu definición de éxito. Usa tus conocimientos, tus contactos y tus contribuciones para conseguir oportunidades. Existen grandes oportunidades disponibles para las mujeres que poseen educación, habilidades, confianza e impulso.

Para potenciar tu éxito, tu plan de avance profesional o empresarial debe incluir lo siguiente:

- Una sólida red de contactos con cuatro tipos de relaciones: hacia arriba (personas más experimentadas), hacia abajo (personas menos experimentadas), hacia adentro (dentro de tu organización), y hacia afuera (con personas de tu campo o comunidad).
- Mentoría.
- Obtener oportunidades a través de tu iniciativa propia y, quizás, a través del apoyo de un patrocinador.

— HÁBITO 6 —

Liderar

*Crea caminos nuevos para ti
misma y para los demás.*

M E MOLESTA CUANDO ESCUCHO QUE LES DICEN
a las mujeres que *deberían* avanzar hacia el "próximo nivel"
o "escalar" en sus negocios, que no deberían estar satisfechas
con dirigir un pequeño negocio, sino que deberían "pensar en
grande". Este tipo de conversaciones va en contra de mi creencia
de que las mujeres tienen derecho a tener sus propias definiciones
de éxito, por lo que no voy a adoptar ese enfoque aquí. No voy
a decirte que debes esforzarte por obtener un puesto ejecutivo
ni por comenzar tu propia empresa, a menos que sea lo que tú
deseas para tu vida. Al mismo tiempo, me encantaría apoyarte
y estaría totalmente dispuesta a hacerlo si esos fueran tus
objetivos. Apoyo a todas las mujeres que se enfocan en obtener
sus definiciones personales de éxito.

El principio que defiendo es que tú *lideres*. Te aliento a que pienses en ti misma como alguien capaz de liderar, que pueda convertirse en un modelo a seguir y que pueda marcar una diferencia. Liderar es un hábito que consiste en crear nuevos caminos para ti misma y para los demás. Es necesario el liderazgo para ir más allá de despejar obstáculos e impulsar la prosperidad económica. Es necesario cambiar el sistema, las prácticas, las tradiciones, las leyes y las creencias firmemente arraigadas para poder despejar la inequidad de género de una vez y para siempre.

Has liderado durante toda tu vida, en la plaza, en tu hogar y en tu trabajo. Es probable que no siempre te hayas reconocido o visto como líder, o quizás no te has dado cuenta de que los demás te veían como líder, pero te aseguro que has ocupado ese rol durante toda tu vida. Ahora debes hacerte la siguiente pregunta: ¿Hacia dónde quieres ir con ese espíritu de liderazgo innato que hay en ti?

El mundo necesita líderes. Tu país necesita líderes. Tu comunidad necesita líderes. Para que una economía avance y una nación se desarrolle, es necesario que todos sus habitantes talentosos y brillantes se comprometan con este fin. Es necesario que toda la población aproveche las oportunidades y resuelva los problemas cada día. Es necesario que tú te comprometas.

Las personas en las economías en expansión ya están liderando de diferentes maneras. Un estudio realizado por Grant Thornton sobre 3500 líderes comerciales en 45 economías concluyó que existen dos tipos diferentes de líderes: los modernistas y los tradicionalistas. Los líderes modernistas están más dispuestos a actuar en base a la intuición y a la creatividad, mientras que los líderes tradicionalistas atribuyen menor importancia a estas cualidades. El estudio reveló que los líderes modernistas prevalecen en las economías en expansión como Brasil, Tailandia, Filipinas y Vietnam, mientras que los líderes tradicionalistas prevalecen en países europeos como Francia, Alemania, España y el Reino Unido.[1]

Aún más interesante fue la conclusión a la que arribó Francesca Lagerberg, líder mundial en Grant Thornton: "Los líderes comerciales de Asia y América Latina han podido observar la manera en que evolucionaron y maduraron las técnicas de gestión en occidente. Sin embargo, el estudio muestra que en vez de limitarse a copiar y a reemplazar técnicas de gestión, las están adaptando a sus propias prácticas culturales y de gestión con el fin de adoptar una 'tercera vía' para el mercado local. En mi opinión, no es mera coincidencia que en estas economías haya más posibilidades de que las mujeres sean líderes comerciales. Parecen estar más predispuestas a recibir orientación, a prestar más atención a las técnicas de gestión más modernas y se muestran más dispuestas a delegar. Definitivamente estamos viendo una diferencia en el enfoque que resalta el valor comercial de tener diversidad de géneros en los puestos séniores".[2]

Las mujeres inquebrantables comienzan por asumir el propio liderazgo a partir del momento en que cada una de ellas opta por recorrer el camino que ha identificado y elegido. Permanecen en ese camino hasta que logran adaptar las actividades que desarrollan para proponer soluciones que funcionen para ellas, sus colegas y sus clientes. Perseveran porque tienen objetivos que son muy significativos para ellas. Sus deseos de renovar sus perspectivas hacen que se sientan entusiasmadas y tengan ganas de comenzar cada nuevo día. Los líderes saben cómo administrar la energía para no desperdiciar sus esfuerzos.

Todas las reflexiones y los ejercicios que realizas mientras lees este libro, te predisponen aún más de lo que estabas, para liderar... sí, *liderar* la vida que deseas vivir. Liderar es tener una visión, innovar y encontrar soluciones. No se trata solo de despejar los obstáculos que bloquean tu camino, sino que también se trata de realizar cambios que generen soluciones reales y más oportunidades.

Se trata de ser optimista.

Se trata de agregar valor.

NOTAS

CREA
TU NUEVO
CAMINO

CAPÍTULO 10

CAMBIO

Tú eres la solución.

SI ERES EL TIPO DE MUJER QUE CREO QUE ERES, ya has creado nuevos caminos para ti y para los demás a lo largo de toda tu vida. Puede ser que seas la primera mujer de tu familia en haber estudiado en la universidad, en tener un máster o doctorado o en estudiar en el exterior. Puede ser que seas la primera mujer de tu familia en tener una carrera en una gran empresa o en ocupar un puesto de gestión sénior. Puede ser que seas la primera mujer de tu comunidad en comenzar una empresa, en liderar una organización comunitaria, en involucrarse en una organización benéfica o en ser parte de una junta de directores. Quizás formes parte de la junta de una gran empresa. Quizás eres la gerente general. También es probable que seas un modelo a seguir para otras jóvenes y mujeres. Si te identificas con alguna de estas descripciones, es porque ya eres una líder.

Luego de leer este libro, estarás más lista que nunca para acelerar tu éxito. Estás en acción. Tu confianza, tu coraje y tus contribuciones te convierten en líder. Toma esta oportunidad para decidir hacia dónde y cómo quieres liderar. ¿Qué dirección quieres darle a tu liderazgo?

He trabajado en el desarrollo de liderazgo y gestión, capacitando a líderes durante más de 26 años y, a lo largo de mi carrera, he encontrado a algunos expertos en liderazgo cuyas perspectivas resuenan en mi cabeza e inspiran mi trabajo. Desde el principio de mi carrera, James Kouzes y Barry Posner, autores de *El desafío del liderazgo*, uno de los libros sobre negocios más vendidos durante más de 25 años, son dos de mis personas favoritas. La conclusión que ellos tienen sobre el liderazgo es la siguiente: "El liderazgo no es algo que se limita solo a algunos hombres y mujeres muy carismáticos. Es un proceso al que recurren las personas comunes cuando obtienen lo mejor de ellos mismos y de otras personas".[1] Y se aplica a ti, a mí y a las mujeres *inquebrantables*, a mujeres comunes que quieren obtener lo mejor de ellas mismas y de otras personas.

FORMAS DE LIDERAR DE LAS MUJERES

Además de tener una actitud inquebrantable, todas las mujeres en las economías en expansión que entrevisté, investigué y analicé lideraban un área, algunas eran áreas discretas y otras prominentes, pero estas mujeres lograban dejar una situación mejor que la que encontraban. Las mujeres inquebrantables no se sienten condicionadas por los estereotipos que determinan cómo actúan los líderes. En sus formas de liderazgo, ellas desarrollan productos innovadores, permiten que otras mujeres trabajen en los campos dominados por hombres, y ocupan puestos de liderazgo formales.

Desarrollo de productos y servicios innovadores. Algunas mujeres, como las emprendedoras Afnan Ali en Jordania y Mary Anne de Amorim Ribeiro en Brasil, idearon productos nuevos para satisfacer necesidades aún no atendidas y los hicieron realidad.

Afnan es ingeniera eléctrica e inventó un dispositivo móvil de calefacción individual llamado TEPLO. Mary Anne reunió varias actividades lúdicas diseñadas para estimular el desarrollo cognitivo de niños (CD con canciones infantiles, libros, conjuntos de LEGO® y otros juguetes) junto con guías que explican su uso y las entregó a padres de niños menores de 6 años entre casi 12 millones de familias de bajos recursos de su país que no tienen acceso a centros de cuidados infantiles ni preescolares.

Otras líderes, como las emprendedoras Regina Agyare en Ghana, Sasha Olenina en Rusia, Denise Abulafia en Argentina y Ana Kolarević en Croacia encontraron nuevas maneras innovadoras de resolver problemas reales y necesidades del mercado en sus respectivos países.

Regina produjo un cambio social con su empresa de tecnología, Soronko Solutions. Desarrolló una aplicación móvil basada en la ubicación para empresas pequeñas y medianas en Acra. Esta aplicación permite que las empresas obtengan visibilidad y puedan competir con empresas más grandes. Su empresa también se compromete con proyectos sociales, como la enseñanza de matemática, ciencia e ingeniería a niños en las zonas rurales de Ghana. La empresa de Sasha, We Study In, ofrece oportunidades para que los adolescentes estudien en el exterior.

La organización de Denise Abulafia, Educatina, ha producido más de 3000 videos educativos y ayuda a más de 300 000 estudiantes por mes. Educatina inspira a los estudiantes a aprender con enfoques de enseñanza modernos y con cursos y videos en línea.

En Croacia, Ana supervisó el desarrollo del sistema Sizem, un sistema que mide correctamente el busto de las mujeres y recomienda el talle correcto de sostén desde la comodidad de sus casas. Todo lo que las consumidoras tienen que hacer es ingresar las medidas al sitio web o a la aplicación y son redireccionadas a las tiendas que venden la lencería que desean.

Ayudar a otras mujeres. Podríamos afirmar que todos los ejemplos anteriores de liderazgo a través de la innovación son evidentes. Pero hay una cantidad infinita de otros tipos de liderazgos, que incluye a aquellas mujeres que lideran para ayudar a otras mujeres. Por ejemplo, además de estar a cargo de la empresa de consultoría de Recursos Humanos Altavis Pvt Ltd., Sarika Bhattacharyya, cofundó la red en línea BizDivas, una comunidad donde las mujeres profesionales de la India se ayudan mutuamente para avanzar en sus carreras y en sus vidas. ¿Cuál es la razón? "Queremos favorecer el aumento de la participación femenina en todos los niveles de la economía india. Nos gustaría lograr un entorno corporativo que favorezca el crecimiento profesional de las mujeres con opciones laborales más flexibles. Queremos ver a más mujeres en las reuniones directivas".

De manera similar, en Brasil, la líder sénior de TI, Sandra Portugal, dirige un sitio web llamado Projetando Pessoas que promueve el desarrollo profesional de las mujeres.

Como parte de su trabajo a cargo de una empresa de fundición de acero y aluminio, la sudafricana Tebogo Mashego tiene la oportunidad de viajar por el mundo y de asistir a programas de desarrollo profesional. Hace copias de los materiales que le entregan en dichos programas, se las entrega a mujeres que no tienen acceso a Internet y organiza debates en su casa para transmitir lo que ha aprendido en los eventos que asistió.

La argentina María Gabriella Hoch es voluntaria de la ONG Vital Voices y brinda capacitaciones para expandir la red de contactos, la mentoría y las oportunidades de desarrollo profesionales de las mujeres en la Argentina. Muchas otras mujeres argentinas con las que me reuní también están comprometidas con ayudar a mujeres empresarias. Lorena Díaz es mentora de otras mujeres dentro de su amplia red de contactos. Silvia Torres Carbonell ofrece capacitación sobre emprendimiento y es reconocida como una de las principales líderes de mujeres emprendedoras en la Argentina. Marta Cruz ayuda a las mujeres emprendedoras a triunfar a través de NXTP Labs, la aceleradora de empresas que cofundó.

En Kuwait, la Dra. Rania Azmi, consejera de finanzas e inversión de un gran fondo soberano de inversión del Medio Oriente, también es una defensora incansable en la lucha contra el cáncer de mama.

Para explicar su motivación y ayudar a otras mujeres, la sudafricana Tantaswa Fubu dijo: "Saber que fui una influencia positiva para alguien y que la ayudé a que se posicionara de mejor manera me da una gran sensación de satisfacción. Vivo para eso".

Trabajar en sectores previamente dominados por hombres. En la actualidad, muchas mujeres ocupan puestos de liderazgo que previamente habían sido ocupados exclusivamente por hombres. Algunas de estas mujeres pioneras son Nisreen Ahmed Jaffer, la primera ingeniera en petróleo de Omán; Lyubov Simonova, primera directora en una inversora de capital de riesgo de Rusia; las propietarias de fábricas Tebogo Mashego en Sudáfrica e Yvonne Chow en China; y la jordana Afnan Ali, con una carrera en ingeniería y robótica. También hay una gran cantidad de mujeres que trabajan en el sector de la tecnología, entre ellas, Divine Ndhlukula de Zimbabue, quien sostuvo que fue capaz de triunfar en el campo de la seguridad, que se encuentra dominado por hombres, "prácticamente sin capital y sin experiencia previa" porque pudo ver una brecha en el mercado que otros no vieron.[2]

La nigeriana Adeshola Komolafe, fundadora de Media Insight, describió su experiencia. "El mundo está dominado por hombres. Al principio, era difícil ser mujer en un sector dominado por hombres. Mi empresa competía con otras que estaban bien establecidas. En algunos casos, habían tenido relación previa con nuestros clientes objetivo. Éramos los marginados… ¡sin mencionar el hecho de que la empresa estaba dirigida por una mujer! La única forma de vencer la competencia era a través de la innovación. Para competir de manera efectiva, teníamos que ser mucho mejores que nuestros competidores. Entonces investigamos las últimas tendencias y estudiamos a nuestros futuros clientes. Analizamos sus movimientos previos y buscamos maneras de ofrecerles mejores servicios con tarifas más bajas. La competencia no podía competir con nuestra nueva estrategia de ofrecer mejores servicios con tarifas más bajas.

"Tercerizamos los servicios que no eran esenciales para reducir los gastos. Les pedimos a nuestros clientes que nos enviaran cartas de recomendación para mostrar que estaban satisfechos con nuestros servicios. Luego usamos esas cartas como estrategia de marketing, como punto de partida para obtener nuevos clientes que, de otra manera, no nos hubieran tenido en cuenta".

Ocupar puestos formales de liderazgo. Cada vez hay más mujeres líderes que ascienden a puestos séniores dentro de sus organizaciones. Cada vez hay más mujeres líderes que comienzan sus propias empresas. Cada vez hay más mujeres que demuestran liderazgo a través del apoyo a las necesidades de las personas de sus comunidades. Ya leíste sobre ellas en este libro y probablemente tú misma eres una de ellas.

Las mujeres inquebrantables son líderes y modelos a seguir en sus familias, en sus comunidades, en sus puestos de trabajo y en sus profesiones, e incluso en el mundo. Mientras reflexionas sobre las experiencias de estas mujeres, pregúntate cómo estas mujeres demuestran diferentes tipos de liderazgo y de qué manera quieres liderar.

PREPÁRATE PARA LIDERAR

Al igual que los otros hábitos, el hábito del liderazgo comienza desde tu interior, con tus propias ideas y creencias. Las líderes como tú y las mujeres inquebrantables mencionadas en este libro miran hacia el futuro con optimismo y energía. En el libro *Lo único que usted debe saber*, el investigador sénior de Gallop Organization, Marcus Buckingham afirma lo siguiente (cambia todos los pronombres por femenino): "Los grandes líderes guían a las personas hacia un futuro mejor... La preocupación por el futuro es lo que define a un líder. En sus cabezas tienen presente una imagen vívida del futuro, y esta imagen es lo que los impulsa a implementar acciones".[3] Me gustaría destacar la palabra *mejor* porque representa el optimismo que tienen los líderes. Los líderes se adelantan en sus pensamientos y creen que una cantidad ilimitada de innovaciones, ideas y mejoras son posibles. Creen que existen maneras ilimitadas de mejorar sus propios rendimientos y de mejorar las situaciones. Para ser una líder debes comenzar con imaginar un futuro mejor. Toma la iniciativa, genera ideas, sé ingeniosa, innova y haz mejoras para lograr los resultados que imaginas.

Si este tipo de optimismo es común en las economías avanzadas, en las economías en expansión debería duplicarse porque existen más oportunidades de liderazgo.

Para las mujeres, la fuerza para liderar también proviene de la comprensión y de la valoración de los talentos y perspectivas especiales que solo las mujeres tenemos. Nunca entendí bien el concepto que proponen numerosos artículos, libros y sesiones de capacitación con directrices para actuar "más como hombres" en nuestros puestos laborales. ¿De qué serviría? En lugar de eso, las mujeres deben capitalizar sus fortalezas y las ideas que tienen, contribuir de maneras únicas y expandir sus economías para bien.

Personalmente, pienso en el éxito de una mujer en una empresa de esta manera: para ganar un juego, debes conocer el juego que estás jugando y cuáles son sus reglas. Para triunfar en una empresa, debes conocer el sector en el que está inserta y cómo funcionan las cosas en ese campo. Una vez que conoces el juego y sus reglas, no es necesario que juegues de la misma manera en que lo hacen los demás (es decir, tu competencia). Es mejor desarrollar tu propia estrategia y jugar a tu manera. Y si no te gusta el juego ni sus reglas, siempre tienes la opción de crear un juego nuevo con nuevas reglas, siempre que tengas las ideas, los recursos para hacerlo y personas que te sigan y a quienes puedas liderar.

En los negocios, tu papel es comprender el juego que estás jugando y demostrar tus fortalezas y talentos. Si esas fortalezas incluyen lo que tradicionalmente se consideran "características femeninas", como la comunicación y la colaboración, entonces mucho mejor, ¡demuéstralas! Por lo general, esas son fortalezas que la mayoría de los otros jugadores (léase: *hombres*) no tienen.

Nisreen Ahmed Jaffer habló sobre su puesto como primera ingeniera en petróleo en Omán y sobre cómo su capacidad para liderar un equipo la llevó al éxito. "En ese momento, había pocos ingenieros hombres calificados en Omán, ¡sin mencionar a mujeres ingenieras! Esto, en mi opinión, fue una de las primeras evidencias claras de la visión de liderazgo efectivo para el empoderamiento de las mujeres en Omán. En aquellos días, en una sociedad dominada por los hombres, siempre fue un desafío para las mujeres ser reconocidas y aceptadas como colegas o jefas. Puse mucho esfuerzo en demostrar lo que podía hacer".

Nisreen continuó esforzándose y avanzó en su carrera hasta convertirse en directora general de Promoción de Inversiones de la Autoridad Pública para la Promoción de Inversiones y el Desarrollo de Exportaciones de Omán. "Los desafíos fueron muchos", dice Nisreen. "Dentro de la organización, mi equipo era joven y tenía poca experiencia. Fuera de la organización, había muchas partes interesadas y necesitábamos su absoluta cooperación y comprensión. Involucrarlos fue la clave para atraer más inversiones a Omán".

Por último, los líderes comprenden que cualquier persona puede liderar, que no es necesario estar en un "puesto de liderazgo" para tener autoridad para liderar. Cualquier mujer puede liderar sin importar el puesto que ocupe. De hecho, las más de 250 mujeres que contacté para la investigación de este libro, ¡eran líderes!

Esto es lo que Michelle Wang mencionó sobre la innovación que aportaban las líderes chinas a sus empresas. "Puedo comentarles un poco sobre el tema de las mujeres jóvenes en China que, como yo, hemos tenido experiencias educativas en el exterior. Una tendencia interesante, pero natural a la vez, es que muchas de ellas trajeron influencias occidentales que implementaron en sus ámbitos laborales en China, a menudo, con un enfoque emprendedor. Estas no son las 'innovaciones revolucionarias' sobre las que suelen hablar las personas, sino que estas líderes se consideran innovadoras en China debido a sus nuevas formas de pensar y de abordar los negocios.

"Por ejemplo, el sector de las consultoras relacionadas con el estudio en el exterior en China están enfocadas en preparar a los estudiantes para el examen de inglés como segundo idioma (Test of English as a Foreign Language, TOEFL) y el examen de admisión estandarizado (Scholarship Aptitude Test, SAT). Al haber experimentado ambos sistemas educativos, el chino y el estadounidense, mi amiga Odele pensó que los estudiantes chinos necesitaban más ayuda para desarrollar el pensamiento independiente y adaptarse de mejor manera a un ambiente universitario occidental. Es por esto que estableció su propio instituto de capacitación: CYPA. Allí los estudiantes tienen la oportunidad de experimentar métodos de enseñanza occidentales durante un año antes de ingresar en las universidades estadounidenses. Este tipo de enfoque innovador es particularmente importante en el entorno de las empresas emergentes, no solo porque ayuda a diferenciar a una empresa de su competencia, sino también porque es mucho más fácil desarrollar la identidad corporativa desde el inicio".

PARA LIDERAR, ENTRA EN ACCIÓN

El hábito de liderar no se adquiere solo pensando como un líder, sino actuando como líder. Esto incluye asumir responsabilidades personales y pasos concretos para cambiar las cosas para bien, aprovechar las oportunidades de nuevas formas para hacer mejoras en el futuro.

Denise Abulafia, la visionaria emprendedora argentina que fundó Educatina, la empresa educativa que está revolucionando la enseñanza, contó su historia. Denise tiene un doctorado en bioquímica. "Durante cinco años, fui profesora de los primeros cursos en la facultad de medicina en una universidad de México. Me dijeron que mis estudiantes no estaban motivados y que no querían asistir a clases. Tampoco creían que con lo que estaban aprendiendo podían lograr algo en el futuro. Debido a que era investigadora y está en mi naturaleza experimentar, realicé muchas pruebas para que se sintieran motivados e integrados. Además, los dejé usar la computadora en clases. Era la única profesora que les permitía usar computadoras, computadoras portátiles y tabletas en clase. Todos los demás profesores prohibían el uso de estos dispositivos en clase, pero yo no. Fue desafiante porque, al tener la posibilidad de buscar información en línea, los estudiantes podían hacerme preguntas muy difíciles. Pero lo disfruté. A veces decía: '¡No tengo idea! ¡Vamos a buscarlo!'. Y luego: 'Ahora que tenemos la información, ¡vamos a analizarla!'.

"Realizamos muchos proyectos divertidos. Los hice crear su propia empresa virtual, tuvieron que investigar mucho, escribir un plan de negocios y venderlo. ¡Y funcionó muy bien! La empresa virtual era del sector médico, yo enseñaba proteómica, el estudio de las proteínas (como la creación de la insulina). A los médicos, generalmente, no les importa la proteómica, solo quieren realizar cirugías a pacientes. Descubrí que los estudiantes sí estaban interesados, que sí estaban motivados, y que sí querían aprender. Solo no querían que les enseñen de la misma manera que se enseñaba hace muchos años atrás: un profesor parado frente a la clase, disertando. Estaban aburridos. Querían comprometerse. Querían interactuar. Y por eso, necesitábamos cambiar la manera en que les enseñábamos para que ellos pudieran aprender.

"Conozco de educación y sé cómo hacer que las cosas funcionen. Cambiar el modelo educativo es muy complicado, no solo en la Argentina, sino en todo el mundo. Debemos cambiar las cosas de a poco, un paso por vez".

AHORA ES TU TURNO

No importa si deseas liderar a través del desarrollo de nuevos productos y servicios; a través de la mejora de sistemas existentes; a través de la dirección de una iniciativa comercial o comunitaria; o a través del compromiso con las relaciones personales, puedes identificar excelentes oportunidades de liderazgo observando, escuchando y recopilando información. Luego, debes ser inquebrantable para compartir tu perspectiva o tu ejemplo para lograr el cambio.

PARA REFLEXIONAR: ¿QUÉ PUEDES CAMBIAR?

Para identificar tus propias oportunidades para liderar, hazte las siguientes preguntas:

- ¿Qué es lo más importante para mí?

- ¿Qué puedo influenciar o cambiar?

- ¿Existe alguna situación o problema que pueda mejorar?

- ¿Hay algo que no se haya considerado aún y que debería tenerse en cuenta?

- ¿Qué falta hacer que no se haya hecho aún?

- ¿Qué cambios considero yo u otras personas que son necesarios?

- ¿Dónde encuentro necesidades insatisfechas?

- ¿Hay algo que podría hacerse mejor?

- ¿Cuál es la dirección y la estrategia de la empresa en la que trabajo?

- ¿Qué es importante para el éxito de mi empresa?

- ¿Qué es lo que más influye en la rentabilidad de mi empresa?

- ¿Qué es lo que más le importa al gerente general o al equipo de gestión ejecutiva?

- ¿Qué es lo que más les importa a nuestros clientes?

ACCIONES
PARA GENERAR CAMBIOS

Considera lo que descubriste en tu reflexión y haz lo siguiente:

- **Comienza desde donde estás.**
  Piensa en lo que sabes y en qué eres buena. Comienza
  por la función que desempeñas. No importa qué
  puesto ocupes, *puedes* convertirte en líder. Tienes el
  conocimiento, la información y la perspectiva para
  marcar una diferencia.

- **Realiza asociaciones a partir de lo que descubres.**
  He aquí donde las mujeres tenemos una ventaja.
  Sabemos escuchar, observar y aprender. Toma la
  información que has recopilado y planifica una manera
  nueva o mejor.
  Ejemplos: identifica problemas, puntos débiles y
  oportunidades. Incorpora ideas de un sector en otro para
  brindar mejoras novedosas e innovadoras. Incorpora
  experiencias de situaciones que sean similares a la situación
  que deseas mejorar.

- **Habla y propone ideas.**
  Ejemplos: sé audaz y específica en tu propuesta. Utiliza

lenguaje comercial para presentar tus ideas y explica cómo se pueden medir los resultados. Utiliza una combinación de material escrito, imágenes y conversaciones para transmitir tu capacidad de liderazgo. Aplica lo que has visto que hacen otros líderes efectivos en situaciones similares.

- **Sé un ejemplo de cómo crees que debe hacerse algo.** Si las personas se resisten al cambio, o no están dispuestas a hacer las cosas de una manera nueva, demuestra liderazgo haciendo lo que se debe hacer de manera nueva o mejor.

- **Anticípate a los desafíos y fracasos.** Si puedes anticipar cuáles van a ser los desafíos y quién podría desafiarte, podrás adelantarte para hablar con esas personas, trabajar para obtener apoyo y luego realizar algunos ajustes en tu enfoque para lograr que sea más fácil que te escuchen y acepten tus ideas. Cometer errores está bien si eso te ayuda a mejorar para la próxima vez.

En nuestro análisis del liderazgo, hemos cerrado el círculo completo que iniciamos al comienzo del libro. En el Capítulo 1, expliqué que la principal razón del éxito de las mujeres en las economías en expansión es que saben cómo despejar obstáculos. Para despejar obstáculos, debes ser inquebrantable ante las cosas que se interponen entre tú y aquello que pretendes alcanzar.

Pero para superar completamente los obstáculos, de modo que desaparezcan de tu camino y del de los demás, es necesario hacer algo más. Se requiere liderazgo para cambiar sistemas y desafiar el statu quo. Para encontrar soluciones duraderas, debes ser innovadora y creativa. Es necesario que asumas el liderazgo.

RESUMEN

Te conviertes en líder en cuanto decides cuándo, dónde y cómo deseas liderar. Habrá momentos en los que verás que tú eres la persona que puede resolver un problema o generar un cambio que marca una diferencia. Cuando asumas la responsabilidad de hacer las cosas mejor, estarás actuando como líder.

Al igual que con otros hábitos del éxito, el hábito del liderazgo comienza desde tu interior, con tus propias ideas y creencias, y requiere coraje. Tu liderazgo no debe, necesariamente, remitirse a una imagen estereotipada. Lidera a tu propia manera. Comienza por identificar oportunidades para mejorar y cambiar. Para liderar, recopila información, piensa de manera estratégica sobre el futuro, comparte tus ideas y soluciones de manera activa. Lidera desde tu lugar y a través del ejemplo.

NOTAS

CONCLUSIÓN

*Eres la mujer que
el mundo estaba esperando.*

U N MOMENTO MEMORABLE DE MI VIDA SURGIÓ de una conversación con Becky Blades, una amiga que también forma parte de mi red de contactos de negocios.

Becky tiene una insuficiencia auditiva. Creció en una casa donde hubo dificultades financieras, junto con seis hermanos en un barrio urbano de Kansas City (Misuri), en el medio del territorio de los EE. UU. Las clases de lectura de labios no estaban disponibles en la escuela de su barrio pero sí, en una escuela al otro extremo de la ciudad. En el octavo grado, le permitieron cambiarse de escuela para asistir a este tipo de clases.

Para llegar a la nueva escuela, debía tomar el autobús urbano. El trayecto que recorría el autobús pasaba por una de las avenidas más pintorescas de la ciudad, una calle repleta de casas hermosas.

Becky miraba por la ventanilla del autobús durante los viajes diarios de ida y vuelta a su hogar, hasta que un día tuvo una revelación. No se trataba, únicamente, de una sola casa grande y hermosa. Tampoco se trataba, únicamente, de algunas casas hermosas. Sino que se trataba de cuadras y más cuadras de casas hermosas. Eso significaba que no había solamente una persona exitosa (una mera coincidencia)... o solo unas pocas personas exitosas que habían nacido en el lugar correcto y en el momento correcto... sino que debían ser muchas, pero muchas personas exitosas. Si tantas personas podían tener éxito, entonces ella también tenía posibilidades de lograrlo.

Esa visión fue la semilla de la autoestima de Becky. Ese fue el momento en que, por primera vez, vio que ella también podía tener oportunidades. Prosiguió hasta lograr una carrera en el área de las relaciones públicas, y luego, hasta comenzar, desarrollar y vender un negocio. Es esposa, madre, autora, artista consagrada, y una líder influyente y generosa en la comunidad de las artes y los negocios.

Así como las casas le sirvieron de ejemplo a Becky para saber que el éxito era posible, la historia de Becky me sirve de ejemplo a mí para saber que ahora hay muchas oportunidades para las mujeres educadas y ambiciosas en las economías en expansión.

Si bien algunos autores se centran en las dificultades culturales, históricas o medioambientales que conlleva ser una mujer trabajadora en tu país, yo lo considero un momento crucial y positivo para las mujeres. Creo que la próxima década se nos presentará con un abanico de oportunidades poco comunes para las mujeres de las economías en expansión.

Como mencioné en la introducción, están surgiendo oportunidades para las mujeres en países donde el mundo de los negocios ha estado dominado ampliamente por hombres. A medida que las economías en expansión crecen en el mercado mundial, se necesitan más profesionales capacitados y más líderes que nunca. Las mujeres pueden ocupar estos puestos, satisfacer esas necesidades y elegir si desean alcanzar su propia definición de éxito. Debido al aumento en la demanda y en la necesidad de trabajadores capacitados, las mujeres tienen más acceso a trabajos que nunca. A pesar de que lograr la igualdad entre los géneros ha sido un problema intrincado cuya solución se ha postergado durante milenios, creo que el camino hacia la equidad en nuestros lugares de trabajo se va a allanar cuando cada una de nosotras implemente, de manera persistente, las acciones que aceleren nuestro éxito.

Regularmente, mi marido me recuerda (y su experiencia y resultados avalan su sabiduría) que el éxito sostenido se logra, principalmente, con la ejecución; hacer lo que se debe hacer, en el momento oportuno, hacerlo bien y de manera constante. Para las mujeres exitosas en todo el mundo, aprovechar las oportunidades significa trabajar de manera constante y creativa.

Las mujeres exitosas de las economías en expansión presentan seis hábitos indelebles. Son inquebrantables, están preparadas y enfocadas. Integran sus trabajos en sus vidas, implementan estrategias de aceleración en sus carreras y aprovechan cada oportunidad para ejercer el liderazgo. Las mujeres sobre las que has leído en este libro *siempre* están en desarrollo, perfeccionándose e implementando estos hábitos del éxito. Debido a que implementan estos hábitos, las mujeres inquebrantables están en forma y tienen la memoria procedimental para ser seguras, valientes y competentes. Al igual que Becky, las mujeres inquebrantables ven las oportunidades que podrían ser propias y generan planes para lograr los objetivos que imaginan. Aprovechan las oportunidades de manera valiente en los momentos indicados con los hábitos que las impulsan hacia el éxito.

Mi mayor deseo es que alcances tu propia versión de éxito aplicando estos hábitos a tu vida. Espero que las historias de las mujeres que has leído en este libro hayan servido para inspirarte y que mi guía oriente tu camino. Vuelve a leerlas a medida que progreses y encuentres nuevos desafíos en tu profesión o negocio. Cada vez que releas estas historias, obtendrás nuevas perspectivas y nuevas ideas.

No tengo dudas de que lograrás el éxito tal como lo imaginas. Todo lo que tienes que hacer es comenzar desde donde estás e implementar acciones constantes hasta concretar tu deseo. Si te destacas como líder, será más fácil que puedas ganar impulso para avanzar. Estás en el momento y el lugar más oportunos para lograr lo que quieres y para crear un nuevo futuro para ti, tu familia, tu país y el mundo. No dejes que nadie ni nada te impida aprovechar el abanico de oportunidades que se presenta frente a ti.

Nunca olvides que eres la mujer que el mundo estaba esperando.

Envíame un correo electrónico a
raniaanderson@thewaywomenwork.com y cuéntame
de qué manera la adopción de estos seis hábitos
del éxito han influido en tu vida y en tu trabajo.

Si lo deseas, tómate una fotografía con *Inquebrantable* o con
el libro de trabajo anexo, Soy *inquebrantable*, y publícalo
en tus redes sociales. Utiliza la etiqueta #IAMundeterred
(Soy inquebrantable). Sé que tu experiencia me resultará
inspiradora y me encantaría poder compartir tu ejemplo
para inspirar y motivar a otras mujeres de todo el mundo.

AGRADECIMIENTOS

CUANDO ME DISPUSE A TRANSFORMAR MI SUEÑO en este libro, no tenía idea de lo que un autor debía hacer para escribir y publicar. Se suele decir que "se necesita a todo un pueblo". En mi caso, ¡necesité algunos continentes!

Me resulta imposible expresar en palabras la profunda gratitud que siento por todos aquellos que me apoyaron y me guiaron en este viaje. Sobre todo, a mi marido, Lance, quien estuvo a mi lado en cada paso del proceso. Con sus palabras y, principalmente, con su ejemplo, me inspiró para perseverar y pensar en grande. El otro hombre de mi vida es mi hijo, Nick. De él, aprendí que hay que buscar la propia definición del éxito. Sé, sin lugar a dudas, que sin el amor de estos dos hombres nada de esto hubiese sido ni remotamente posible.

Lo que aprendí en todo momento durante este viaje es que jamás se debe perder la fe en la misión propia ni la confianza en que las personas indicadas y los recursos necesarios estarán allí cuando sea el momento correcto y más oportuno; a pesar de que, a menudo, se suelen presentar a último momento y más tarde de lo esperado.

Primero, conocí a Erin Risner. Su cargo en The Way Women Work es el de directora de Participación Comunitaria, pero esa función es solo una ínfima parte de lo que ella significa para mí. Erin ha sido mi confidente, mi respaldo, mi compañera de responsabilidades y mi promotora. Me ayudó a construir la comunidad y la marca The Way Women Work. Se ha entrevistado y ha mantenido correspondencia con muchas mujeres inquebrantables. Me ha desafiado a tomar decisiones difíciles. Ha estado junto a mí cuando las cosas se volvieron complicadas. En nuestra relación, no es posible distinguir cuándo dejamos de ser compañeras de trabajo para convertirnos en amigas muy cercanas.

Luego de meses de idas y vueltas con el manuscrito, me di cuenta de que no sabía cómo se escribía un libro. No se parece en nada a escribir otras cosas. Mi guía para aprender a resolver esto fue Ishita Gupta. Ella me enseñó no solo a escribir un libro, sino también, a poner mis sueños sobre un papel. Me alcanzaba una soga para ayudarme a salir cuando quedaba estancada en alguna idea y me alentaba a conectarme con lo que había dentro de mi corazón y mi cabeza.

Otra cosa que no entendía bien cuando comencé a escribir era cuál era el trabajo de un editor. ¡Y superó ampliamente mis expectativas sobre lo que hubiera esperado de esa función! Lo primero que hizo mi editora, Stephanie Gunning, fue adentrarse lo más posible en la mente de mis lectoras. Desde allí, comenzó a reestructurar el libro hasta lograr que la experiencia de las lectoras fluyera en absoluta armonía. Desde pensar estratégicamente hasta examinar el uso de cada palabra, fue la mejor compañera posible que podría haber imaginado.

Fueron necesarios cuatro años para elaborar este libro. A lo largo del camino, los amigos queridos nunca dejaron de creer en mí. Me escucharon en todo momento, cuando les contaba cada acierto y cada derrota. Aportaban ideas y ofrecían valor, y supieron entender cada vez que les dije que no a una reunión. Siempre me acompañarán el amor y la sabiduría de Diane Power, Darcy Howe, Joann Schwarberg, Victoria Barnard y Lynn Hinkle.

En las primeras etapas de la escritura de este libro, cuando en realidad no tenía idea de lo que estaba haciendo, confié en Steff Hendenkamp, Jensen Power y Carter Schwarberg para dar mis primeros pasos. Carter ha sido mi guía de diseño desde el inicio. Cabe decir que ella es quien diseñó el libro y las tapas del libro de trabajo anexo, que representan perfectamente el espíritu de las mujeres inquebrantables.

Cuando necesité ayuda de autores que ya hubieran completado y publicado libros, Becky Blades, Alana Mueller y Diana Kander me dieron una cálida bienvenida. Compartieron abiertamente las lecciones obtenidas de sus experiencias. Cuando necesité saber más sobre el mundo de la edición y publicación de libros, acudí a Reiko Davis, una joven a quien serví de mentora para que consiguiera trabajo en el sector de las publicaciones y que ahora, tenía el conocimiento suficiente como para guiarme a mí. Cuando necesité pensamiento estratégico con respecto a la comercialización del libro, Anita Newton, con absoluta generosidad, compartió su gran talento y sus ideas extraordinarias. La fuerza de su convicción en lo que yo estaba haciendo me inspiró aún más para querer apuntar bien alto. "¡Sé audaz!", me dijo.

En particular, tres libros nutrieron mi pensamiento mientras escribía *Inquebrantable*. Estos libros fueron *The Power of Habit*

(El poder de los hábitos) de Charles Duhigg, *Switch: How to Change Things When Change Is Hard* (Transformador: cómo cambiar las cosas cuando es difícil cambiar) de Chip Heath y Dan Heath, y *Outliers: The Story of Success* (Casos atípicos: la historia del éxito) de Malcolm Gladwell. Los trabajos trascendentales de estos grandes líderes me ayudaron a enmarcar mi mensaje para las mujeres inquebrantables.

Luego surgieron las cuestiones técnicas relacionadas con la publicación de un libro. Al igual que todas las personas que aparecieron en el momento exacto en que las necesitaba, me presentaron a Charlotte Cline-Smith en el momento indicado. Charlotte es una mujer sobresaliente que creció en el mundo en desarrollo y que trabaja junto a estudiantes universitarias de economías emergentes. Revisó y editó el manuscrito desde la perspectiva de las lectoras y gestionó correspondencia y bases de datos sin las cuales no hubiéramos podido avanzar. Luego, apareció Andrew Pautler. Él creó el interior de este libro y es el talentoso diseñador de mis sitios web.

En honor a mi madre, quien fue mi primer ejemplo de mujer fuerte que trabajó hasta los 77 años, y Beth K. Smith, cuyo ejemplo eterno de alentar a las mujeres, de a una por vez, alimentó mis objetivos.

En su esencia, este libro solo fue posible gracias a las más de 250 mujeres inquebrantables que compartieron generosamente su tiempo, su ser y sus experiencias y destaco, especialmente, a las siguientes ochenta y seis mujeres. Estaré agradecida a ustedes para siempre. Gracias por ayudarme a marcar una diferencia positiva en el mundo.

MUJERES INQUEBRANTABLES

Tamara Abdel Jaber

Denise Abulafia

Regina Agyare

Nisreen Ahmed Jaffer

Aisha Alfardan

Afnan Ali

Mary Anne de Amorim Ribeiro

Paula Arregui

Reem Asaad

Haifa Dia Al-Attia

Rania Azmi

Liheng Bai

Ritika Bajaj

Salwa Bamieh

Meisa Batayneh

Sarika Bhattacharyya

Irina Bullara

Jennifer Cheung

Yvonne Chow

Núbia Correia

Marta Cruz

Carolina Dams

Unmana Datta

Flavia De Hora

Aleksa Delsol

Lynn De Souza

Lorena Diaz

Esmat El Nahas

Neveen El Tahri

Shahira Fahmy

Azza Fawzi

Gordana Frgačić

Tantaswa Fubu

Maria Luisa Fulgueira

Yoanna Gouchtchina

Pooja Goyal

Polina Gushcha

Marta Harff

Maria Gabriela Hoch

Nour Jarrar

Maja Jelisic Cooper

Christine Khasinah-Odero

May Khoury

Ana Kolarević

Adeshola Komolafe

Taisiya Kudashkina

Lovely Kumar

Wee Yen Lim

Qian Liu

Fatma Lotfy

AGRADECIMIENTOS

Shahira Loza Doss

Wendy Luhabe

Ana Maria Magni Coelho

Mwamvita Makamba

Nabila Marcos

Estefany Marte

Rosa Maria Marte

Daniela Martin

Tebogo Mashego

Parul Mittal

Manar Al-Moneef

Vania Neves

Chebet Ng'ok

Celeste North

Violeta Noya

Angela Oduor

Sasha Olenina

Renata Pessoa

Sandra Portugal

Melek Pulatkonak

Yeshasvini Ramaswamy

Leila Rezaiguia

Xiomara Ricardo

Ana Sanchez

Sam Shiraishi

Lyubov Simonova

Lucila Suarez Battan

Dora Szwarc Hamaoui

Reham Thawabi

Silvia Torres Carbonell

Ritu Uberoy

Funmilayo Victor-Okigbo

Alena Vladimirskaya

Crystal Yi Wang

Michelle Wang

Zhen Trudy Wang

SI DESEAS MÁS INFORMACIÓN

CONÉCTATE CON THE WAY WOMEN WORK

Gracias por haber leído *Inquebrantable*. Espero que te sientas más preparada, enfocada y decidida para acelerar tu éxito. Visita TheWayWomenWork.com, donde encontrarás lo siguiente:

- Historias de mujeres empresarias en economías en expansión.
- Consejos, herramientas y estrategias.
- Mi guía de orientación profesional.
- Un boletín informativo mensual complementario.
- Nuestro blog. Ten en cuenta que aceptamos contribuciones de autores invitados. Cuéntanos si te gustaría compartir tu experiencia laboral para ayudar a otras mujeres en las economías en expansión.

SOLICITA EL LIBRO DE TRABAJO ANEXO DE *INQUEBRANTABLE* Y COPIAS ADICIONALES DE *INQUEBRANTABLE*

Soy inquebrantable es un libro de trabajo anexo para quienes hayan leído *Inquebrantable*. Incluye una serie completa de reflexiones y ejercicios de acción para ayudarte a poner en práctica los seis hábitos de las mujeres exitosas en las economías emergentes. Si deseas más información, visita el sitio web: TheWayWomenWork.com/workbook.

Para solicitar copias adicionales de *Inquebrantable*, visita el sitio web: The WayWomenWork.com/undeterred. Existen descuentos por cantidad disponibles para universidades, escuelas, organizaciones y otras instituciones.

CONTRÁTAME PARA QUE HABLE EN TU EMPRESA O EVENTO

Si deseas que vaya a hablar, puedes encontrarme a través de RaniaAnderson.com.

MEDIOS SOCIALES

Te invito a que nos conectemos a través de las redes sociales.
- *Twitter:* http://twitter.com/thewaywomenwork
- *Facebook:* https://www.facebook.com/ TheWayWomenWork
- *Pinterest:* http://www.pinterest.com/thewaywomenwork

Me encantaría saber de ti. Comparte los pensamientos que te han inspirado en tu carrera o negocio, y lo que has aprendido a partir de leer este libro. ¡No seas tímida! Anda, tómate una fotografía con *Inquebrantable* o con el libro de trabajo anexo,

Soy inquebrantable, y publícalo en tus redes sociales. Utiliza la etiqueta #IAMundeterred (Soy inquebrantable). O, simplemente, envíame un mensaje con la etiqueta #IAMundeterred para comunicarte conmigo.

LECTURAS RECOMENDADAS

Si deseas obtener más información sobre los conceptos clave a los que hago referencia en *Inquebrantable*, te recomiendo cinco de mis libros favoritos.

The Power of Habit (El poder de los hábitos) de Charles Duhigg (New York: Random House, 2012).

Switch: How to Change Things When Change Is Hard (Transformador: cómo cambiar las cosas cuando es difícil cambiar) de Chip Heath y Dan Heath (New York: Broadway Books, 2010).

Outliers: The Story of Success (Casos atípicos: la historia del éxito) de Malcolm Gladwell (New York: Little, Brown and Company, 2008).

Forget a Mentor, Find a Sponsor: The New Way to Fast-Track Your Career (Olvida a los mentores, busca a un patrocinador: la nueva forma de impulsar tu carrera) de Sylvia Hewlett (Boston, MA.: Harvard Business School Publishing, 2013).

Executive Presence: The Missing Link Between Merit and Success (Presencia ejecutiva: el lazo que falta entre el mérito y el éxito) de Sylvia Hewlett (New York: HarperCollins Publishers, 2014).

NOTAS

INTRODUCCIÓN

Epígrafe. Lael Brainard, "Political Leaders Often Overlook the Key to Economic Growth: Women" (Los líderes políticos suelen ignorar la clave del crecimiento económico: las mujeres), *Guardian* (31 de julio de 2013). Disponible en: http://www. theguardian.com/commentisfree/2013/jul/31/political-economic-equality-for-women

1. José Ángel Gurría, citado en DeAnne Aguirre, Leila Hoteit, Christine Rupp y Karim Sabbagh, "Empowering the Third Billion: Women and the World of Work in 2012" (El empoderamiento del tercer billón: las mujeres y el mundo del trabajo en 2012), Strategy& (15 de octubre de 2012). Disponible en: http://www.strategyand.pwc. com/global/home/what-we-think/reports-white-papers/ article-display/empowering-third-billion-women-world

PREPÁRATE

HÁBITO 1: SER INQUEBRANTABLE

Epígrafe. Christian D. Larson (1874–1962) fue líder y maestro estadounidense del movimiento del nuevo pensamiento, así como, un autor prolífico. Desarrolló el Credo del optimista. Fuente: http://www.goodreads.com/quotes/210975-believe-in-yourself-and-all-that-you-are-know-that

CAPÍTULO 1: DESPEJAR

Epígrafe. Shahira Fahmy, fundadora de Shahira H. Fahmy Associates. Sitio web: http://www.sfahmy.com

1. Unidad Mujer y Desarrollo, "Gender at Work: A Companion to the World Development Report on Jobs" (Cuestiones de género en el trabajo: un complemento del Informe sobre el desarrollo mundial relativo al empleo), Grupo del Banco Mundial (2013). Disponible en: http://www.worldbank.org/content/dam/Worldbank/document/Gender/GenderAtWork_web.pdf

2. Personal de Business Intelligence del Medio Oriente (BI-ME), "Saudi Businesswomen Call for New Rules" (Las mujeres empresarias sauditas exigen nuevas reglas), BusinessIntelligence Middle East.com (17 de octubre de 2014). Disponible en: http://www.bi-me.com/main.php?id=32885&t=1&c=35&cg=4&mset=1011

3. "China Confronts Workforce Drop with Retirement-Age Delay" (La caída en la fuerza laboral china por el retraso en la edad jubilatoria), *Bloomberg News* (25 de diciembre de 2013). Disponible en: http://www.bloomberg.com/news/2013-12-24/china-confronts-workforce-drop-with-retirement-age-delay.html

4. Suzanne Locke, "A Glowing Future for the Saudi Working Woman" (Un futuro brillante para las mujeres trabajadoras sauditas), *Yahoo! News Maktoob* (29 de abril de 2013). Disponible en: https://en-maktoob.news. yahoo.com/a-glowing-future-for-the-saudi-working-woman-080730180.html

5. Conor Friedersdorf, "Why PepsiCo CEO Indra K. Nooyi Can't Have It All" (Por qué la directora ejecutiva de PepsiCo, Indra K. Nooyi, no puede tenerlo todo), *Atlantic* (1.º de julio 2014). Disponible en: http://www. theatlantic.com/business/archive/2014/07/why-pepsico-ceo-indra-k-nooyi-cant-have-it-all/373750

6. Shanoor Seervai, "India Has Millions of Female Entrepreneurs and They Need Easier Access to Money" (Hay millones de mujeres emprendedoras en la India y necesitan un acceso más fácil al dinero), *India Real Time* (13 de marzo de 2014). Disponible en: http://blogs.wsj. com/indiarealtime/2014/03/13/india-has-millions-of-female-entrepreneurs-and-they-need-easier-access-to-money

7. Debbie Budlender, "Gender Equality and Social Dialogue in South Africa" (Igualdad de género y diálogo social en Sudáfrica), Departamento de Relaciones Laborales y de Empleo y Oficina para la igualdad de género, Organización Internacional del Trabajo (Enero de 2011). Disponible en: http://www.ilo.org/wcmsp5/groups/public/---dgreports/---gender/documents/publication/wcms_150430.pdf

8. Nithya Raman, citada por Aparna V. Singh en "Is Gender Bias an Issue?" (Los prejuicios de género, ¿constituyen un problema?), Women's Web. Disponible en: http://www. womensweb.in/articles/womens-safety-in-india

9. Ian Mackinnon, "Breast Milk Couriers Help Working Women in Indonesia" (Reparto de leche materna para ayudar a las madres trabajadoras de Indonesia), *Telegraph* (18 de enero de 2012). Disponible en: http://www.telegraph.co.uk/news/worldnews/asia/indonesia/9022565/Breast-milk-couriers-help-working-mothers-in-Indonesia.html

HÁBITO 2: PREPARAR

1. DeAnne Aguirre, Leila Hoteit, Christine Rupp y Karim Sabbagh, "Empowering the Third Billion: Women and the World of Work in 2012" (El empoderamiento del tercer billón: las mujeres y el mundo del trabajo en 2012), Strategy& (15 de octubre de 2012): p. 18. Disponible en: http://www.strategyand.pwc.com/global/home/what-we-think/reports-white-papers/article-display/empowering-third-billion-women-world

2. Malcolm Gladwell, *Outliers: The Story of Success* (Casos atípicos: la historia del éxito), (New York: Little, Brown and Company, 2008): p. 40

CAPÍTULO 2: CONFIANZA

Epígrafe. Katty Kay y Claire Shipman, "The Confidence Gap" (La brecha de la confianza), *Atlantic* (14 de abril de 2014). Disponible en: http://www.theatlantic.com/features/archive/2014/04/the-confidence-gap/359815

1. Bank Audi es un banco libanés propietario de Bank Audi de Egipto. Según un balance del Bank Audi de Egipto del 30 de junio de 2014, los activos totales del banco hasta esa fecha eran de 22 649 771 327 libras egipcias. Fuente (extraído el 17 de octubre de 2014): http://www.banqueaudi.com/InvestorRelations/Documents/Material%20Subsidiaries/Summary%20of%20BAEGY%20FS%20-%20June%2030,%202014.pdf

2. Donna J. Kelley, Candida G. Brush, Patricia G. Greene, Yana Litovsky y Global Entrepreneurship Research Association (GERA), "Global Entrepreneurship Monitor 2012: Women's Report" (Monitoreo de emprendimiento global de 2013: informe sobre las mujeres), Proyecto de monitoreo de emprendimiento global (2013). Disponible en: http://www.gemconsortium.org/docs/download/2825

3. Ibíd.

4. Ibíd.

5. Ibíd.

6. Ibíd.

CAPÍTULO 3: CORAJE

1. "Unleashing the Power of Women Entrepreneurs: Women in the Workplace" (Liberar el poder de las mujeres empresarias: mujeres en el mundo laboral), EY (extraído el 16 de septiembre de 2014). Disponible en: http://www.ey.com/GL/en/Industries/Government---Public-Sector/Women-in-the-workplace---Unleashing-the-power-of-women-entrepreneurs

2. Catherine Clifford, "Lack of Confidence, Fear of Failure Hold Women Back from Being Entrepreneurs" (La falta de confianza y el miedo al fracaso impiden que las mujeres sean empresarias), *Entrepreneur* (31 de julio de 2013). Disponible en: http://www.entrepreneur.com/article/227631#ixzz2bx1SJ7Q8

3. Ibíd.

4. Ibíd.

5. Ibíd.

6. Ibíd.

7. Marianne Williamson, *A Return to Love: Reflections on the Principles of "A Course in Miracles" (Regreso al amor, reflexiones sobre "Un curso en milagros")*, (New York: HarperCollins Publishers, 1992): p. 190.

CAPÍTULO 4: CAPACIDADES

Epígrafe. Funmilayo Victor-Okigbo, directora ejecutiva y diseñadora de producción de No Surprises Events. Sitio web: http://nosurprisesevents.com/team/funmi-victor-okigbo

1. Conclusión a la que se llegó a partir de la síntesis de los estudios de investigación, incluido el informe del Fondo Monetario Internacional preparado por Katrin Elborgh-Woytek, Monique Newiak, Kalpana Kochhar, Stefania Fabrizio, Kangni Kpodar, Philippe Wingender, Benedict Clements y Gerd Schwartz, "Las mujeres, el trabajo y la economía: Beneficios macroeconómicos de la equidad de género", Departamento de Estrategia, Políticas y Evaluación y Departamento de Finanzas Públicas (Septiembre de 2013). Disponible en: https://www.imf. org/external/spanish/pubs/ft/sdn/2013/sdn1310s.pdf

2. Dean Karemara, "Rwanda: Women Entrepreneurs Share Business Tips from Turkey" (Ruanda: las mujeres emprendedoras comparten consejos empresariales de Turquía), All Africa (publicado el 27 de marzo de 2014). Disponible en: http://allafrica.com/ stories/201403270098.html?viewall=1 March 27, 2014

ALÍSTATE

HÁBITO 3: ENFOCARSE

1. Charles Duhigg, "Capítulo 1: El bucle del hábito", *The Power of Habit: Why We Do What We Do in Life and Business (El poder de los hábitos: por qué hacemos lo que hacemos en la vida y en la empresa)*, (Random House, 2014).

CAPÍTULO 5: ELEGIR

1. Del discurso "Happiness in the Key of F Major" (La felicidad en Fa mayor) que ofreció Tala Badri en TEDxDubai 2010, YouTube (publicado el 10 de febrero de 2011). Disponible en: http://youtu.be/zyR1T15yl58

CAPÍTULO 6: CREAR

1. Aparna Vedapuri Singh, con aportes de Sumedha Jalote, "Young Women in India: Building Careers" (Mujeres jóvenes en la India: el desarrollo profesional), WomensWeb.in (publicado el 2 de abril de 2013). Disponible en: http://www.womensweb.in/articles/young-indian-women-career

2. Divine Ndhlukula, citada en Mfonobong Nsehe, "Africa's Most Successful Women: Divine Ndhlukula" (Las mujeres más exitosas de África: Divine Ndhlukula), *Forbes* (publicado el 20 de enero de 2012). Disponible en: http://www.forbes.com/sites/mfonobongnsehe/2012/01/20/africas-most-successful-women-divine-ndhlukula

3. Chris V. Nicholson, "DEALBOOK: In Mideast Finance, Women Are Breaking Down Barriers" (DEALBOOK: Economía en el Medio Oriente, Las mujeres están derribando barreras), *New York Times* (28 de junio de 2011). Disponible en: http://query.nytimes.com/gst/fullpage.html?res=9506E3DE1231F93BA15755C0A9679D8B63

HÁBITO 4: INTEGRAR

Epígrafe. Nubia Correia: https://www.linkedin.com/pub/nubia-correia/0/a37/953

1. "Business Leadership: Uncovering Modern Trends" (Liderazgo empresarial: descubriendo las tendencias modernas), Grant Thornton (extraído el 16 de septiembre de 2014). Disponible en: http://www. internationalbusinessreport.com/Reports/2014/ Leadership_2014.asp. Además: "Women in Leadership: Style Linked to Emerging Markets" (Liderazgo femenino: el estilo relacionado con los mercados emergentes), Grant Thornton (publicado el 24 de febrero de 2014). Disponible en: http://www. internationalbusinessreport.com/Press-room/2014/ Business_leadership.asp

2. Ibíd.

CAPÍTULO 7: PERSONALIZAR

Epígrafe. Gordana Frgačić: https://www.linkedin.com/in/gordanafrgacic

1. 172.º discurso de graduación del Georgia Institute of Technology pronunciado por Brian G. Dyson, entonces presidente y director ejecutivo de Coca-Cola Enterprises, el 6 de septiembre de 1996. Disponible en: http://www.bcbusiness.ca/lifestyle/bryan-dysons-30-second-speech

¡AVANZA!

HÁBITO 5: ACELERAR

Epígrafe. Marshall Goldsmith. *What Got You Here Won't Get You There: How Successful People Become Even More Successful! (Lo que te trajo hasta aquí no te llevará hasta allí. ¿Cómo logran más éxito las personas exitosas?)*, New York: Hyperion, 2007.

    1. Ibíd.

CAPÍTULO 8: CONTRIBUIR

    1. Nancy M. Carter y Christine Silva, "The Myth of the Ideal Worker: Does Doing All the Right Things Really get Women Ahead?" (El mito del trabajador ideal: ¿en verdad hacer siempre lo correcto lleva a las mujeres al éxito?), Catalyst (1.º de octubre de 2011). Disponible en: http://catalyst.org/knowledge/myth-ideal-worker-does-doing-all-right-things-really-get-women-ahead

CAPÍTULO 9: CONECTAR

Epígrafe. Lyubov Simonova: https://www.linkedin.com/pub/lyubov-simonova-emelyanova/a/101/863

    1. Charlotte Vangsgaard y Filip Lau, "How to Get Ahead as a Businesswoman: Order a Whiskey" (Cómo triunfar como mujer empresaria: ¡pide un whisky!), *Quartz* (21 de julio de 2014). Disponible en: http://qz.com/235944/how-to-get-ahead-as-a-businesswoman-order-a-whiskey-on-the-rocks

2. Fondo Multilateral de Inversiones (FOMIN),
   "WEGrow: Unlocking the Growth Potential of
   Women Entrepreneurs in Latin America and the
   Caribbean" (Liberando el potencial de crecimiento de
   las emprendedoras en Latinoamérica y el Caribe), EY
   (Marzo de 2014). Disponible en: http://services.iadb.
   org/mifdoc/website/publications/98704705-c7cc-416c-
   b103-7797dac0844a.pdf

HÁBITO 6: LIDERAR

1. "Business Leadership: Uncovering Modern Trends"
   (Liderazgo empresarial: descubriendo las tendencias
   modernas), Grant Thornton (extraído el 8 de
   septiembre de 2014). Disponible en: http://www.
   internationalbusinessreport.com/Reports/2014/
   Leadership_2014.asp. Además: "Women in Leadership:
   Style Linked to Emerging Markets" (Liderazgo
   femenino: el estilo relacionado con los mercados
   emergentes), Grant Thornton (publicado el 24
   de febrero de 2014). Disponible en: http://www.
   internationalbusinessreport.com/Press-room/2014/
   Business_leadership.asp
2. Ibíd.

CAPÍTULO 10: CAMBIO

1. James Kouzes y Barry Posner, *The Leadership Challenge (El desafío del liderazgo)*, San Francisco, CA.: Jossey-Bass, 1987: p xxi.

2. Divine Ndhlukula, citada en Mfonobong Nsehe, "Africa's Most Successful Women: Divine Ndhlukula" (Las mujeres más exitosas de África: Divine Ndhlukula), Forbes (20 de enero de 2012). Disponible en: http://www.forbes.com/sites/mfonobongnsehe/2012/01/20/africas-most-successful-women-divine-ndhlukula

3. Marcus Buckingham, *The One Thing You Need to Know: ... About Great Managing, Great Leading, and Sustained Individual Success (Lo único que usted debe saber... para ser gerente y líder excepcional y alcanzar el éxito duradero)* (New York: Free Press, 2005): p. 8.

ÍNDICE
ALFABÉTICO

E

SOBRE
LA AUTORA

RANIA HABIBY ANDERSON, FUNDADORA DE TheWayWomenWork.com, es una experta en liderar el avance profesional de las mujeres empresarias en economías emergentes y en desarrollo, y una reconocida guía ejecutiva.

Nació en el Medio Oriente y ha vivido y trabajado en diferentes lugares del mundo en desarrollo. Su éxito profesional comenzó en Bank of America, donde ascendió hasta ocupar un puesto de liderazgo sénior. Abandonó el banco en 1997 para comenzar su propia empresa de orientación y asesoramiento ejecutivo. Durante los últimos diecisiete años, Rania ha guiado a mujeres y a hombres empresarios de todo el mundo.

Alimentada por la profunda creencia de que las mujeres son clave para la prosperidad de la economía mundial y su eterno deseo de erradicar la desigualdad de género y ayudar a las mujeres a triunfar, en 2010, Rania fundó The Way Women Work, una plataforma en línea de asesoramiento profesional que, diariamente, visitan cientos de mujeres de todo el mundo.

Rania es oradora internacional, cofundadora de una red de padrinazgo empresarial para mujeres, mentora dedicada y colaboradora en publicaciones sobre negocios. Posee un título de maestría en servicios diplomáticos con especialización en comercio internacional de la Universidad de Georgetown y un título de licenciada en comercio de la Universidad Estatal de Oklahoma.